미국은 '1당 민주주의' 국가인가?

미국사 산책

13

미국사 산책 13 : 미국은 '1당 민주주의' 국가인가?

ⓒ강준만, 2010

1판 1쇄 2010년 12월 31일 펴냄 1판 2쇄 2018년 3월 6일 펴냄

지은이 | 강준만 펴낸이 | 강준우 기획편집 | 박상문, 박효주, 김예진, 김환표
디자인 | 최원영 마케팅 | 이태준 관리 | 최수향 펴낸곳 | 인물과사상사
출판등록 | 제17-204호 1998년 3월 11일 주소 | (04037) 서울시 마포구 양화로 7길 4(서교동) 2층
전화 | 02-471-4439 팩스 | 02-474-1413 홈페이지 | www.inmul.co.kr | insa@inmul.co.kr
ISBN 978-89-5906-167-9 04900   ISBN 978-89-5906-139-6 (세트)
값 14,000원

미국은 '1당 민주주의' 국가인가?

미국사 산책 13

강준만 지음

인물과
사상사

차례

• **일러두기**

외국인의 인명은 생존한 경우 괄호 안에 본래 이름만 넣었고, 사망한 경우 본래 이름과 생몰연도를 함께 실었다. 그 외에 인명과 연도를 괄호 안에 함께 묶은 것은 책의 끝에 있는 참고문헌의 길라잡이로 밝히고자 함이다.

제1장
다문화주의 갈등과 LA 폭동

"나치 돌격대의 사상통제 운동"인가?
'정치적 공정성' 갈등

'PC 운동' 논란

전 지구적 차원에서는 미국 '1극 체제'가 탄생했지만, 미국 내부적으로는 다문화주의를 둘러싼 갈등이 뜨거워지고 있었다. 1991년 조지 부시(George H. W. Bush) 대통령이 미시간대학의 졸업식 연설에서 PC(Political Correctness; 정치적 공정성) 운동을 간접 비난함으로써 다문화주의 논쟁이 본격화되었다. 1991년 이전에는 미국 언론에서 PC라는 표현을 거의 찾아볼 수 없었으나 1990년대 중반에 이르러 1년에 5000번 이상 미국의 주요 일간지와 잡지에 등장했으며, 1997년 한 해에만 7200번이나 사용되었다. '다문화주의'나 '다문화적'이라는 단어도 1981년에는 미국의 주요 신문에 40개의 기사에서만 나타난 반면 1992년에는 2000개 이상의 기사에서 나타난다.(Glassner 2005)

도대체 'PC'가 무엇이길래 그토록 뜨거운 논란을 불러일으킨 걸까? PC는 1975년 미국여성기구(American Organization for Women)의 회

미시간대학 졸업식에서 연설하는 조지 H. W. 부시 대통령. 여기서 그가 '정치적 공정성 운동'을 언급하면서 다문화주의에 대한 논쟁이 본격화되었다.

장 캐런 드크로(Karen C. DeCrow)가 만든 말이다. '정치적 광정(匡正)', '정치적 공정성', '정치적 올바름' 등으로 번역할 수 있는 PC는 다문화주의(multiculturalism)를 주창하면서 성차별이나 인종차별에 근거한 언어 사용이나 활동에 저항해 그것을 바로잡으려는 운동이다.

김성곤(1995)은 Political Correctness에서 political은 '정치적'이라는 뜻이 아니고, '법률적으로는 문제가 안 되지만 도의적으로는 문제가 되는'의 의미에 가깝다며, '도의적 공정성'이라는 번역어를 택했다. 그러나 인간은 정치적 동물이라는 식으로 정치적의 의미를 넓게 보자면 '정치적 공정성'이라는 번역어를 써도 무방할 것 같다. '바로잡는다'는 의미를 부각시키자면, '정치적 광정'이라는 번역어도 좋을 것 같다.

PC 운동은 우선 미국 중산층의 언어 사용에 주목해 차별이나 편견에 바탕을 둔 언어적 표현이나 '마이너리티'에게 불쾌감을 주는 표현을 시정케 하는 데에 주력했다. 이 운동에서 주장하는 바에 따르면, 노숙인은 involuntarily domiciled(본의 아니게 주거지가 정해진 사람), 언어장애인은 vocally challenged(말하는 데에 도전받는 사람), 지적장애인은 developmentally challenged(성장상 도전받는 사람)로 불려야 한다.

하나님의 성(性)도 문제가 되었다. 종교에서의 남녀평등을 주장한 페미니스트 신학자 엘리자베스 존슨(Elizabeth A. Johnson)은 "늘 하나님을 '남성'으로 언급하는 건 하나의 완전한 신성(神性)을 제한하는 것일 뿐만 아니라 남성이 여성보다 신성에 가깝다는 것을 시사합니다. 언어는 단지 우리가 생각하는 것을 반영할 뿐만 아니라 우리가 생각하는 것을 형성하고 우리의 세계를 규정합니다"라고 주장했다. (Current Biography 2002e)

이 운동의 영향을 받아 1987년 이후로 미국의 로마 가톨릭 교회는 남녀차별을 완전히 배제한 개정판 신약성서 『뉴 아메리칸 바이블(The New American Bible)』을 쓰기 시작했다. 이 성경에서 마태복음 4장 4절 "사람이 떡으로만 살 것이 아니요"는 "Not on bread alone is man to live"에서 "One does not live by bread alone"으로 바뀌었다. 그러나 모든 것을 바꾸기에는 어원상 남성을 가리키는 단어가 너무 많은 게 문제였다. 1993년 초 메릴랜드 주는 '행동은 남자답게, 말은 여성스럽게(Fatti maschii, parole femine)'라는 주(州) 표어가 성차별적이라고 비난받자, 고민 끝에 표어는 그대로 두고 영어로 번역만 바꾸어 '행동은 강하게, 말은 부드럽게'로 해결했다.

PC 운동은 심지어 폭력적인 표현과 은유의 제거도 주장했다. 예컨대, to kill two birds with one stone(일석이조), how does that strike you(기분이 어때?), to knock someone dead(감탄시키다), one thing triggers another(연쇄반응을 일으키다), to kick around an idea(아이디어를 떠올리다) 등은 사라져야 할 표현이라는 것이다. 이 주장은 지나치다는 의견이 많아 PC 운동이 조롱의 대상이 되기도 했다. 그런가 하면 하와이대학 법대 교수 마리 마츠다(Mari Matsuda)는 "희생자가 우세한 집단의 구성원에게 불쾌한 언어로 공격을 하는 것은 허용된다"고 주장했다.(Bryson 2009)

"나치 돌격대의 사상통제 운동"인가?

PC 운동은 1980년대에 미국 각지의 대학을 중심으로 전개되면서 성차별적, 인종차별적 표현을 시정하는 데에 큰 성과를 거두었다. 그간 대학에서 가르쳐온 '위대한 책들'이니 '걸작'이니 하는 것들이 모두 서구 백인의 문화유산이었음을 지적하면서 소수인종 문학 텍스트도 가르치고 배워야 한다고 주장했으며, 그 연장선상에서 소수인종 교수 채용과 학생 모집 그리고 교과과정 개편을 위해 노력했다. 또 나이에 대한 차별(ageism), 동성연애자들에 대한 차별(heterosexism), 외모에 대한 차별(lookism), 신체의 능력에 대한 차별(ableism) 등 모든 종류의 차별에 반대했다.

함재봉(1998)이 지적했듯이, 미국의 우파는 전통적으로 미국을 다양한 문화를 받아들이고 용해시켜서 그 나름대로의 독특한 문화를 창조하는 '용광로'에 비유하는 데 반해, 문화적 좌파는 미국을 다양한 문화들이 공존하는 '뷔페(buffet)' 또는 '스뫼르고스보르드(smörgåsbord)'에

미국의 우파는 미국을 용광로로 여겨 다양한 문화를 녹여 미국 문화로 만든다고 보는 반면, 좌파는 스뫼르고스보르드처럼 다양한 문화가 공존한다고 본다.

비유하고 있다. PC 논쟁은 바로 그런 차이로 인해 빚어진 갈등이기도 하다.

그러나 곧 보수파의 반격이 시작되었다. 1980년대 후반 보수 논객들은 PC 운동에 대해 "미국 역사상 표현의 자유를 보장하는 수정헌법 제1조에 대한 가장 큰 위협", "나치 돌격대의 사상통제 운동", "AIDS만큼 치명적인 이데올로기 바이러스" 등과 같은 비난을 퍼부었다. (Glassner 2005)

PC 운동에 대해 우호적이거나 중립적이면서도 그 한계에 대한 비판의 소리도 적지 않았다. 정치적으로 올바른 표현을 쓰고자 노력하는 미국 중산층들은 실제로 사회의 소수집단에게 그들이 사용하는 단어만큼 배려하지 않는다는 것이다. 그들은 정치적으로 올바르게 수정된 단어, 예를 들어 steward, stewardess를 flight assistant로 사용함으로써 상대방 기분을 상하지 않게 완곡하게 표현하는 데에만 머무를 뿐, 실제 그들의 생각은 결코 그들이 사용하는 언어만큼 평등을 고려하지 않는다는 것이다.

송정신(2003)에 따르면, "즉, 표리부동한 행위가 역겹게까지 느껴진다는 것이다. 패럴리 형제의 영화, 예를 들면 〈내겐 너무 가벼운 그녀 (Shollow Hal)〉(2001년, 감독 바비 패럴리·피터 패럴리)는 이를 반영하여 사회적으로 금기가 되고 있는 표현들을 일부러 즐겨 사용하곤 한다. 이런 종류의 행동적 사회비판은 우리나라의 점잖은 기성문화에 대한 반항과 비판으로 심심찮게 등장하는, 의도된 B급 문화에서도 나타나는 것이다. 어쨌든 정치적으로 올바른 표현을 사용하는 것이 원래 의도를 잃고 경색되어버린 지경에 이른 것인데, 이는 PC 운동이 단지 밖에 드러내는 것만을 점잖게 보이게 하는 수식의 의미에 머물러서는 안 된다는 것을 의미한다."

PC 운동 진영의 포용력도 문제가 되었다. 그들은 이 운동에 반대하거나 공감하지 않는 사람들에게 '인종차별주의자'나 '성차별주의자'라는 딱지를 남용하는 경향이 없지 않았다. 그래서 반대자들은 그들의 그런 행태가 죄 없는 사람을 공산주의자라고 부르는 것과 무엇이 다르냐며 '새로운 매카시즘'이라고 비난했다.

타일러 코웬(Tyler Cowen 2003)은 PC 운동 그룹 내부에서도 포용력이 다소 부족한 측은 종교적 우파 진영과 동맹관계를 맺는다며 그 대표적 예로 메이플소프 사건을 지적했다. 로버트 메이플소프(Robert Mapplethorpe, 1946~1989)는 성 정체성 등 도발적인 주제를 주로 다룬 미국 사진작가인데, 게이였던 그는 여성을 촬영할 때도 가슴 없는 여자나 근육질의 여자 등 남성화된 여성을 찍었으며, 꽃을 발기한 페니스의 이미지로 표현하기도 했다.

제시 헬름스(Jesse Helms, 1921~2008)로 대표되는 우파에서는 메이플소프의 사진을 명백한 포르노로 여겼는데, 일부 PC 운동가들도 메이플소프의 사진이 인종주의와 성차별주의를 담고 있으며 인간의 몸을 물건처럼 취급했고 '지배'의 문화를 영속화하며 '식민주의적 환상'의 미학을 고취시킨다면서 맹렬히 비난했다. 이를 두고 코웬은 "좌파인 PC 운동 그룹과 우파인 종교계가 메이플소프 논란에 있어서는 뜻을 같이한다는 사실이 입증되었다"고 주장한다.

"다문화주의는 사라지지 않을 쟁점"

너무 나간 점도 일부 있었지만, PC 운동은 다문화주의의 상징이자 실천방법론이라고 하는 점에서 그 가치를 전면 부정하기는 어려웠다. 이매뉴얼 월러스틴(Immanuel Wallerstein 2001)은 PC에 대한 반발에 대해 이렇게 말한다.

"반(反)PC 평론가들의 과대선전과 아우성에도 불구하고, 결코 우리는 이미 다문화주의적 현실들이 지배하는 세계에 살고 있지 않다. 우리는 역사적 불공정에 대해 간신히 조금 손대기 시작하고 있을 뿐이다. 여기저기에서 주변적인 개선이 있었다 하더라도, 흑인, 여성, 그외 많은 타자들은 아직도 불리한 상태에 있다. 진자를 반대쪽으로 돌리라는 요구는 확실히 너무 이른 것이다. …… 우리가 불평등한 세계에 살고 있는 한, 즉 우리가 자본주의 세계경제 속에서 살고 있는 한, 다문화주의는 사라지지 않을 쟁점이다."

프랑스 지식인 베르나르 앙리 레비(Bernard-Henry Levy 2006)는 PC에 대한 유럽인들의 비웃음을 소개하면서 '어느 정도 유머와 거리를 갖고' 보기를 제안한다. "몇몇 레즈비언 사서들이 '히스토리(history)' 대신 '허스토리(herstory)'라고 말하기로 결심했다고 해서, 그리고 전혀 확인되지 않은 루머지만, 어떤 여교수가 벽에 걸린 고야의 나체화를 성적 학대라고 주장하며 떼어내라고 주장했다고 해서 '새로운 홍위병'이 대학을 점령했다는 식의 결론을 내려야 하는 것인가? 출판사가 '아버지 하나님'을 '하나님 아버지-어머니'로 대체한 성경을 인쇄했다고 해서, 왼손잡이를 모욕하지 않으려고 '오른손'을 하나님의 '강력한 손'으로 번역했다고 해서, 캘리포니아의 한 교수가 어느 불구 학생을 '다른 재능을 부여받은 사람'이라는 말 대신 '장애인'이라고 노골적으로 불렀다가 강의실에서 야유를 받았다고 해서, 이러다간 언어학적 근본주의의 승리와 더불어 서구 문화가 파괴되고 말리라고 외치면서 함정에 빠져들어야 할 것인가?'

한국에서는 2000년대 들어 PC 운동이 본격 전개되었다. 2004년 9월 일부 시민단체들에 의해 '주민등록번호 첫째 자리 철폐를 위한 만인 집단 진정서' 운동이 전개되었다. 성별을 구분하는 첫째 자리 숫자가 1990년대에 출생한 남자의 경우 1, 여자는 2번이며 2000년대에 출생한 자는 남자 3, 여자 4번으로 지정돼 있는 것을 문제삼은 것이다. 이들은 현행 국가에 의한 성 정체성 규정은 생물학적 성징만을 기준으로 한 것일 뿐이라며 남성을 상위 순번, 여성을 하위 순번으로 번호를 조합하는 주민등록번호는 개인의 성적 결정권을 침해하고 여성을 남성에게 종속시킨다고 비판했다.(정주아 2004)

2005년 5월 한국기독교교회협의회 여성위원회는 주기도문 새 번역을 추진 중인 한국기독교총연합회와 한국기독교교회협의회에 주기도문에서 '아버지'라는 호칭을 빼자고 제안했다. 여성위원회는 "주기도문 새 번역안의 하나님 상은 가부장 이미지인 '아버지'를 문자적으로만 번역함으로써 하나님 존재의 무한성을 제한하고 있다"고 주장했다. 또 이들은 "양성 평등을 지향하는 현대사회의 흐름에 비춰볼 때 '아버지'라는 표현은 시대 문화적 흐름을 전혀 반영하지 않고 있다"며 "'아버지'라는 칭호 문제는 이른 시일 내 재고돼야 한다"고 말했다.(허문명 2005)

다문화주의와 '정체성 정치'

인도 출신의 베스트셀러 저자 디네쉬 드수자(Dinesh D'Souza)는 『편협한 교육: 캠퍼스의 인종·성 정치(Illiberal Education: The Politics of Race and Sex on Campus)』(1991)에서 자신의 이민자·유색인종 지위를 내세워 다문화주의를 강력 비판했다. 그는 흑인들이 미국 사회에서 실패하는 원인은 인종차별주의가 아니라 흑인들이 노예제하에서 생존하기 위해 형성한 문화가 오늘날 역기능을 발휘하기 때문이라고 주장했다. 물론 이런 시각은 소수민족 우대정책(Affirmative Action)과 다문화주의에 대한 비판으로 이어졌다.

리처드 번스타인(Richard Bernstein)이 『미덕의 독재: 다문화주의와 미국의 미래를 위한 전투(Dictatorship of Virtue: Multiculturalism and the Battle for America's Future)』(1994)에서 시도한 다문화주의 비판은 전투적이다. 그의 주장에 따르면, 다문화주의자들은 1960년대의 세례를 받은 자들로서 이상향에 대한 유혹을 뿌리치지 못하고 여전히 환상의 세계에 거주하면서 자신들에 대한 비판을 무력화하기 위해 다문화주의라는 용어를 사용하는바, 그들의 주장은 정치적 야망과 권력 추구를 위장하고 있기 때문에 그들의 말을 액면 그대로 받아들여서는 안 된다. 즉, 다문화주의자들은 차이와 다양성의 포용을 구호로 내세움으로써 비판자들을 수세에 몰아넣는 효율적인 정치적 전략을 구사하고 있으며, 따라서 다문화주의를 비판하기 위해서는 대단한 용기가 필요하다는 것이다.(정상준 2002a)

다문화주의가 추구하는 이른바 '정체성 정치(identity politics)'에 대해서는 우파뿐만 아니라 좌파 내부에서도 반발이 만만치 않았다. 토니 마이어스(Tony Myers 2005)는 '정체성 정치'를 "각각의 특수한 집단들이 투쟁 속에서 자기 정체성을 갖게 된다는 것을 인정하는 정치, 그래서 어떤 집단도 다른 집단과 똑같다고 간주되거나 특권적으로 취급되지 않는 정치"라고 정의하면서 다음과 같이 말한다.

"이것은 무해한 주장처럼 들리지만, 전통적인 마르크스주의 내부에 분란을 일으킨다. 왜냐하면 이런 주장은 궁극적으로, 최종심급에서 모든 불평등을 결정하는 것은 계급이나 경제적 생산양식이라는 마르크스주의의 전제를 무너뜨리기 때문이다. 전통적인 마르크스주의도 서로 다른 집단 간의 평등을 위한 주장을 지지하지만, 그것은 현재의 자본주의적 착취관계를 바꾸어 모든 사람이 더 나은 삶을 살 수 있게 만드는 한에서만 가능하다는 단서가 붙는다. …… 그래서 마르크스주의자들은 정체성 집단들이 오직 자신들만의 특수한 불평등 개선에 집중할 때 전체와의 상호관계를 놓친다고 비판하고, 반대로 정체성 집단들은 마르크스주의자들이 관계의 총체성에만 몰두한 나머지 개별 국민들의 구체적인 욕구를 간과한다고 주장한다."

슬로베니아의 철학자 슬라보예 지젝(Slavoj Žižek)은 '정체성 정치'가 정치의 영역을 확장시켰지만, 바로 그 때문에 '정치적'이라는 개념 자체를 약화시켰다고 주장했다. 정체성 정치는 자본주의라는 매개변수 안에서 작동하지만 자본주의에 도전하고자 하지 않으며, 그래서 정치의 실제 목표여야 할 것을 놓쳐 버린다는 것이다.(Myers 2005)

힙합을 통한 저항

하지만, PC 운동은 주로 백인들의 운동이었고, 흑인 젊은이들은 랩

(RAP)을 통해 게토(빈민촌)의 열악한 조건 속에서 살아가는 흑인들의 경험과 조건, 점증하는 억압과 신분상승 기회 봉쇄에 대한 분노를 표현했다. 랩은 일종의 말하는 방식 또는 랩뮤직이고, 랩에서 R는 운(rhyme, 韻)과 리듬(rhythm)을 의미하고, P는 어떤 경우에는 시(poem)를, 또 어떤 경우에는 정치(politics)를 의미한다. 랩은 음악이자 강력한 정치표현 수단이 된 것이다. 미국 사회에서의 랩 음악의 의미를 연구한 트리시아 로즈(Tricia Rose)는 "랩은 미국 사회 저변에 깔린 매스미디어에 대한 비판이며 권력과 권위로 구조화되어 있는 현대 사회를 해석하고 있다"고 주장했다.

랩은 힙합(hip-hop)의 하위 장르다. 힙합은 1970년대 초반 미국 뉴욕 브롱크스에서 흑인에 의해 시작된 음악 장르다. 넓게 보자면 랩을 중심으로 춤, 패션, 그라피티(graffiti) 등을 총괄하는 흑인 하위문화 일체를 가리킨다. 어떤 평론가들은 힙합 문화를 "매우 정교한 포스트모더니즘 구성", "자의식적인 정치적 실천", "문화적 재생의 중심", "자본주의의 대항적 형성체" 등과 같이 높이 평가하는 반면, 다른 평론가들은 그런 거창한 주장을 비판하면서 흑인 거리 문화의 형식이라는 좀 더 평범한 관점에서 힙합을 바라보았다.(Shuker 1999)

음악으로서의 힙합은 여러 지역에서 발전, 확산되는 바람에 일률적으로 규정하기 어려울 정도지만, ①기존 작품들을 적극 끌어들여 재활용하고, ②다른 곡들의 가사나 모티브를 '샘플링'이라는 이름으로 빌려와 독자적인 창작물을 만들어내며, ③심장박동과 비슷한 느낌을 주는 리듬과 비트가 특징이며, ④로큰롤처럼 흑인에 의해 시작되었으나 백인 뮤지션들에 의해 유명해졌으며, ⑤그 결과 과도하게 상업화

힙합은 흑인들이 자신들의 문화를 나타내는 양식이며, 그 하위 문화로 랩과 비보잉, 그라피티 등이 있다.

되었다는 몇 가지 공통점을 갖고 있다. 가사는 간혹 폭력과 여성비하를 부추기는 내용을 담고 있기도 하지만, 이는 힙합의 하부 장르 중 '갱스터 랩'의 특징이며, 힙합 전체의 특징으로 일반화할 수는 없다는 반론도 제기되었다.(박애경 2000, 최민영 2004)

비보이 신드롬(B-boy syndrome)도 힙합 문화의 주요 요소다. 이는 힙합댄스 중에서도 가장 고난도의 기술을 요구하는 브레이크댄스를 추는 남자를 가리키는 비보이가 큰 인기를 누리는 문화적 현상을 말한다. 브레이크댄스를 추는 여성은 '비걸(B-Girl)'로 불렸다. 비보이라는 말은 1969년 미국 뉴욕의 한 디제이가 브레이크(음악을 틀다가 중간에 비트만 나오는 구간을 계속 들려주는 것) 타임에 "비보이들 나와!"라고 외쳤다는 데에서 유래됐다는 설이 있다. 이후 비보잉(B-boying; 브레이크에 맞춰 춤을 추는 것)은 랩, 디제잉(djing; 디제이가 즉석에서 분위기에 맞게 음악을 믹싱해 들려주는 것), 그라피티(벽화 또는 벽 낙서) 등과 함께 힙합 문화의 핵심적인 요소가 됐다.

관련 용어를 몇 가지 살펴보자. ①배틀(battle)은 미국 래퍼 에미넴(Eminem)이 영화 〈8마일(8 Mile)〉(2002년, 감독 커티스 핸슨)에서 랩 대결을 펼치던 것처럼 맞대결로 기량을 겨루는 것으로, 독일에서 매년 열리는 '배틀 오브 더 이어'는 비보이들의 춤 대결 대회로 유명하며 이 대회에 수만 명의 관객이 몰린다. ②비트 박스(beat box)는 손과 입을 사용해서 강한 악센트의 리듬을 만드는 것이다. ③파핑(popping)은 몸의 관절을 튕기듯 끊어주는 것으로, 1960년대에 시작된 로봇댄스가 출발점으로 알려져 있으며 전설적인 댄서 파핀 피트(Poppin Pete)의 이름에서 유래됐다. ④프리즈(freeze)는 '얼다'라는 의미에 어울리게 한 손으로 땅을 짚고 물구나무선 채 멈추는 것으로, 순간 정지되는 듯한 춤의 마무리 동작을 가리킨다. ⑤터클(tuckle)은 물구나무선 상태에서 손을 바꾸어 회전하는 기술이며, ⑥윈드밀(windmill)은 온몸을 이용해 풍차처럼 돌리는 것이고 ⑦헤드스핀(head spin)은 물구나무선 채 헬멧을 쓰고 머리로 회전하는 것이다. 한국에서는 비보이가 1990년대 중반부터 등장한다.(김갑식 2006)

랩은 '흑인들의 CNN'인가?

미국의 미디어 학자 크로토와 호인스(Croteau & Hoynes 2001)는 랩의 저항성에 수긍하면서도 "동시에 랩은 이데올로기의 모순을 안고 있다"고 평가했다. 정치적으로 급진적인 랩 음악을 주로 하는 가수들(rappers)은 사회 제도권이 인종차별주의적이라고 비판하면서도 그들의 음악 이미지와 가사는 대개 남녀차별적이거나 동성애 혐오적이라는 것이다.

랩은 대단히 높은 이윤을 보장하는 상업적인 산업이 되었다. 퍼블릭 에너미(Public Enemy)의 척 디(Chuck D)는 랩을 '흑인들의 CNN'이라 불렀지만, 랩의 상업적 성공은 대부분 랩 음악이 교외의 백인 청년들에 의해서 소비되고 있기 때문에 가능했다. 백인은 흑인보다 랩이나 힙합 음악을 더 많이 소비했는데, 이런 현상은 랩의 이데올로기를 아주 복잡하게 만들었다. 백인 청년에게 외면되지 않을 수준의 타협이 불가피해진 것이다. 그 타협의 성격은 애매하며, 이를 잘 보여준 것이 백인 랩 가수인 바닐라 아이스(Vanilla Ice)의 '이미지메이킹'이다. 조르주-클로드 길베르(Georges-Claude Guilbert 2004)에 따르면, "바닐라 아이스는 1990년에 엄청난 거짓말을 토대로 순식간에 인기가수가 되었다. 그는 험악한 빈민가에서 흑인들과 함께 자랐다고 주장하며, 거리에서 칼싸움을 벌이다가 흉터도 생겼다고 강조했다. 그의 첫 앨범은 800만 장이 팔렸다. 그런데 그 후 기자들이 그의 주장이 거짓이었음을 밝혀내면서 그의 인기는 곤두박질쳤다."

랩을 메탈과 결합시킨 시도도 나타났는데, 그 대표적 그룹이 1991년 로스앤젤레스에서 결성된 좌파 하드코어 밴드 '레이지 어게인스트

랩은 메탈과 결합되기도 했다. 그 대표적인 그룹 레이지 어게인스트 더 머신(RATM)은 비록 본디 랩의 흑인적인 색깔이 거의 없으나, 미국의 지배계급에 대한 분노와 억압받는 자들의 고통을 냉소적으로 노래해서 다문화주의의 갈등을 드러냈다. ⓒ deep_schismic

더 머신(Rage Against the Machine)' 이다. 백인적인 '샤우팅 래핑' 을 구사하는 이들의 음악은 '흑인적' 이지 않았다. 신현준은 "그들이 분노(rage)하여 맞서려는(against) 대상은 '진실' 을 은폐하고 억압하며 거짓을 정당화하고 세뇌하는 모든 유무형의 기계(machine)이다"라며 다음과 같이 말한다.

"그 기계는 가령 '제너럴일렉트릭, NBC, 디즈니, ABC 등의 미국 거대 악마들로 이루어진 북미자유무역협정(NAFTA; The North American Free Trade Agreement)' 이며, 불법 이민자와 흑인들에 대한 편견과 공격을 담은 극히 통속적인 라디오 쇼이며, '타협, 순응, 동화, 복종, 무지, 위선, 잔인성, 엘리트로 뭉쳐진 아메리칸 드림' 이다. 이들은 만일 미국을 '자유의 땅' 이라고 부르는 사람이 있다면 그 자가 바로 우리의 적이라고 성토하고, 미국은 '위선의 땅'일 뿐이며 마틴 루서 킹 (Martin Luther King, Jr., 1925~1968)과 맬컴 엑스(Malcolm X, 1925~1965)가 왜 죽을 수밖에 없었는지를 상기시키면서 '당신을 깨어나게 하고, 흔들어 깨워 격려하고, 그 구조를 깨뜨리게 하는 것'이야말로 자신들의 임무라고 다짐한다."(신현준 외 1997)

우파는 '레이지 어게인스트 더 머신'을 어떻게 볼까? 대니얼 플린 (Daniel J. Flynn 2003)의 비판에 따르면, "노엄 촘스키(Noam Chomsky) 추종세력인 '레이지 어게인스트 더 머신'은 미국에 '분노하는' 내용의 앨범을 수백만 장 팔아 커다란 부를 거머쥐었다. 이 랩메탈 그룹은 자신들이 경멸한다는 삼류들과 마찬가지로 진부한 내용의 히트작을 만들어낸다. 그것은 청취자의 감정을 자극하려는 뻔한 정치적 비난 일색이어서 천편일률적이다. 젊은이들이 좋아하는 비트와 리듬에 반감을 자극하는 메시지를 솜씨 있게 버무려내는 음악가를 가장한 이들 정치운동가는 자신들의 특유한 관점이 청중의 반응을 얻고 있다고 주장한다. …… 미국이 아니라면 이러한 '예술가'들은 일찌감치 무대에서 사라졌을 것이다. 침묵을 강요받거나 죽임을 당할 수도 있을 것이다. 반미 선전영화 제작자와 미국의 자본주의 체제를 비난하는 억만장자 음악가들은 달러의 세례를 받을 것이 아니라 미국민의 비난 세례를 받아 마땅하다."

이런 주장에도 일리는 있겠지만, 오죽하면 그런 저항의 방법까지 동원되었겠는가 하는 점을 놓치지 않는 게 균형 잡힌 시각을 갖는 데 도움이 될 것이다. PC 운동과 다문화주의의 부정적 측면에 대한 일부 좌파들의 비판과 우려도 원론적으로는 타당한 지적이지만, 보기에 따라서는 '거대담론의 폭력'일 수 있다. 그런 비판을 한 좌파는 한 걸음 더 나아갔어야 했던 건 아닐까. 자본주의를 타파하는 그날까지 모든 '정체성 정치'는 유예되어야 한다고 주장하려는 게 아니라면, '정체성 정치'와 자신들이 원하는 정치 사이의 조화 방안을 찾는 게 옳지 않겠느냐는 것이다. 한국에서도 일부 좌파들이 여성·지역주의 문제를 계급문제에 종속시켜버리는 어리석음 또는 폭력을 범하는 것과 비슷한 문제라고 볼 수 있겠다.

참고문헌 Bryson 2009, Cowen 2003, Croteau & Hoynes 2001, Current Biography 2002e, Flynn 2003, Garner 1996, Glassner 2005, Guilbert 2004, Kellner 1997, Levy 2006, Myers 2005, Shuker 1999, Wallerstein 2001, 강준만 2005a, 김갑식 2006, 김성곤 1995, 박애경 2000, 송정신 2003, 신현준 외 1997, 정상준 1995·2002a, 정주아 2004, 최민영 2004, 함재봉 1998, 허문명 2005

'성희롱 X급 드라마'
클래런스 토머스와 애니타 힐

'성희롱(sexual harassment)' 개념의 대중화

1991년 7월 조지 부시 대통령은 미국 연방 고등법원 판사 클래런스 토머스(Clarence Thomas)를 서굿 마셜(Thurgood Marshall, 1908~1993) 전(前) 연방대법관의 후임자로 지명했다. 마셜은 주로 민권운동을 다루었던 민권운동 지도자로서 연방대법원에 재직하던 유일한 흑인이었다. 반면 토머스는 흑인이지만 보수파였다. 인준 청문회가 시작되면서 토머스가 흑인들의 쿼터제, 노인복지기금을 기본적으로 반대하는 등 민권문제에 극히 부정적이라는 여러 가지 증거가 제시됐다. 토머스 측은 "가난한 흑인 아이나, 가난한 백인 아이나 비참하기는 마찬가지다. 왜 흑인 아이만 더 우대받아야 하느냐. 나는 조부와 홀어머니로부터 홀로서기 철학을 배웠고 이것이 진실로 인간답게 사는 것이라고 생각해왔다"고 응수했다.

미국변호사협회(ABA; American Bar Association)에서 흑인 대법관감

미 연방대법원에 흑인으로서는 두 번째로 입성한 클래런스 토머스 판사. 맬컴 엑스를 자신의 영웅이라 칭했지만, 그의 사상적 지표는 보수파에 가까웠다.

스물세 명을 뽑은 일이 있는데 토머스는 여기서 제일 하위 그룹에 속한다고 했다. 그는 연방대법관을 맡을 만한 재판도, 교수도, 연구도 한 적이 없다는 것이다. 당시 43세인 토머스의 경력을 다 뒤져봐도 이 젊은 고등법원 판사가 연방대법관에 임명될 만한 능력이 있다는 것은 아무 데서도 찾지 못했다는 게 민주당의 조지 미첼(George J. Mitchell) 상원 원내총무, 하워드 메첸바움(Howard M. Metzenbaum, 1917~2008) 의원 등의 노골적인 주장이었다. 반면 한때 토머스를 법률고문으로 썼으며 워싱턴에 처음 등장시킨 바 있는 공화당 소속 존 댄포스(John Danforth) 의원이나 오린 해치(Orrin Hatch) 의원은 "토머스야말로 능력 있고 정직하고 성실한 대법관감"이라고 반박하고 나섰다.

　여기까지의 내용을 두고 상원 법사위는 토머스를 연방대법관으로 인준할 것인가, 안 할 것인가를 표결에 붙였는데, 7대 7 동수를 이뤄 결국 법사위 결정을 마무리짓지 못한 채 상원 본회의 직접표결로 이관시켰다. 그런데 상원 본회의가 표결에 들어가기 직전 엄청난 사건이 터졌다. 그게 바로 '성희롱' 논란이다.(정일화 1991)

당시 오클라호마 법과대학 교수로 있던 35세의 흑인 여성 애니타 힐(Anita Hill)은 토머스를 상대로 성희롱과 관련된 법정 소송을 제기했다. 10년 전 토머스가 미 연방교육부 민권국장 재임시 자신이 그 사무실에서 법무관으로 일하면서 그에게 성희롱을 당했다고 폭로했던 것이다. 이 소송을 통해서 많은 미국인들은 처음으로 '성희롱(sexual harassment)'이라는 용어를 듣게 되었다.(이창신 2003)

성희롱이란, '성적인 괴롭힘'을 말한다. 이 용어는 1974년 미국 코넬대학에서 여성운동가 린 페일리(Lin Farley)가 '여성과 일'이라는 세미나 시간에 학생들이 여름방학 동안 일하면서 일터에서 겪었던 불쾌한 경험담과 그로 인해 일을 그만둘 수밖에 없었던 경험담을 들은 게 계기가 되어 탄생되었다.(이창신 2001)

장필화(1999)에 따르면, 이 용어는 "1970년대 중반경부터, '성적 강제'를 반대한 미국의 여성운동단체나 여성학자가 중심이 되어 채택·발전시켜온 개념으로, 현대 여성운동의 과정에서 의도적이고 집단적으로 만들어진 조어이다. 섹슈얼 허래스먼트라는 개념의 역사적·정치적 함의를 고려할 때, 우리 사회에서 그에 해당하는 개념으로 사용되는 '성희롱'은 적절한 용어라고 보기 어렵다는 비판이 제기되기도 한다. 성희롱은 말 그대로 '성적으로 실없이 놀리는 것'을 의미함으로써, 섹슈얼 허래스먼트라는 용어에서 가장 핵심적인 '권력'

의 개념을 담아내지 못한다고 보기 때문이다. 그러나 이미 널리 사용되고 있는 '성희롱'이라는 개념에 권력의 의미를 포함시킴으로써 정치성을 부과해야 할 것인지, 아니면 전혀 다른 용어로 대치해야 할지는 좀 더 고려해보아야 할 과제이다."

"흑인들에게 가하는 하이테크 린치"인가?

1991년 9월 토머스의 상원 인준 청문회를 앞두고 보수단체들은 강공(强攻) 작전을 전개했다. 공화당의 정치자금 모금단체인 '보수승리위원회'와 로비단체 '시민연합'의 합작품으로 만들어진 60초짜리 텔레비전 광고는 다음과 같이 주장했다.

"대법관의 자격을 심판할 위인들이 어떤 인물인지를 아십니까. 진보적 민주당 인사들 가운데 자신들의 거동이 윤리심사에서 합격받을 만한 자가 도대체 몇 명이나 되겠습니까. 에드워드 케네디(Edward M. Kennedy, 1932~2009) 상원의원은 시험을 칠 때 부정행위로 하버드대학에서 정학처분을 받았습니다. 여비서 코페크니(Mary J. Kopechne, 1940~1969)에게 의문의 죽음을 안겼고 금년에는 팜비치 케네디 별장 구내에서 그 조카의 강간미수 사건이 있지 않았습니까. 조지프 바이든(Joseph R. Biden Jr.) 법사위원장은 대통령후보 캠페인 때 남의 아이디어를 훔쳐 자기 것인 냥 떠들어댄 표절자이지 않았습니까. 그리고 앨런 크랜스턴(Alan M. Cranston, 1914~2000) 의원은 금융스캔들의 소위 '영향력 행사 5적' 중 한 사람 아닙니까. 토머스 법관과 케네디 의원 중 누구의 가치관을 대법원에 심어야 합니까. 여러분의 상원의원에게 전화를 걸어 부시 대통령과 토머스 지명자에 대한 여러분의 지지를 표명하십시오. 부시 대통령과 토머스 지명자는 여러분들의 도움을 필요로 합니다. 오늘 당장 전화를 거십시오."(변상근 1991)

1991년 10월 11일 클래런스 토머스 대법원 판사 지명자의 상원 법사위 인준 청문회장은 텔레비전 생중계로 세계의 이목이 집중되었다. 토머스는 준비해온 성명을 통해 힐의 폭로를 전적으로 부인하고 "대법관 인준 과정에서 받은 굴욕감을 견딜 수 없다"면서 인준 여부는 제쳐두고라도 이 추악한 과정만은 끝내달라고 호소했다. 그는 힐의 주장으로 "충격과 상처를 받고 침울한 감정을 갖게 됐다"며 다음과 같이 말했다.

"흑인 미국인으로서의 나의 관점에서 볼 때, 이것은 스스로 생각하려고 하는 주제넘은 흑인들에게 가하는 하이테크 린치다. …… 그리고 현존하는 질서에 머리를 조아리지 않으면 이런 일이 일어난다는 메시지다. 나무에 매달리는 것은 아니지만 미국 상원 위원회에 의해서 린치를 당하고, 파멸되고, 조롱당하는 것이다."(Friedman 2003)

반면 힐은 일부 의원의 부탁으로 자신이 당한 일을 증언했으며 어떠한 복수나 보상도 원하지 않는다고 밝혔다. "한번은 토머스가 자기 책상에 있는 콜라 깡통을 가리키며 '누가 음모(陰毛)를 콜라 속에 넣었느냐'고 말하고 그의 성기 크기와, 여자들과 오럴 섹스를 하던 즐거움에 관해 말했다." "그의 말은 노골적이었다. 그는 동물과 성관계를 갖는 여자라든지 그룹 섹스, 강간 장면 등 자신이 포르노 영화에서 본 행위들을 나에게 적나라하게 이야기했다." 증언에 나선 힐의 폭로는 토머스가 함께 외출하자고 졸라댔으며 포르노 영화 장면을 묘사했다는 등 종전 주장보다 훨씬 충격적인 것이었다. 힐은 토머스와 헤어져 대

클래런스 토머스의 대법관 인준 청문회에 증인으로 출석한 애니타 힐. 토머스의 성희롱을 세세히 증언함으로써 청문회에 전 세계의 이목을 집중시켰다. ⓒ 연합뉴스

학으로 직장을 옮길 때 토머스가 "자기가 한 행위를 다른 사람에게 말할 경우 자신의 장래를 망칠 것"이라고 말했다는 얘기도 덧붙였다.

율사 출신 법사위 의원들은 이 같은 폭로의 진위와 문제점들을 하나하나 따져묻기 시작했다. 공화당에 소속된 펜실베이니아 주의 알런 스펙터(Arlen Specter) 의원은 힐에게 연방법상의 성적 희롱에 대한 법률적 시비의 제기 시효가 6개월이라는 사실을 아느냐고 묻고 8~9년 전의 이야기를 녹음도 해두지 않은 상태에서 그렇게 구체적으로 기억하고 있느냐고 따졌다.(김영진 1991)

텔레비전 생중계는 성적 추문에 관한 생생한 묘사로 인해 전례 없이 높은 시청률을 기록했다. AC닐슨의 시청률 조사기구에 따르면 미국에서 약 4000만 가구가 11일부터 재개된 청문회의 생중계를 지켜봤는데 이는 때마침 열리고 있던 미국 프로야구 아메리칸리그 플레이오프의 시청률보다 3배나 높은 것이었다. 미국의 3대 전국 텔레비전 네트워크 가운데 두 개는 11일 오전 10시부터 밤 11시까지 진행된 청문회의 전 과정을 중계했고 CBS만이 저녁 때 청문회 중계를 중단, 프로야구장으로 카메라를 돌렸으나 시청률은 사상 유례 없이 저조했다. 또 청문회 중계 때문에 방영이 취소된 주말 드라마와 만화영화의 고정팬들도 평소와는 달리 항의전화를 거의 걸어오지 않았다고 방송사 측에서 밝혀 역시 현실의 드라마가 허구(픽션)의 드라마보다 더 흥미로움을 입증했다. (국민일보 1991a)

'X급(포르노의 등급) 드라마'

이 '드라마' 는 'X급(포르노의 등급) 드라마' 라는 평가를 받았다. 청문회에서 성기 크기, 오럴 섹스, 포르노 스타 등에 관한 얘기가 거침없이 튀어나옴에 따라 CBS는 "어린이가 시청하기에 부적절한 내용이 있을 수 있음" 이라는 경고문을 자막으로 내보내기 시작했다. 기자들이 토머스 집의 쓰레기통을 뒤지고 첫 부인과의 이혼 기록을 추적하자, 토머스는 "이건 미국이 아니다. 카프카의 소설에나 나옴 직한 이야기다. 다음 지명을 받은 사람이나 나라를 위해서도 이래서는 안 된다. 청문회는 서커스요, 공중곡예요, 국가적 수치다" 라고 말했다. (서동구 1991a)

다음 날인 10월 12일 토머스는 청문회에서 "나와 내 가족이 겪고 있는 이 생지옥보다는 암살자의 총알이라도 택했을 것"이라고 말하고 그를 반대하는 자들이 언급한 '성기 크기' 운운은 "흑인들에게 가해진 가장 인종차별적이고 편협한 상투형"이라고 비난했다. 그는 "대법원 판사의 지명을 자진 철회하느니 차라리 죽음을 택하겠다"고 말했다.

10월 12일 『워싱턴포스트(The Washington Post)』와 ABC의 합동 여론조사에서는 토머스가 힐보다 국민으로부터 더 큰 신뢰를 받고 있는 것으로 나타났다. 513명을 대상으로 실시한 긴급 여론조사에서 토머스는 46퍼센트의 응답자로부터 '믿을 만하다'는 평가를 받은 반면 힐은 24.1퍼센트에게 그 같은 평가를 받았다.(국민일보 1991a)

김영진(1991a)은 "토머스 판사의 직책은 여성과 소수종족을 보호하기 위한 고용평등기회위원회 위원장이었던 만큼 이 폭로가 사실이라면 미국 정치제도 자체의 신뢰성을 뿌리째 흔드는 일이 아닐 수 없다. 또한 이런 인물을 대법관으로 지명한 부시 대통령은 말할 것도 없고 그의 지명을 위해 노력해온 수많은 사람이 오물을 뒤집어쓸 수밖에 없다"며 다음과 같이 말했다.

"그러나 청문회의 진행 과정은 차츰 그렇지 않은 쪽으로 가고 있다. 자신이 성적 희롱을 당한 경험이 있다고 밝힌 한 여성 증인은 지독한 희롱을 당하면 희롱자를 멀리하는 것이 보편적 심리인데 힐 양은 토머스 판사의 추천장으로 딴 곳으로 직장을 옮긴 이후에도 상사와 부하로서의 좋은 관계를 유지했다고 지적했다. …… 상원의원들 가운데서도 청문회 이전에 가졌던 입장을 바꾸겠다고 밝힌 사람이 나오지 않고 있다. 그렇다면 토머스 판사로 하여금 '이 같은 굴욕감보다는 차라리 암살자의 총탄을 맞는 게 더 낫겠다'고 토로케 만든 이 청문회가 남길 결과가 더욱 의심스러워진다. 흑인이 주제넘게 최고법관이 되려한다는 뿌리깊은 인종적 편견이 꾸민 교묘한 음모가 이번 청문회로 표출된 것은 아닐까."

10월 15일 상원 본회의의 투표는 52대 48로 토머스의 승리로 끝났다. 표결 후 오린 해치 의원은 "토머스 판사는 밑바닥에서 정상에 오른 사람이다. 투표는 밑바닥이지만 훌륭한 대법관이 될 것이다"라고 말했다. 토머스의 어머니 리올라 윌리엄스(Leola Williams)는 "그동안 내 아들을 헐뜯은 사람을 위해 기도하겠다"고 말했다.

107일을 끌어온 토머스 드라마가 극적인 반전으로 막을 내린 데는 민주당의 이탈표가 큰 몫을 했다. 민주당 소속 의원 열한 명이 예상을 깨고 찬성표를 던진 반면 공화당에선 두 명만이 대열에서 이탈해 반대표를 던짐으로써 52대 48, 박빙의 차이로 인준을 받은 것이다. 48표의 반대표는 대법원 판사 인준사상 가장 많은 반대표로 기록될 불명예스런 결과였지만 토머스 파동은 부시 대통령에게는 일단 정치적 승리를 안겨줬다.(정일화 1991)

복잡 미묘한 흑-흑 갈등

이 사건은 성공한 흑인들 사이에서 벌어진 흑-흑 갈등이라는 복잡하고도 미묘한 양상을 보였기 때문에 미국뿐만 아니라 한국에서도 깊은 관심과 더불어 다양한 해석을 낳았다. 임항, 송정숙, 김병무의 해석을 차례로 감상해보자.

임항(1991)은 "3개월에 걸친 그의 인준청문회가 그의 법철학, 낙태에 관한 입장 등 본연의 자격여부 심판이라는 정상궤도에서 이탈한 것은 백인 페미니스트(여권옹호론자)들이 고안해낸 '직장 내 성적 희롱'이라는 민감한 사안의 덫에 토머스가 걸려들면서부터였다"며 다음과 같이 말했다.

"백인 남성이 지배하는 상원 법사위는 힐 교수의 제보에 따른 FBI의 조사결과를 당초 묵살했다는 성차별 비난을 감수하는 정치적 상처를 입었다. 이 때문에도 법사위원들은 특별 청문회에서 힐 교수에게 이렇다 할 반대 심문도 못한 채 두 당사자 중 한쪽이 틀림없이 늘어놓는 거짓말을 꼬집어내지 못했다. 선거구의 여성표가 떨어질 것이라는 우려 때문이다. 토머스의 인준을 반대해온 민주당 측 인사들은 거짓말 탐지기까지 동원, 힐의 증언의 진실성을 입증해보이려 했지만 여론은 그들에게 등을 돌렸고 오히려 민주당 측이 치밀한 사전준비와 공작을 꾸몄다는 의혹만 샀다."

이어 임항은 "이번 청문회의 가장 큰 피해자는 아무래도 토머스 판사와 흑인들이라고 해야 할 것이다. 인종 문제를 정치에 이용하려고 하는 미국의 정치관행과, 출세한 극소수 흑인과 대다수 흑인 간에 흑-흑 갈등을 야기하는 기득권 체제의 논리에 대해 그들은 옛 상처에 뿌려진 소금의 아픔을 느끼고 있을 것이다"라며 다음과 같이 말했다.

"토머스 판사 자신이 '주제넘게 건방진 흑인에 대한 하이테크(첨단기술) 린치(사형)'라고 분개했듯이 전원 백인인 상원 법사위원들이 '성적 무용담'과 같은 '인종차별적 스테레오타입(상투형)'에 관해 두 출세한 흑인들에게 벌이는 심문과정은 흑인들에게 심한 모멸감을 심어줬을 것이다. 고용상의 쿼터제도 등 흑인들에 대한 지원정책이 그들에게 '의존의 마약'이 된다며 이를 반대해온 토머스 판사의 입장이 갖는 한계도 바로 여기에 있다. 애당초 출발선이 다른 흑·백인 간에 기회균등이란 허구에 불과하다."

송정숙(1991)은 "이 드라마가 '주제넘은 검둥이'를 능멸하던 옛날과 조금도 변한 것이 없는 '하이테크 린치'라고 토머스 자신은 한탄했지만 가해자군에 자발적으로 가담하여 음모자의 채찍 노릇하기를 서슴지 않은 사람이 하필이면 동족인 흑인이고 흑인으로서는 토머스 대법관과 견줄 만큼 드물게 출세한, 게다가 예일 법대 동창생인 미녀 법률학자였다"며 다음과 같이 말했다.

"10년 전에 단 둘이서만 있었던 자리의 일을 입증한다는 일이 거의 불가능하리라는 것을, 법률학자인 힐 교수가 짐작 못했을 리가 없는데 승산도 없는 이 일을 이 여교수는 왜 벌였을까. 이런 의문이 생길 때마다 TV에 비치던 토머스 판사의 백인 부인이 떠오른다. 출세한 동족의 잘난 남성이 백인 아내를 맞아들인 '배신행위'에 '빼어난 흑인 여교수'의 해묵은 적개심이 발동한 것은 아니었을까. 백인 사회가 토머스를 향해 가한 '하이테크 린치'도 '흑인이 주제넘게 백인 아내를 거느리고' 거들먹거리는 꼴이 아니꼬왔던 것은 아니었는지 모르겠다. 하필이면 근엄한 대법관을 골탕 먹이는 수단을 '성적 희롱'으로 선택한 연출 솜씨가 더욱 그런 연상을 하게 한다."

김병무(1991)는 "낙태의 자유를 반대하는 인물이 대법원 판사가 되는 사태를 막기 위해서는 무슨 수단이든 동원하겠다고 마음먹은 진보주의자들에게 성적 희롱을 받았다는 애니타 힐이라는 젊은 흑인 여류는 더없이 걸맞은 인물이었다. 미국 흑인 사회의 지성들은 흑인은 머리가 텅 비고 동물적 욕구를 아무렇게나 발산한다는 달갑잖은 고정관

FBI와 워싱턴 시경의 함정수사에서 크랙 코카인을 피우는 모습이 감시카메라에 찍힌 워싱턴 시장 매리언 배리.

념이 다름 아닌 흑인 여류의 입을 통해 다시 굳어지는 것을 혐오했다"
며 다음과 같이 말했다.

"그것은 자라나는 흑인들의 우상이었던 워싱턴 시장 매리언 배리
(Marion S. Barry)가 다름 아닌 흑인 여성과 마약을 피우는 장면이 발각
됨으로써 인격파산이 된 사실과 연장선상에서 비쳤기 때문에 흑인들
의 가슴앓이는 더욱 심했다. 매리언 배리 시장을 파멸시킨 흑인 여성
은 연방수사국(FBI)이 동원한 끄나풀로 흑인 사회는 인식하고 있다.
이것은 미국의 국기(國技)인 아메리칸 풋볼에 흑인 스타는 많아도 지
략을 갖춰야 하는 쿼터백 자리를 차지하는 흑인 선수는 찾아볼 수 없
는 현실과 아울러 흑인들이 타파하고 싶은 고정관념이었다. 그 때문
에 토머스 판사가 백인 아내를 두었다고 해서 갖는 거부감, 소수민족
이라는 이유로 따로 법으로 보장받는 시혜성 고용의 평등보다는 개인

의 노력으로 백인에 맞서겠다는 의지를 관철시킨 투쟁을 내심으로는 반기면서도 그것을 단순히 편리한 타협이라고 질타하는 심리로도 나타났었다. 그게 원인이 되어 토머스 판사의 인준을 놓고 찬반의 양극화 현상을 보였던 흑인 사회가 지난 주말 흑인끼리의 이전투구를 지켜본 다음에는 70퍼센트 이상 그의 지지로 돌아서게 했다.”

‘흑인 성기’에 관한 논란이었는가?

힐은 ‘거짓말쟁이’부터 ‘용감한 여성’까지 극단을 달리는 평가를 받은 가운데, 칭찬보다는 욕설과 비난, 협박에 시달려야 했다. 그럼에도 이 사건 이후 여성들이 내놓고 성희롱 소송을 내기 시작했고, 법정소송까지 가는 비율이 예년의 두 배를 넘어섰다. 회사들은 성희롱 소송에 휘말리지 않기 위해 남자 직원들만 모아 교육을 시켰다. “여직원의 등을 두드리거나 눈을 마주볼 때 2초 동안이면 친밀감의 표시로 OK지만 그 이상은 문제의 소지가 있다”는 식의 교육이었다. 미국 대법원도 1993년 하급법원에 성희롱 문제는 심각하게 다루라는 지시를 내렸다.(박영배·신난향 2000)

애니타 힐은 1997년에 출간한 『권력 앞에서 진실 말하기(Speaking Truth to Power)』에서 6년 전 의원들의 청문회 진행이 무책임하고 불공평했다고 비난했다. 그녀는 “여성에 대한 잘못된 편견으로 무장한 의원들은 진실규명 노력을 전혀 보이지 않았다”고 했으며, 또 같은 흑인인 토머스 판사가 책임을 회피하기 위해 “이번 사건은 흑인에 대한 공격”이라며 인종 문제를 이용했다고 말했다.(정재연 1997) 그녀는 ‘의제 위계화’의 희생양인가? 진실을 말했음에도, ‘성희롱’이라는 의제보다는 더 큰 무게를 가진 것으로 여겨진 '흑인 차별' 이라는 의제에 눌려 가해자의 위치에 서고 만 것인가?

데이비드 프리드먼(David Friedman 2003)의 해석은 색다르다. 그는 힐의 증언에서 토머스가 자신의 큰 성기를 자랑했다는 점에 주목했다. 그는 "소위 전문가들은 토머스의 승리가 인종편견에 대항해서 싸우는 대의가 성희롱에 대항해서 싸우는 대의를 이겼다고 말했다. 그러나 힐-토머스 이야기는 인종 대 성의 문제가 아니라 미국 역사상 인종과 성이 항상 교차했던 곳에 대한 것이다. 그곳은 흑인의 음경이다" 라며 다음과 같이 주장한다.

"의사 진행의 과정에서 '성기' 라는 단어가 열 번 이상 사용되었는데, 이것은 분명 대법원 판사의 인준청문회치고는 신기록이며, 미국 상원에 의한 어떤 대중활동에서도 아마 신기록이었을 것이다. …… 고등교육을 받은 완전히 문명화된 판사의 가면 이면에는 거대한 음경을 가진 성욕 과도의 짐승, 100년 전 「흑인의 성적 특성(Genital Peculiarities of the Negro)」에 쓰인 것과 똑같은 생물이라는, 미국의 백인이 늘 두려워했던 흑인이 있었다. 만약 사실이라면 이것은 결코 법조계의 인물이라고 볼 수 없다. 이것은 백인들이 가장 질투하고 증오하는 한 가지, 즉 거대한 음경을 가지고 있다고 자랑하는 무례한 생물이었다. 그리고 부인할 수 없는 사실은 그에게 상원 청문회실에서 그의 뒤에 충직하게 앉아 있는 백인 아내가 있었다는 것이다. 전국에 TV로 중계되면서 그녀는 거기에 있었다. 그리피스의 최악의 악몽이 현실로서 나타났던 것이다."

'그리피스의 최악의 악몽' 은 데이비드 그리피스(David W. Griffith,

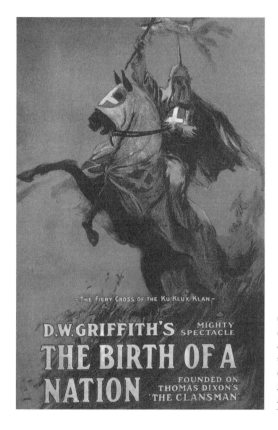

남북전쟁을 배경으로 하는 데이비드 그리피스 감독의 영화 〈국가의 탄생〉. 새로운 영화 표현 방식을 내놓은 장편 영화로 이름 높지만, 흑인을 섹스머신으로 취급하는 등 인종주의적 시각으로 비난받기도 했다.

1875~1948) 감독의 영화 〈국가의 탄생(The Birth of a Nation)〉(1914년)에서 묘사된 흑인에 의한 백인 지배, 특히 흑인 남성에 의한 백인 여성 지배를 말한다.(5권 2장)

그런데 어떻게 토머스가 여론에서 신뢰를 얻고 이어 인준을 받을 수 있었단 말인가? 프리드먼은 토머스의 '정면돌파'에 무게를 둔다. 토머스는 청문회에서 해치 상원의원에게 "흑인의 성기와 그 크기에 대한 말들은 내가 이 지상에 존재했던 내내 흑인들에게 사용되었다"며, 자신이 음경의 크기를 가지고 자랑했다는 혐의와 비난은 자신에

제1장 다문화주의 갈등과 LA 폭동 41

게 큰 해를 입혔다고 주장했다. "그 해는 내 평생 어떤 것보다도 나쁘다. 나는 KKK단에 의해서 피해를 본 것이 아니라 이 청문회 과정을 통해서 피해를 보았다."

프리드먼은 "자신과 자신의 음경에 대해서 거짓으로 성적 비난을한다고 힐을 비난함으로써—그리고 그 비난을 KKK에 연결시킴으로써—토머스는 그의 적을 극단적으로 변모시키는 데에 성공했다"며이렇게 말한다. "그는 그녀를 표백시키고, '인종적 색채를 없앴으며', 부드러운 목소리의 흑인 전문직 여성을 미국 역사상 끔찍했던 수십년 동안 종종 제의적 거세에 이르게 했던 바로 그 혐의, 즉 강간을 범했다고 거짓 비난하는 신경질적인 백인 인종주의자로 바꾸었다. 해치 상원의원과 토머스 판사가 인종적 고정관념에 대해서 주고받은 말 때문에 하이테크건 아니건 린치는 분명히 사라졌다. 전원 백인으로 구성된 상원 법사위원회는 지금이 1891년이 아니라 1991년임을 보여주겠다고 결심했다."

케네디 가문의 강간재판 사건

1991년 12월 제2의 'X급 드라마'가 생중계되었으니, 그것은 바로 당시 31세였던, 에드워드 케네디 상원의원의 조카 윌리엄 케네디 스미스(William Kennedy Smith)에 대한 강간재판이었다. 정치 명문 케네디가의 사람이며 상원의원 조카의 강간재판이라는 화제성은 많은 국민을 텔레비전 앞에 붙잡아두었다.

법정에 카메라를 가지고 들어온 방송국 측은 피해 여성의 얼굴을흐리게 처리해서 방영했지만, '네가 고소한다 해도 누구 하나 신용 않는다"고 폭언을 하면서 덮쳐왔다는 여성의 증언이나 "이 여성은 성욕이 강하며 만난 이후 스미스 씨에게 열중해왔다" 등과 같은 변호사 측반론 내용이 그대로 방영되었다. "그 이후 어떻게 되었는가"라고 그장면을 상세하게 추궁하는 여성 검사와 남성 변호사의 대결 중에서성행위에 관한 증언이 계속해서 이어졌다. 변호사가 증인에게 여성의속옷을 보이면서 증언을 요구하는 장면도 있었다.

똑같은 'X급 드라마'였을망정, 클래런스 토머스 사건의 텔레비전생중계는 그 필요성이 어느 정도 인정되었지만, 스미스의 재판에서는텔레비전 중계를 할 필요가 있는가라는 비판이 제기되었다. '미디어와 공무에 관한 센터(CMPA; Center for Media and Public Affairs)'의 디렉터 로버트 릭터(Robert Lichter)는 "이 재판방송은 미국민을 엿보는 취미를 가진 변태민족으로 바꾸며, 재판을 구경거리로 하고 있다"고 비판했다.(김병무 1991a)

왕성한 호기심으로 구경거리라면 사족을 못 쓰는 미국인을 '변태민족'으로 볼 수도 있겠지만, 미국인의 바로 그런 특성이 미국 언론을키우고 대중문화의 세계적 패권을 가능케 한 동력 중 하나는 아닐까?호기심이야말로 모든 탐구와 발전의 원동력이 아닌가. 그 어떤 비판에도 불구하고 앞으로도 미국에서 TV 생중계 형식을 빌린 'X급 드라마'가 계속될 수밖에 없는 이유도 여기에 있다고 보아야 할 것이다.

참고문헌 Friedman 2003, 국민일보 1991a, 김병무 1991 · 1991a, 김영진 1991 · 1991a, 김학순 1991a, 박영배 · 신난향 2000, 변상근 1991, 서동구 1991a, 서울신문 1991, 송정숙 1991, 이창신 2001 · 2003, 임항 1991, 장필화 1999, 정일화 1991, 정재연 1997

로스앤젤레스 흑인폭동
재미교포의 비극

한인은 '미들맨 마이너리티' 인가?

1990년에 실시한 미국 인구조사에서 나타난 민족 분포를 보면 독일 20.3퍼센트, 잉글랜드 · 웨일스 · 스코틀랜드 14퍼센트, 아일랜드 13.5퍼센트, 아프리카 8.3퍼센트, 이탈리아 5.1퍼센트, 멕시코 4.1퍼센트, 북유럽 4퍼센트, 프랑스 3.6퍼센트, 동유럽 3.5퍼센트, 폴란드 3.3퍼센트, 인디언 3퍼센트, 라틴아메리카 2.5퍼센트, 네덜란드 2.2퍼센트, 스페인 0.7퍼센트, 유럽 기타 지역 5.8퍼센트, 아시아 2.1퍼센트 등이었다.(Gelfert 2003)

1965년에 제정된 새로운 이민법이 1968년부터 발효되면서 반(反)아시아 이민 규제가 완화되었고, 이에 따라 한국인의 미국 이민이 본격화되었다. 새 이민법은 고학력자와 기술자에 우선권을 부여하는 등 이민선발 기준을 인종과 국적보다는 학력과 기술력 위주로 바꾼 것이었다. 이때부터 1973년까지 미국으로 이민을 간 고학력 전문직 한인은 의사 3000명, 간호사 2500명, 약사 800명, 치과의사 100명 등이었다. 1970년 인구조사에서 미국 내 한인은 6만 9510명으로, 이 가운데 캘리포니아 주에 1만 5909명, 하와이 호놀룰루에 8914명이 살고 있었다. 그러나 신이민법의 영향으로 1970년대 중반에는 한인이 27만 명을 넘어섰다.

한인은 1970년부터 1980년까지 연 3만 명 이상이 미국으로 이민을 갔다. 1970년대까지는 고학력 전문직을 포함해 화이트칼라 직종이 다수였으나, 1980년대 초부터 화이트칼라와 블루칼라의 비율이 비슷해졌다. 이는 한국의 경제발전, 미국 정부의 외국 전문직 유입 억제, 코리아타운 형성으로 인한 영어능력의 가치 저하 등 때문인 것으로 분석되었다. 한인이민의 정점을 이룬 1985년과 1987년 사이에는 연 3만 5000명이 이민을 가서 멕시코와 필리핀 다음가는 3대 이민국이 되었다. 그러나 한인이민은 1987년의 3만 5849명을 기점으로 해서 하락 추세를 보여 1999년에는 1만 2301명으로 줄어들었다. (윤인진 2004)

한인은 '미들맨 마이너리티(middleman minority)'로 간주되었다. 휴버트 블래럭(Hubert M. Blalock 1967)이 처음 제기한 이 개념은 계층적으로 백인과 흑인 사이에 있는 중국인과 일본인을 가리켰지만, 곧 한국인도 그 범주에 포함되었다. 이 개념은 아시아계가 인종·계층 갈등의 충격흡수층 역할을 한다는 의미도 있지만, 사실상 부정적 뉘앙스를 갖고 있었다. 상업에만 종사하는 영원한 이방인이며, 언제든 성공하면 본국으로 돌아간다는 의미도 내포돼 있던 것이다. (Bonacich 1973, Wong 1985)

1960년대 후반에 이미 소수민족의 집단 그룹화를 문제삼아 백인 인

브루클린을 배경으로 누적된 인종차별이 흑인폭동으로 발전하는 과정을 담은
영화 〈똑바로 살아라〉. ⓒ 중앙일보

종주의만 문제냐는 시각도 등장할 정도로 아시아계의 결속은 미국 사
회에 좋지 않은 모습으로 비쳐지기도 했다. 아시아계에 대한 곱지 않
은 시각은 1980년대 들어 비약적으로 성장하기 시작한 한인에 집중되
는 경향을 보였다. 한인은 부동산 구입에만 신경 쓰고 유동자산 위주
로 재산을 축적하며, 그런 미들맨 역할이 지역공동체를 파괴한다는
비난까지 대두되었다.(Bonacich, Light & Wong 1977)

　1984년 9월 흑인 신문인 『로스앤젤레스 센티널(The Los Angeles

Sentinel)』은 4회에 걸친 연재기사를 통해 로스앤젤레스의 한인 등 아시아계가 흑인의 영세사업체를 인수한다고 비난함으로써 흑인들의 아시아계 상점 불매운동이 벌어지게 하는 등 큰 논란을 빚었다. 흑인 영화감독 스파이크 리(Spike Lee)의 영화 〈똑바로 살아라(Do the Right Thing)〉(1989년)에 등장하는 흑인들은 왜 '한국놈들(Korean Mother-fuckers)'은 미국에 도착한 순간부터 주목을 받고 돈을 벌어야 하느냐며 불평한다.(원용진 1997)

흑백 갈등의 대리전인가?

흑인폭동을 다뤄 큰 반향을 불러일으킨 〈똑바로 살아라〉의 제작 과정을 밝힌 책에서 스파이크 리는 맬컴 엑스의 영향력을 인정했다. "즉, '눈에는 눈'. 다른 쪽 뺨도 대주라는 헛소리는 하지 마라. 우리가 그러한 미친 짓을 계속한다면 우리는 죽게 될 것이다. 눈에는 눈이다." 이 영화에 대해 더글러스 켈너(Douglas Kellner 1997)는 "영화 내내 퍼블릭 에너미의 유명한 랩송 '권력에 대항해 싸워라(Fight the Power)'가 흐르는데, 영화에서는 어떻게 권력과 싸울 수 있는지, 그 투쟁을 수행하기 위해서 어떤 정치전략을 채택해야 하는지가 분명하지 않다"며 다음과 같이 말한다.

"리는 옷, 음악, 언어, 스타일이 다양한 인종 집단을 분리하고 있다는 점을 분리된 게토 지역에 대한 자신의 견해 속에서 예리하게 보여주고 있다. 그러한 상황은 언제라도 폭력 사태로 전화될 만큼 무르익어 있으며, 이 점에서 〈똑바로 살아라〉는 1992년 5월 …… LA 봉기를 선견지명을 가지고 예견했다. 〈똑바로 살아라〉는 인종 간의 관계가 계속 악화된다면 일어날지도 모르는 것—실제로 일어났던 것—을 경고하는 이야기로 읽는 것이 적절할 것이다."

퍼블릭 에너미의 '권력에 대항해 싸워라'도 1989년에 나왔는데, 이 노래는 백인 중심의 역사를 맹렬히 비판하면서 흑인 정체성이 자랑스럽다는 급진적 메시지를 다음과 같이 전달했다. "많은 사람들에게 엘비스는 영웅이었어/하지만 알아둬, 나한테는 아무것도 아니었지/빌어먹을 그 녀석은 확실한 인종차별주의자였어/그건 단순하고 명백한 사실이야/존 웨인이랑 둘이 같이 엿 먹으라지/왜냐하면 난 흑인이고 그게 자랑스러우니까/내 영웅들은 대부분 우표에 찍혀있지 않아/살짝 뒤돌아보면 발견할 수 있을 거야/확인하면 거기에는 지난 400년 동안 백인밖에 없었어/내가 그렇게 말하면 당신은 바로 내 따귀를 때릴 테니 (맞아야지) 이 파티를 바로 시작하도록 하자/자, 바로 당장 우리가 해야 할 말은 지체 말고 민중에 권력을 주라는 거야/현 권력과 싸우기 위해서는 모두 그것을 깨닫게 해야 돼."(태혜숙 2009)

1991년에 첫 음반을 낸 1990년대 중반 수백만 장의 앨범이 팔릴 정도로 폭발적인 인기를 누린 흑인 래퍼 투팍 아마루 샤커(Tupac Amaru Shakur, 1971~1996)도 그런 저항의 선봉에 선 전사 중 한 명이었다. 샤커(Shakur 2000)의 시(詩) 세 편을 감상해보자.

"사냥꾼에게 고기를 나눠달라고 하는 표범 같은 꼴이라니/고등학교 중퇴자라 해서 모두 무지한 것은 아니다/실업자라고 해서 모두 게으른 것도 아니다/나는 그 얼마나 많은 날을 굶주리며 지냈던가/하지만 미국 정부에 내 영혼을 빼앗길 바에는 차라리 굶주리며 거리를 배회하리라."('정부 보조금 혹은 내 영혼')

"가난에는 선택의 여지가 주어지지 않는다/당신의 영혼 아니면 보조금뿐/나는 마약에 중독되지도 않았고 꿈을 갖고 있지만/앞으로 나갈 길이 주어지지 않는 나라에 태어난 18살 흑인 청년/이제 내 인생에 대한 최후 결정을 내리려 한다."('혹은 내 영혼')

"미안한 소리지만 자유의 여신상에게는 안경이 필요하고 그녀와 사촌지간인 정의의 여인상에게도 필요하다/두 여자는 지독하게 눈이 나빠 법제도 안에서 넘어지고 쓰러진다/……/자신의 삶을 존중하고 대중을 진심으로 생각하면 자유의 여신상과 정의의 여인상의 눈에 안경을 씌워주어야 한다."('자유의 여신상에 안경을 씌우자')

이러한 일련의 저항적 흐름과 관련, 역사학자 아서 슐레진저 2세(Arthur M. Schlesinger, Jr., 1917~2007)는 『미국의 분열: 다문화사회에 대한 생각(Disuniting of America: Reflections on a Multicultural Society)』(1991)에서 "20세기가 저물어가는 시기를 맞아 냉전 종식, 더욱 넓게 보면 신속한 통신과 운송수단의 발달, 인구 증가의 가속화, 전통적 사회구조의 해체, 절망적인 빈곤과 결핍의 지속, 이런 것들이 하나가 되어 국경을 넘는 대량 이민을 자극했다"며 다음과 같이 말했다.

"결과적으로 사람들의 이러한 혼합은 어두운 기운으로 뒤덮인 다음 세기의 주요 문제가 될 것으로 보인다. 서로 다른 언어로 말하고, 다른 종교를 믿으며, 다른 민족적 기원을 갖는 사람들이 지리적으로 같은 곳에 살며 정치적으로 같은 주권 아래 생활할 때, 여기서는 과연 어떤 일이 일어날까? 이제 민족간 · 인종간 투쟁이야말로 폭발적 논의를 일으키는 쟁점이 되어 이념 논쟁을 대신해갈 것은 자명한 사실이다."(사루야 가나메 2007)

그러나 1990년대의 민족간·인종간 투쟁은 1960년대와는 전혀 다른 양상을 보였다. 일종의 대리전 양상이라고나 할까? 에드나 보나시치(Edna Bonacich 1992)에 따르면, "인종차별 정책으로 백인들에게 초점이 맞추어질 흑인들의 분노와 불만 그리고 대결이 흑인과 다른 인종 및 이민자들과의 갈등으로 발전될 가능성을 안고 있다"는 우려의 목소리가 나오고 있었는데, 이러한 우려는 1992년 로스앤젤레스흑인폭동 당시 현실로 드러났다.

4·29로스앤젤레스폭동

1991년 3월 3일 로스앤젤레스 시에서 27세의 흑인 청년 로드니 킹(Rodney King)이 음주 상태로 차를 운전하다 경찰관의 정지 지시를 무시하고 달아났다. 경찰관은 과속운전으로 그에게 정지 지시를 내린 것이었지만, 당시 가석방 중이던 킹은 음주운전으로 적발될까 봐 두려웠던 것이다. 경찰은 시속 160킬로미터를 넘는 속도로 달리는 킹의 자동차를 13킬로미터나 추격했다고 주장했지만, 킹이 운전한 자동차의 제조사 현대자동차는 나중에 그 차가 최고속도로 달려도 시속 150킬로미터를 넘지 못한다고 지적했다.(손세호 2007)

추격전 끝에 붙잡힌 킹은 네 명의 경찰에 의해 곤봉 등으로 오십 차례에 이르는 무차별 구타를 당했다. 킹은 왼쪽 다리가 부러지고, 얼굴에 스무 바늘을 꿰매는 부상을 입었다. 으레 있는 사건으로 넘어갈 수도 있었지만, 캠코더 열풍이 역사를 바꾸었다. 때마침 한 주민이 2층 베란다에서 새로 산 캠코더로 이것저것 풍경을 찍다가 그 구타 장면을 담게 되었다. 이 장면은 방송사들을 통해 미 전역에 방영되었다.

그 결과 로스앤젤레스 경찰들이 재판에 회부되어 1년여 동안 법정공방이 진행됐다.

1992년 4월 29일 오후 3시 배심원단은 구타를 한 백인 경찰 네 명 중 셋에게 무죄를 평결하고 나머지 한 명에게는 재심사를 결정했다. 배심원은 모두 열두 명으로 백인이 열 명, 히스패닉과 동양계가 각각 한 명이었으며, 흑인은 포함되지 않았다. 순간 방청석은 침묵에 휩싸였다. 경찰관들은 "너무나 행복하다"며 법정에서 서로 얼싸안았지만, 밖에서는 한 흑인 여성이 "이렇게 어처구니없는 나라라니"하며 부르짖다가 분노를 이기지 못하고 무너져내렸다. 흑인계인 로스앤젤레스 시장 톰 브래들리(Tom Bradley, 1917~1998)도 '믿을 수 없는 평결'이라고 했다.

무죄 평결 소식이 전해지자 로스앤젤레스 중심가에서 남쪽으로 약 10킬로미터 떨어진 흑인 거주지구 사우스센트럴의 한 교차로에서 "정의가 없으면 평화도 없다"고 적힌 종이를 든 네 명의 흑인이 사람들에게 호소하기 시작했다. 사람들이 점점 몰려들었다. 오후 6시 반 분노한 흑인들이 모래를 싣고 달리던 트럭에서 백인 운전사 레지날드 데니(Reginald Denny)를 끌어내려 구타했고, 이 장면이 헬리콥터에서 촬영돼 그대로 텔레비전에 방영됐다. 어둠이 내리면서 본격적인 폭동이 시작됐다. 이른바 '4 · 29로스앤젤레스폭동'이다.

폭동은 조지 부시 대통령이 해병대와 육군을 투입한데다 킹 자신이 텔레비전에 나와서 흑인들에게 자제를 호소한 뒤에서야 겨우 진압되었지만, 사흘 동안 53명이 사망하고 4000여 명이 다쳤고 1만 4000명이 체포됐으며, 건물 600동 이상이 불탔다.

4 · 29로스앤젤레스폭동 당시 전체 재산피해 중 4할이 한국계 상점의 피해였다. ⓒ danagraves

　폭동의 초점은 한흑(韓黑) 갈등에 모아졌지만, 폭동에서 가장 많이 체포된 인종은 라틴계였다. 체포된 사람 중 43퍼센트가 라틴계였고, 흑인은 34퍼센트였다. 또 파괴당한 상점 가운데 30~40퍼센트도 라틴계 소유였으며, 가게에서 물건을 집어간 이들은 대부분 가난한 라틴계 이주민이었다. 한인으로 유일하게 사망한 이는 18세의 이재성(에드워드 송 리) 한 명이었지만(한인 46명 부상), 이 폭동으로 가장 큰 경제적 피해를 본 사람들은 한인이었다. 자신의 가게와 상품을 잃은 사람들은 대부분 2000여 개의 상점을 약탈당한 중산층 한국계 이주민이었다. 전체 재산피해 10억 달러 가운데 약 4억 달러가 한인의 피해였다. 로스앤젤레스의 400만 인구 중 불과 5퍼센트도 안 되는 한인들의 피해가 전체 피해액의 40퍼센트나 된 것이다.

'라타샤 할린스 사건'

로스앤젤레스 경찰국은 폭동 발생 전 일부 갱단들이 '라타샤 할린스 사건'에 대한 보복으로 코리아타운과 사우스센트럴(흑인 집단거주지역)에 있는 한인 상가들을 공격할 것이라는 정보를 탐지하고 있었다. 라타샤 할린스 사건은 1년 전인 1991년 3월 16일, 15세 흑인 소녀 라타샤 할린스(Latasha Harlins, 1976~1991)가 한인상점주 두순자의 실수로 살해된 우발적인 사건이었다. 그날 두순자는 자신의 가게 엠파이어 마켓에서 할린스가 오렌지주스를 몰래 가방에 넣는 장면을 목격했는데, 두 사람 사이에 말다툼과 손찌검이 오갔고 난투 끝에 당황한 두순자가 고장난 권총의 방아쇠를 당겨 할린스를 절명케 했다. 할린스는 나이는 15세였지만 덩치가 두순자보다 훨씬 커 상대의 얼굴을 네 대나 가격해 쓰러지게 만들었고, 두순자는 고장난 권총이라 손가락을 슬쩍 대기만 해도 방아쇠가 당겨진다는 것을 모르고 있었다.

그럼에도 이 사건에 대해 26건의 기사를 보도한 『로스앤젤레스 타임스(Los Angeles Times)』는 "1달러 79센트짜리 오렌지주스 한 병 때문에 소녀를 죽인 한인상인"을 강조하는 식으로 전함으로써, 흑인들의 분노를 부채질했다. 재판 결과 두순자가 실형이 면제된 집행유예로 풀려나자 흑인들은 분노했고 한인상인에 대한 그들의 반감이 고조됐다. 할린스가 등 뒤에서 총격당하는 짧게 편집된 비디오테이프 장면과 함께 "한인 상점주인이 1달러 79센트짜리 오렌지주스 하나로 15세 흑인소녀를 살해했다"는 메시지가 흑인들의 머리에 깊게 각인됐다. 엠파이어 마켓은 이후 폭동이 발생하기까지 18개월 동안 흑인 갱단인 크립스 일당의 테러에 시달려왔으며, 두순자는 흑인들이 집까지 찾아와 "죽여버리겠다"고 위협해 두문불출하는 등 그녀의 가정은 정상생활이 불가능했다.

'라타샤 할린스 사건'이 일어난 지 약 3개월 후인 6월 4일에도 한국계 술집에서 주머니에 손을 찔러넣은 채 마치 총을 잡고 있는 듯한 포즈를 취하며 강도질을 하려던 흑인 남자가 주인의 총에 사살된 사건이 일어났다. 이 사건은 정당방위로 마무리되었지만, 흑인들의 분노는 더욱 커졌다. 이 모든 것을 잘 알고 있던 로스앤젤레스 경찰국은 그럼에도 코리아타운 한국계 상인들의 구조 요청을 묵살한 채 백인들이 주로 거주하는 웨스트로스앤젤레스 지역을 보호하기 위해 코리아타운 뒤편에 방위선을 설치함으로써 결과적으로 코리아타운이 폭도들에게 유린당하게끔 만들었다.(이경원·김지현 2005)

김민웅(1996)은 "잘 알려진 바처럼 데릴 게이츠(Daryl Gates) LA 경찰국장은 백인우월주의자로서 흑인들을 비롯한 소수민족들에게 일종의 기피인물로 꼽히고 있는 반면, 로드니 킹을 집단구타한 경찰들을 무죄평결한 시미밸리 지역의 백인들에게는 절대적인 지지를 받고 있다"며 다음과 같이 말했다. "그는 사태가 발생한 당시 경찰력 강화를 위한 모금파티에서 연설을 하고 있었으며 경찰예산 증대에 관해 열변을 토하고 있었다. 그의 연설 내용은 경찰력이 약해지면 백인촌의 안전은 갈수록 보장하기가 어려워질 것이라는 협박성마저 내포되어 있었으며 이러한 그의 주장은 곧이은 사태로 입증이 되는 느낌까지 주었다."

미국의 "주류 미디어는 LA폭동을 정치적, 이데올로기적으로 조작함으로써 흑인과 한국계 이주민 간의 싸움을 부추겼다."(Kim 2007) 그 결과, 많은 사람에게 이 폭동은 '한인과 흑인 간의 갈등'으로 인식되었다. 일본 요미우리(1996) 신문의 사건묘사도 그 틀을 따랐는데, 이 신문이 묘사한 폭동의 한 장면을 보자.

"코리아타운 한가운데에 위치한 '캘리포니아 마켓'의 한국계 리처드 리(Richard Rhee) 사장은 오후 7시쯤 남쪽 부근에서 검은 연기가 무리지어 솟아오르는 것을 보고, 트럭 열 대와 나무 짐짝 등으로 상점 주위에 바리케이드를 쳤다. 그리고 약 30명을 모아 권총과 AK-47 자동소총을 손에 들고 농성체제에 들어갔다. 다음날인 30일 밤이 되자 주변은 차츰차츰 검은 연기에 포위되어갔다. 리 사장은 군중이 몰려올 때마다 위협사격으로 몰아냈다. 결국 2000발의 탄환이 사용되었지만 상점은 아무런 피해도 입지 않았다. 폭동이 끝난 뒤 그는 총과 권총을 더 사들였다. 자동소총과 엽총을 합쳐 18정, 권총 8정, 탄환 6000발을 마련해두었다. '게으른 자에게는 단 1페니도 넘겨줄 생각이 없다.' 그릇닦이에서 시작해 5개 슈퍼의 주인이 된 리 사장. 벤츠와 포르쉐를 가지고 있으며, 테니스코트와 풀장이 딸린 호화저택에 사는 그는 레이건과 부시의 경제정책을 열렬히 신봉하는 사람이었다."

한인의 '블루 드림스'

한국계 미국인으로 캘리포니아대학 버클리 캠퍼스 교수인 일레인 김(Elaine H. Kim 2001)은 '4·29로스앤젤레스폭동' 직후 시사주간지 『뉴스위크(Newsweek)』에 기고한 글에서 언론이 미국 내 인종폭력의 뿌리에 대한 관심을 딴 곳으로 돌리려는 목적에서 한국계 미국인과 아프리카계 미국인 사이의 긴장을 이용하고 있다고 비난했다. 수백 통의 항의, 비난 편지가 『뉴스위크』로 날아들었다.

"당신은 너무나 많은 자유와 기회를 제공한 미국에 대해 복수심을 품고 있는 것 같다. …… 당신 아이들이 한국의 역사를 배울 수 있는 한국으로 돌아가라." "인종차별적인 미국 사회에 대한 당신의 푸념 속에는 당신의 극심한 열등감이 숨어 있다. 미국에 그렇게 만족하지 못한다면 왜 떠나지 않는가? 당신의 진정한 충성심과 의식을 펼칠 수 있는 사랑하는 한국으로 되돌아갈 수 있는데 말이다." "당신 부모가 미국으로 오지 않았다면 당신은 어떻게 되었을까? 버클리대학 교수가 아메리칸 드림이 공허한 것이라고 말하다니 참 어이가 없다. 창피한 줄 알아라. 창피한 줄 알아!'

일레인 김은 "LA에 사는 한국계 미국인은 자신들이 버려졌다는 것을 알게 되었을 때, 위기 시마다 저항의 원천이 되었던 민족의식에 기대는 도리밖에 없었다. 한국계 미국인들은 서로 소통하고 돕기 위해 한국어 신문과 라디오에 의지했으며, 생계수단을 보호하기 위해 총을 들고 함께 모였다. 4·29가 일어난 지 사흘째 되던 날 3만 명이 넘는 한국계 미국인들이 평화행진을 위해 LA 시내에 모였다"며 다음과 같이 말했다.

"이것은 아마도 아시아계 미국인 역사에서 가장 규모가 크고 신속하게 조직된 집회였을 것이다. 상복 색깔인 흰 옷을 입은 악사들이 슬픔과 분노 속에서 전통 한국 악기인 북을 두들기면서 한인들의 결속을 축하했으며, 그 자리에 모인 사람들은 그 북소리에 한마음이 되어 갔다. …… 나는 문화 민족주의는 한국계 미국인들에게 해가 된다고 비판해왔다. 그 이유는 민족주의가 한국 여성을 억압하고 사고의 경직성과 통일성을 강요하며 자기비판을 억제하고 자살에 이르기까지 하는 희생을 요구하기 때문이다. 그렇지만 4·29는 나의 사고에 전환을 가져왔다. 혼자 남겨진 사람들에게 남은 것은 무엇인가? 만약 한국계 미국인들이 한국으로 돌아가라는 권고를 거절하면서 미국에서 희생자나 정치적 볼모가 되는 것을 거부한다면 우리가 선택할 무기는 무엇인가?"

'한인과 흑인 간의 갈등'이라는 인식은 미국 전역에서 공유되었다. 뉴욕 시의 흑인거주구역에서도 한국인이 경영하는 식료품점에 대한 흑인들의 불매운동이 일어났다. 1994년 12월 31일의 한 집회에서 앨 샤프턴(Al Sharpton)이 이끄는 전국투쟁네트워크의 부의장 노먼 라이드(Norman Reide)가 한국인들이 "흑인들의 희생을 통해 재정적인 수확물을 거둬들인다"고 비난하면서, "피를 빨아먹는 한국인들을 보이콧하자"고 선동했다.(Chua 2004)

한인들은 워싱턴 D.C.에서도 '4·29로스앤젤레스폭동'의 후유증을 겪었다. 1998년부터 워싱턴 빈민가에 '평화의 집'을 열고 홈리스(homeless)들을 보살피는 동시에 한인과 흑인 간의 갈등해소를 위한 각종 행사를 열어 '한·흑 화해' 활동을 펼쳐온 최상진 목사에 따르면, "1992년 LA폭동 이후 워싱턴 지역에서 한국인들이 흑인들의 총격으로 사망하는 사건이 한 해 5~6건씩 발생했다. 그러나 진지한 해결 노력이 별로 보이지 않아, 한국인들이 기피하는 미국인 빈민지역에 들어가 선교활동을 펴고 동시에 흑인들과의 관계 개선을 위해 필요한 방법을 찾기 시작했다."(강인선 2002a)

일리노이대학 교수 낸시 에이블맨(Nancy Abelmann)과 캘리포니아

대학 교수 존 라이(John Lie)가 공저한 『블루 드림스: 한국계 미국인과 로스앤젤레스 폭동(Blue Dreams: Korean Americans and the Los Angeles Riots)』(1997)은, 한국계 미국인들이 불리한 입장에 처하게 된 이유는 이들에게 자신들을 대표할 만한 대변인이 없었기 때문이라고 했다. (사루야 가나메 2007)

2002년 로스앤젤레스폭동 10주년을 맞아, '4·29로스앤젤레스폭동'이 발생하기 1년 전 「다가올 불길」이라는 칼럼을 통해 폭동을 예견했던 원로기자 이경원은 4·29로스앤젤레스폭동의 역사적 의미를 한인들이 자각하지 못하면 '또 다른 불길'을 만나게 될 것이라고 경고했다.(김지현 2002)

'인종 폭동의 상업주의'

한인들에게 엄청난 충격과 비극을 안겨준 4·29로스앤젤레스폭동 이후에 벌어진 일들은 씁쓸했다. '인종 폭동의 상업주의'라고나 할까? 1993년 4월, 유민(1993)은 "로스앤젤레스에서 일어났던 폭동사태는 아마도 20세기 후반 최대 '인종 폭동'의 하나로 기록될 게 분명하다. 그러나 사태의 심각성과는 달리 최근 '사건 관련자'들이 뜻밖에 '돈방석'에 올라앉기 시작해 아이러니를 느끼게 한다"며 다음과 같이 말했다.

"이들은 '남들이 모르는 새로운 사실을 알고 있다'는 등의 이유로 신문·방송사의 독점 인터뷰를 통해 큰 대가를 받아내고 있다. 자서전의 출간이 러시를 이루는가 하면 영화업자들은 일련의 사태전개 과정을 필름에 담아 돈을 번다. 돈을 버는 사람은 사건 당사자인 로드니 킹과 그의 변호사뿐만이 아니다. 목격자, 배심원, 경찰 관계자부터 로드니 킹 구타혐의를 받고 있는 백인 경찰관들도 이 '작은 경제권' 에 포함되기는 마찬가지. 아마추어 카메라맨인 조지 홀리데이(George Holliday)는 단돈 500달러를 받고 한 지방TV 방송국에 문제의 비디오테이프를 넘겨주었다. 그러나 2년 뒤 두 번의 재판과정과 한 번의 소요를 거치자 관련 증언과 물증 들의 '가격' 은 폭등했다. 하찮은 일에까지 경쟁을 일삼는 지역신문, 높은 수임료를 받는 변호사, 물리지 않는 대중의 기호 때문이었다."

이어지는 이야기는 더욱 기가 막히다.

"지난주 배심원들의 평결 직후 스테이시 쿤(Stacey Koon) 경사는 〈시사토론〉과 독점 인터뷰를 하는 조건으로 1만 달러를 받았다. 그것도 평결 수 시간 만에. 이번 재판에서 무죄평결을 받은 시어도어 브리세노(Theodore Briseno)는 동료경관들로부터 욕을 먹으면서까지 비디오 테이프를 들이대며 심문에 응했고 〈필 도나휴 쇼〉에 출연, 2만 5000달러를 거머쥐었다. 배심원장은 〈시사토론〉 프로에 얘깃거리를 팔려 했으나 거절당하자 라이벌 프로그램인 〈인사이드 에디션〉에 밝혀지지 않은 액수를 받고 공개했다. 당사자인 로드니 킹은 로스앤젤레스 시를 상대로 5600만 달러—곤봉 한 대당 100만 달러—의 소송을 준비하고 있다. 탐 오웬이라는 전직 LA경찰관은 킹의 보디가드로 돈을 벌고 있다. 지난번 평결에서 유죄판결을 받은 쿤 경사의 자서전은 이미 2만 5000부나 팔렸고 이번 주 들어 5000권의 주문을 더 받고 있는 상태. 데릴 게이츠 전 LA경찰국장도 회고록을 쓰고 있다. 벌써부터 갱집단들은 게이츠가 폭동으로 재산상의 피해를 입은 공동체에 이익금을 내놓지 않으면 불매운동을 벌이겠다고 위협하고 있다. 이 사건과 관련된 영화를 준비 중인 하워드 회사의 부사장 덴 백 씨는 '자본주의의 한 현상이며 그것이 바로 미국'이라면서 '돈벌이가 되는데 자신들의 이야기를 팔아먹는 것은 당연하다'고 변호했다."

2009년 9월 13일『뉴욕포스트(New York Post)』등 미국 언론들은 "로드니 킹(44)이 지난 11일 밤 필라델피아 교외 특설 링에서 500여 명의 관중이 지켜보는 가운데 경찰 출신의 시몬 아우어드(Simon Aouad, 31)와 벌인 3라운드 권투 경기에서 심판 전원일치 판정승을 거뒀다"고 보도했다. 킹은 경기 뒤 성명을 발표하면서 "이번 경기는 내 인생의 새로운 중요한 사건"이라며 "나는 지금은 승리자"라고 말했다. 『뉴욕포스트』는 이 경기를 "킹이 경기장에서 복수했다"고 표현했다. 유명인사 복싱대회 프로모터 데이먼 펠드먼(Damon Feldman)은 "경기 계획 발표 뒤 킹과 경기하고 싶다는 이메일을 5000통 이상 받았다"며 "(그중) 2년간 경찰관 생활을 한 경력이 있는 시몬을 택했다"고 밝혔다.(권태호 2009a)

'벙커 도시'의 확산
4·29로스앤젤레스폭동이 일어났을 때 로스앤젤레스에 사는 수천 명의 부자 백인이 피난을 떠났는데, 이런 피난 물결은 뉴욕에서도 일어났다. 미국 백인을 비판하는 백인으로 유명한 영화감독 마이클 무어(Michael Moore 2002)는 『멍청한 백인들(Stupid White Men)』에서 "나는 뉴욕 시 록펠러센터의 워너브러더스사에서 일하고 있었는데, 오후 1시까지 모두 건물을 비우고 조퇴하라는 지시를 받았다. 혹시 뉴욕의

혹인들도 '폭동 열병'에 감염되어 헤까닥 하지 않을까 하는 우려 때문이었다"며 다음과 같이 말한다.

"내가 1시에 건물 밖에서 본 상황은 그야말로 가관이었다. 수천수만의 백인들이 너도나도 기차, 버스 가리지 않고 잡아타고 도시를 빠져나가려고 아우성이었다. 죽을까 봐 두려워 밀고 밀치는 모습이란 …… 그야말로 '메뚜기의 날'을 연상시켰다. 반 시간 만에 도시는 텅 비었다. 스산하다 못해 오싹했다. 주중 한낮에 뉴욕 시가 이렇게 텅 비다니, 일요일 새벽 5시 같았다. …… 나는 우리 백인들을 위해 쫓아하기도 쉬운 '생존 비책'을 가르쳐줄까 한다. 그냥 있다가는 언젠가는 수백만 명의 '로드니 킹'이 대문을 노크할 날이 오고야 말 것임을 우리는 너무나 잘 알고 있지 않은가? 그럴 경우 얻어터지는 쪽은 로드니 쪽이 아닐 것이다. 우리가 안고 있는 인종 문제를 근본적으로 해결하지 못하면, 우리는 담쌓은 동네에 살면서 무장을 하고 경호원을 고용해야 할 형편인 것이다. 그래서 좋을 것이 뭔가?"

유감스럽게도 미국인이 택한 '생존 비책'은 인종 문제의 근본적 해결보다는 무장과 경호원 고용 쪽이었다. 1992년 로스앤젤레스폭동 직후 한 해 동안 캘리포니아에서는 65만 자루의 총이 팔려나가고, 경호 업체가 비약적으로 발전했다. 공화당, 민주당이 문제가 아니라 안전에 가장 큰 신경을 쓰면서 범죄 문제에 가장 민감한 유권자층이 탄생한 것이다. 이에 따라 그간 꾸준히 이루어져온 빈부간 거주지 분리가 심화되었고, 급기야 '두 개의 미국'이라는 말까지 나오게 되었다. 미래학자 폴 사포(Paul Saffo)는 "아주 부자인 사람과 가난한 사람이 얼굴을 맞대고 있을 때, 그것은 완전한 정치적 다이너마이트와 같아 사회

혁명으로 갈 수 있다"고 말한다. 바로 그런 우려 때문인지 미국 사회는 부자와 빈자의 거주지역을 완전 분리시켜 서로 상종하지 않게끔 하는 방향으로 나아갔다.

2차 세계대전 후 주요 도시에서는 광범위한 교외지역이 개발되었다. 데이비드 하비(David Harvey)에 따르면, 이는 인종 분리를 위한 것이었다. 즉, 백인을 도시 내부에서 이주시키기 위해 진행된 일이었다는 주장이다. 하비가 내세운 논거는 정부가 주택 구매자와 건설업자에게 세제상 특혜를 제공하기로 결정함과 아울러 금융기관이 특수한 '신용'을 주선해줌으로써 이 사업이 가능해졌다는 점이다. 공공 서비스의 재정지원도 연방정부에서 주정부로, 주정부에서 시와 읍으로 이전되었다. 소득에 따라 거주지역이 분리되면서 부자들이 가난한 시민들에 대한 부담으로부터 벗어날 수 있게끔 정부가 협력해온 것이다.

부자와 빈자의 거주지역이 분리되는 이른바 '이중 도시' 현상에는 그러한 의도적인 정책 외에 '정보경제의 팽창'도 한몫했다. 경제학자 로버트 라이시(Robert B. Reich 1994)는 『국가의 일(the Work of Nations)』에서 "더 이상 미국인은 마치 큰 배에 탄 것과 같이 다함께 죽고 살지 않게 될 것이다. 점차로 우리들은 각기 다른 조그만 배에 탄 것과 같이 서로 다른 운명에 맞닥뜨릴 것이다"라고 말하면서 그렇게 각기 격리된 삶의 한 장면을 다음과 같이 묘사한다. "새로운 엘리트 계층은 자가용 비행기, 모뎀, 팩스, 인공위성 그리고 광섬유 케이블을 활용하여 세계 중심의 금융 및 휴양 센터와 연결되어 있다. 그러나 그들은 국내의 다른 부류와는 이상하리만큼 교류를 끊고 있다."

그런 교류의 단절은 대학에까지 파급되었다. 명문 캘리포니아대학

캘리포니아 주 우드크릭 오크스 주택단지의 위성사진. 보안에 대한 미국인의 강박은 급기야 빈자와 부자의 거주구역을 나누고 소위 벙커 도시라는 보안이 철저한 교외 주거단지를 만들기에 이른다.

의 각 분교에 100명 이상의 학생을 보낸 고등학교 명단을 조사해봤더니 백인 부유층 거주지의 학교들이 압도적 다수였다는 것이다. 그래서 "명문대에 입학하는 길은 우편번호에 달렸다"는 말이 나오게 되었다.

범죄와 폭동으로부터 안전을 꾀하기 위한 CID(common-interest developments)라는 주거공동체는 미 전역에서 빠른 속도로 번지면서, 2000년에 이르면 미국 전체 인구의 12퍼센트에 해당하는 3000만 명이 15만 개의 CID에서 살게 되며, 이후로도 CID는 매년 4000~5000개씩 늘어나는 추세를 보인다. CID는 엄격한 주민 행동 규제 조항을 갖고 있다. 잔디가 망가진다는 이유로 집 뒷문을 통해 출입하는 것을 못하게 하거나, 정원에서 채소를 기르지 못하게 하거나, 울타리와 담장은 1미터를 넘으면 안 된다거나, 나무는 늘 가지런히 다듬어야 하며 지붕보다 높이 자라도록 방치해서는 안 된다거나, 지붕에는 붉은색 타일을 씌워야 한다거나, 금속으로 된 흔들의자를 사용하면 안 된다거나, 운영위원회의 건축허가가 없이는 사소한 수리조차 할 수 없다거나, 어떤 종류의 가구를 놓고 방안을 무슨 색으로 칠하라고 간섭하는 등의 엄격한 규제가 이루어지고 있다. 심지어 어느 노인용 CID에서는 손자 손녀가 집에 놀러오는 것도 제한된다.

'보안 강박증'의 사회적 비용

CID를 가리켜 '벙커 도시'라고도 부르는 까닭은 그만큼 보안유지가 철저하다는 점을 의미하는 것이다. '벙커 도시'에는 외부인 출입이 전면 금지된다. 달리 말해, 가난한 사람들은 부유한 사람들이 사는 동네에 얼씬거릴 수조차 없다는 것이다. 그뿐만 아니라 거주자의 친구가 CID를 방문하더라도 그곳에 머무는 데 시간제한이 있으며 심지어 거주자들마저 통행금지령이 실시되기 때문에 몇 시 이후에는 이웃들과 어울리는 것을 금지당한다.

이런 규제를 불평해봐야 소용없다. 사실상 규제를 담당하는 부동산 개발업자들은 싫으면 나가라고 큰소리치기 때문이다. 그런데 사람들은 왜 그런 시시콜콜한 간섭을 받으면서까지 '벙커 도시'에서 살려고 하는 걸까? 우선 공원, 정원, 수영장, 테니스장 같은 공용지를 포함해 각종 편의시설과 서비스가 좋기 때문이다. 거주자들은 자율성을 포기하는 대신 그런 혜택을 누리려 한다. 게다가 부동산 개발업자들이 부동산 붐을 일으키기 위해 경쟁적으로 만들어 분양하고 있기 때문에 미국에서 CID가 아닌 주택을 발견하기가 점점 어려워지고 있으며 그래서 울며 겨자 먹기로 응하는 사람들도 많아지고 있다.

일부 사람들은 이런 현상을 기업적 가치관이 전 사회로 확산된 결과로 보고 있다. 법학자 베티나 드루(Bettina Drew)는 "이제 공동체는 우리가 스스로 만들어가는 것이 아니라 돈을 주고 사는 것이 되었다. 그리고 이것은 시장의 가치관이 미국인의 가정생활 안으로 얼마나 깊숙이 침투해 들어왔는지를 시사한다"고 말한다.

에드워드 베르(Edward Behr 1996)는 "기존의 도시는 일시적인 공간으로 축소되거나 아예 기능이 정지되기에 이르렀다"며 이렇게 말한다. "특별히 정비된 빌딩에서 업무시간을 보낸 다음, 해가 지자마자 재빨리 자신과 같은 계층이 모여 살고 있는 전원의 벙커로 돌아가는 것이다. 벙커 도시나 요새화된 구역에 사는 특권층은 이런 식으로 평생 동안 외부인들과의 접촉은 물론 위협적인 군중과 마주치는 것을 피할 수 있다."

마이크 데이비스(Mike Davis)는 절대적 보안을 강조하는 벙커 도시의 속성을 가리켜 '하이테크 성(high-tech castles)'이라는 표현을 쓰고 있다. '하이테크 성'은 가난한 사람들을 배제하기 위한 목적으로 건설되는데, 심지어 새로 지어지는 쇼핑센터까지 지리적 위치, 건물구조, 보안요원과 전자 모니터의 감시 등으로 그런 효과를 겨냥하고 있다는 것이다. 그는 로스앤젤레스를 '감옥 도시(carceral city)'로, 그리고 그 쇼핑센터를 '원형감옥 시장'으로 부른다.

심지어 공공장소마저 점차 부유층 위주로 사유화되어 가고 있기 때문에 부유층은 이제 자신들의 거주지는 물론 공공장소에서조차 빈민층과 전혀 접촉하지 않을 수 있는 특권을 누리게 되었다. 부자와 빈자의 접촉을 차단하면 빈부격차에 대한 문제의식도 약화되리라고 생각한 걸까. 그러나 그렇게 함으로써 두 개의 미국 사이의 거리는 더욱 벌어질 것이다. 빈자를 전혀 구경하지 못하고 사는 부자가 통계수치만으로 제시되는 미국의 분열상에 깊이 공감하면서 이것을 완화하려는 생각을 갖긴 어려울 것이기 때문이다.

이런 문제의식은 사치스러운 고민인지도 모른다. 미국에서는 오히려 정반대의 일이 벌어지고 있기 때문이다. 부유층에게 빈민층은 점점 더 접촉하지 않는 대상일 뿐만 아니라 경계해야 할 대상이 되어가고 있다. 경호업체와 사설탐정업체가 호황을 누리는 이유도 바로 여기에 있다. 미국인들의 '보안 강박증'은 벙커 도시의 확산을 가속화하는 동력으로 작용하고 있다. 벙커 도시에 사는 사람들은 얼마 안 가서 일반도시에 사는 이들과는 다른 정신상태를 보이게 된다.

그들이 책임져야 할 곳은 요새화된 집안뿐이며, 미국 사회 전체의 문제들은 더 이상 그들과는 아무 상관이 없는 일이 되어가고 있다. 실제로 벙커 도시에 사는 사람들은 대부분 범죄 문제에 극히 민감한 반응을 보이며 사형제도에 호의적이다. 또 자신들에게 이익이 돌아오지 않는 일에 쓰이는 비용(빈민에 대한 원조나 도심공원 수리)에 철저히 반대한다. 헌법학자들은 CID가 침해하는 것은 개인의 재산권만이 아니라 공공장소에서 자유롭게 이동하고 모이고 의견을 피력할 수 있는 모든 미국인의 기본권이라고 말한다. 그러나 안전에 집착하는 미국인들은 점점 자신의 기본권에 대해 무관심해지고 있다.

참고문헌 Behr 1996, Bell 1985, Blalock 1967, Bonacich 1973 · 1992, Bonacich, Light & Wong 1977, Castells 2001, Chua 2004, Davis 2004, Dizard 1998, Friedman 1969, Gelfert 2003, Giddens 1998, Harris 1983, Kellner 1997, Kim 2001 · 2007, Kitano 1981, Moore 2002, Reich 1994, Rifkin 1996 · 2001, Rockett 1983, Schiller 2001, Shakur 2000, Webster 1997, Wong 1985, 강인선 2002a, 강준만 2004, 권태호 2009a, 김민웅 1996, 김지현 2002, 김형인 2003b, 사루야 가나메 2007, 손세호 2007, 요미우리 1996, 원용진 1997, 유민 1993, 윤인진 2004, 이경원 · 김지현 2005, 정상환 2010, 조선일보 문화부 1999, 태혜숙 2009

제2장

공화당을 흉내낸 민주당

1992년 대선
제42대 대통령 빌 클린턴

클린턴은 누구인가?

1992년 대선에서 현직 대통령인 조지 부시와 맞붙은 민주당 대통령후보는 빌 클린턴(Bill Clinton)이었다. 클린턴은 누구인가? 자동차 세일즈맨이던 생부 윌리엄 블라이스 2세(William Jefferson Blythe, Jr., 1918~1946)는 29세의 나이에 교통사고로 사망했는데, 이때가 그가 태어나기 4개월 전이었다. 그의 어머니는 아들이 4살 때 자동차 딜러인 로저 클린턴(Roger Clinton, Sr.)과 재혼했고, 클린턴은 이 의붓아버지의 성을 따랐다. 그러나 계부는 걸핏하면 폭력을 휘두르는 알코올 중독자였다. 한번은 로저가 폭력을 심하게 휘두르자 15세의 어린 나이인데도 클린턴은 어머니와 이복 남동생을 가리키며 "저들을 또 때리지 말라. 차라리 나를 때리라"고 경고해 그를 물러서게 만들었다.(Newsweek 1992)

클린턴의 어머니인 버지니아 켈리(Virginia Kelley, 1898~1957)는 팔자가 센 여자였다. 30년의 간호사 생활로 가족을 부양한 억척스러운 여

미국의 42대 대통령 빌 클린턴.

자였지만, 네 명의 남자와 다섯 번이나 결혼했으며 이 중 세 명을 사별했다. 1992년 대선 당시에는 브로커 회사 중역인 리처드 켈리와 살고 있었다. 클린턴을 증오하는 이들은 버지니아를 가리켜 백인들 사이에선 가장 모욕적인 욕인 '백인 쓰레기(white trash)'의 표본이라고 했지만, 그녀의 험한 인생 역정은 아들을 강인하게 만드는 동시에 매사에 적극적이게끔 만들었다. (이진 1997 · 2001)

사실 클린턴은 학생 때 말이 너무 많은 것이 탈이었다. 초등학교 시절에 다른 사람의 발표 기회를 무시하고 설쳐대는 통에 선생님에게 시민정신이 모자란다고 꾸지람을 듣기도 했으며 공민예절 과목에서 한 차례 낙제 점수를 받기도 했다. 9살 때 텔레비전을 처음 접했는데, 정당의 전당대회를 열심히 시청하면서 텔레비전과 정치의 관계를 일찍부터 느낄 수 있었다고 후일 술회했다. (안재훈 1992)

클린턴은 재주가 많은 학생이었다. 나부대는 흠이 있긴 했지만, 늘 뛰어난 성적을 올려 교사들의 사랑을 독차지했다. 음악에도 재능이 있어 고교시절에 밴드부 부장을 맡았으며, 친구들과 3인조 재즈악단을 만들기도 했다. 고교 졸업반이던 1963년 여름 소년단장으로 뽑혀 백악관을 방문하는 기회를 얻었는데, 이때에 존 F. 케네디(John F. Kennedy, 1917~1963) 대통령과 악수를 나눈 후 목사나 교사 혹은 음악가가 되겠다는 평소 생각을 포기하고 대통령이 되겠다는 꿈을 품게 되었다. 후일 이때가 자기 인생의 전환점이라고 말했다.

클린턴은 고등학교를 차석으로 졸업했는데 몇몇 음악대학에서 주겠다는 장학금을 거절하고 1964년 가을 정치의 본고장이라 할 워싱턴에 있는 조지타운대학에 입학했다. 대학시절 한 교수에게 위대한 지도자들은 하루에 네댓 시간밖에 자지 않았다는 말을 들은 후로 실제로 그렇게 생활하기 시작했다. 조지타운대학을 졸업한 후 로즈 장학금을 받아 영국 옥스퍼드대학에 진학했다. 조지타운대학에 다닐 때에는 머리가 긴 전형적인 급진파 학생이었다. 베트남전쟁이 한창이던 대학 시절 영국 유학과 ROTC 이수를 조건으로 징집을 피했는데, 이는 나중에 두고두고 그를 괴롭히지만 많은 시간을 벌어주었다.

클린턴은 옥스퍼드대학에서 3년째 되던 해에 로즈 장학금을 포기하고 변호사 자격증을 따기 위해 예일대 법과대학으로 옮겼다. "이봐요, 저를 계속 쳐다보려면, 그리고 저도 그 시선을 피하지 않으려고 하니, 서로 통성명이라도 하는 게 어떻겠어요. 전 힐러리 로댐인데, 당신 이름은 뭐죠?" 1970년 23살 때 예일대학 법대에 다니던 힐러리 로댐(Hilary Rodham)이 우연히 법대 도서관의 긴 복도에서 마주친 같은 법대생 빌 클린턴에게 한 말이다. 이것이 그들의 첫 만남이었는데, 전기에 감전된 듯 한동안 서로 쳐다보았다고 한다. 두 사람은 이후 연애를 하다가 1975년에 결혼했다.(Current Biography 2002f)

시카고의 부유한 가정에서 자란 힐러리는 공화당을 열렬히 지지하는 집안 분위기에 영향받아 1964년에는 보수적인 공화당 후보 배리 골드워터(Barry Goldwater, 1909~1998)를 지지했지만, 클린턴을 만나면

클린턴 부부와 딸 첼시.

서 민주당 지지자로 변신했다. 클린턴 부부는 첼시(Chelsea)라는 딸만 하나 두었는데, 첼시는 그들이 가장 좋아하는 노래 중 하나인 조니 미첼(Joni Mitchell)의 'Chelsea Morning'에서 따왔다.(Miller 2002)

'뺀질이 윌리'

클린턴은 26살에 예일대를 졸업하고 아칸소대학 법대 교수가 되었다. 좋은 직장을 마다하고 시골 대학의 교수가 된 것은 정치인이 되겠다는 장기 포석의 일환으로, 28세에 법대 교수로 있으면서 하원의원에 출마했지만, 패배를 맛보게 되었다. 다음 해에 당시 27살이던 동창 힐러리와 결혼해 그녀의 내조를 받으면서 재기를 꿈꾸었다. 기회는 의외로 일찍 찾아왔다. 1976년 아칸소 주 검찰총장이었던 친구 짐 터커(Jim G. Tucker)가 하원의회로 진출했고, 그 자리를 놓고 벌인 선거에서 그는 첫 번째 승리를 거두었다. 뒤이어 1978년에는 32세 나이로 아칸소 주지사에 당선됨으로써 미국 최연소 주지사의 기록을 세웠으며, 이후 1982년부터 1984년까지를 제외하고는 12년간 아칸소 주지사로 활약하면서 대통령직에 도전하는 발판을 다졌다.

미국은 주지사 임기가 주마다 다른데, 4년씩 두 번 연임 제한인 곳도 있고 아칸소처럼 2년 임기에 무제한 출마가 가능한 곳도 있다. 그래서 대선 출마 당시 클린턴은 나이는 적을망정 5선 경력의 아칸소 주지사였다. 물론 아칸소 주는 310만 명에 이르는 연방정부의 관료 수에도 못 미치는, 인구 240만 명의 작은 주에 불과했다. 사실 그렇게 따진다면 클린턴이 주의회를 성공적으로 다루어왔다는 실적이 무의미할지도 모른다. 아칸소 주정부가 공화당 의석이래야 주 상원 35석 가운데 4석, 하원 100석 가운데 9석에 불과한, 민주당 일당 독재의 주정부라는 점을 감안한다면 말이다.

클린턴은 주지사로 일하면서 '타협의 천재'라는 찬사와 '기회주의자'라는 비난을 동시에 들었다. 어느 쪽이든 클린턴에게 있어서 타협은 성장과정에서 터득한 생존의 법칙이었다. 그는 "식구와 싸우고 집을 뛰쳐나오는 것보다 타협하고 협력하는 방법이 낫다고 생각했다"고 말한 바 있다.

클린턴은 타협에 대한 강박관념 때문에 모든 사람을 즐겁게 해주려고 하는 '뺀질이 윌리(Slick Willie)'라는 별명을 얻었다. 무엇이든 너무 많이 알고 있고 척척 대답하는 훈련이 잘돼 있었다. 얄미울 정도로 잘 대답해서 오히려 믿음성이 없다는 것이고, 그것은 너무 닳고 닳아서 미꾸라지처럼 된 게 아니냐는 것이다. 한마디로 그가 기름을 바른 듯

미끄러지게 교활하고 말솜씨가 번지르르한 회피형이라는 것이다.(안
재훈 1992)

이 별명은 그가 대통령 예비선거를 치르면서 불거져 나왔는데, 클
린턴은 1992년 3월 선거 유세 도중 그러한 비난에 대해 기자들과의 인
터뷰에서 "내 비판자들은 나를 '뺀질이 윌리'라고 부르곤 한다. 내가
항시 미소를 띠고 여유 만만한 태도를 보이기 때문일 것이다. 또 내가
자란 환경 탓일 수도 있다"며 다음과 같이 말했다.

"어린 시절 어려움이 무척 많았지만 털어놓고 이야기할 상대가 없
었다. 나는 고통과 어려움을 드러내지 않고 언제나 행복한 표정을 지
어야 하는 그런 환경에서 자랐다. 고통이나 괴로움은 남들과 나누는
것이 아니었다. …… 나는 평화주의자로 지나친 갈등을 싫어했다. 그
것은 어린 시절 내게 큰 고통을 안겨주었다. 상대에게 악감정을 심어
주지 않고 세상이 끝장나거나 내 삶의 기반이 흔들릴 것을 걱정하지
않으면서 어떻게 갈등에 대처하고 반대의사를 표명할지를 배우는 것
이 성장과정에서 겪은 가장 큰 문제였다. 극단적인 환경에서 자랐났
으므로 일상생활에서 흔히 있는 대립과 갈등을 삭이지 못했다. 이 점
이 내 약점이다. 정치초년생 시절 사람들과 좋은 관계를 유지하려 애
썼고 반대세력과도 잘 지내야 한다는 필요성을 인식했다. 다른 한편
으로 볼 때 그 점에 너무 매달리지 않았나 싶다."(Newsweek 1992)

클린턴은 자신을 입증해야 한다는 강박관념을 갖고 있었다. 어려서
부터 어떤 자리든지 기회만 있으면 후보로 나섰는데, 1987년에 13년
동안 15차례 선거를 치렀다고 말할 정도로 성인이 된 이후 그의 인생
은 선거와 유세의 연속이었다고 해도 과언이 아니다. 그는 대중에게

A REALISTIC APPROACH
TO
STUDENT GOVERNMENT

BILL CLINTON

CANDIDATE

PRESIDENT OF THE STUDENT COUNCIL

MAR. 8 1967

빌 클린턴은 학창시절부터 선거에 나가는 등 자신을 입증해야 한다는 강박관념을 갖고 있었다. 사진은 조지타운 학생회장 선거 포스터.

서 인정받기를 갈망했고 그것을 추구하는 정열을 갖고 있었다. 이와 관련, 『뉴스위크』의 칼럼니스트 조너선 앨터(Jonathan Alter 1992)는 "그에 대한 불안은 부분적으로는 그가 직선적이지 못하다는 데 기인한다"며 다음과 같이 말했다.

"여러 문제에 관한 그의 답변은 속 시원하게 자세하긴 했지만 아주 솔직했다고 볼 수는 없다. 많은 부분에서 정곡을 회피했다. 많은 베이비붐 세대처럼 그도 자기에게는 모든 것이 가능하다고 늘 생각해왔다. 징집을 피하면서도 학군단장의 칭찬을 듣는 것, 훌륭한 부인을 얻고 정치가로 입신하면서 다른 여인들과 재미도 보는 것, 가난한 진보주의자와 부유한 보수주의자 모두의 지지를 얻는 것, 이라크에 대한 경제제재 조치와 부시의 강경책 모두를 지지한 공로를 인정받는 것

등이 그것이다. 그런 계산된 행동은 옳을 때도 있고 정치적으로 효과적일 때도 있지만 단순히 약삭빠른 행동으로 비쳐지기도 한다."

클린턴의 '섹스 스캔들'

1992년 대선은 '제2의 게리 하트 스캔들'로 인해 달아오르기 시작했다. 민주당 대통령후보 지명전에 나선 빌 클린턴 아칸소 주지사가 어떤 미모의 젊은 여성과 12년간 혼외정사를 했다느니 어쨌다느니 하는 게 떠들썩하게 언론에 보도된 것이다.

로널드 케슬러(Ronald Kessler 1997)에 따르면, "주지사 시절 클린턴은 부인 힐러리 여사가 시내에 나가거나, 한밤중 자는 틈틈이 여색을 즐겼다. 이 중 1주일에 두세 번씩 정기적으로 만나는 대상만도 줄잡아 6명. 여기에는 판사 부인, 지역신문 기자, 백화점 점원 등이 포함되어 있었다. 당연히 그의 경호원들은 그의 외도를 힐러리에게 철저히 숨기는 역할을 해야 했다. 그러나 잠에서 깬 힐러리가 남편이 부재중임을 발견, 난리를 피우고 경호원에게 이를 보고받은 클린턴은 '하나님 맙소사'를 연발하며 서둘러 관저로 돌아오게 된다. 경호원 페리 씨는 '그런 날 밤이면 악쓰는 소리가 계속 났고, 다음날 아침 찬장 유리가 온통 깨져 부엌 바닥에 흩어져 있었다'고 말했다."

1984년 민주당 대통령후보 게리 하트(Gary Hart)가 여성 문제로 침몰했던 것에 비추어 클린턴이 '제2의 하트'가 되는 게 아니냐는 우려가 있었지만, 그는 결국 살아남았다. 그 이유는 무엇일까? 여러 이유가 있겠지만, 한 가지 분명한 것은 하트는 소극적으로 대응했던 반면 클린턴은 적극적으로 대응했다는 점이다.

1992년 1월, 나이트클럽 가수에 지방 텔레비전 기자를 거쳐 당시 아칸소 주정부 직원이었던 30대의 제니퍼 플라워스(Gennifer Flowers)는 슈퍼마켓에서 배포되는 황색지 『스타(Star)』의 기사 「빌 클린턴은 지금도 나의 연인」을 통해 1977년부터 1989년까지 클린턴과 남몰래 호텔 등에서 관계를 맺어왔다고 주장했다. 이는 곧 언론에 떠들썩하게 보도되었다. 유럽에서는 "여인 속옷 고무줄이 정치생명 좌우" 한다며 이 소동을 비웃었지만, 미국에서는 이 스캔들이 클린턴의 정치생명을 좌우할 수 있는 큰 사건으로 받아들여졌다.(경향신문 1992)

1월 26일 클린턴은 CBS의 〈식스티 미니츠(Sixty Minutes)〉에 부인 힐러리와 함께 나와 사실이 아니라고 해명했다. 다음 날 플라워스는 뉴욕에서 변호사를 대동하고 기자회견을 자청, 이 해명은 완전한 거짓이라고 되받아쳤다. 플라워스가 『스타』에서 10만 달러를 받았다는 사실이 나중에 밝혀졌는데, 그 돈값을 해야 한다고 생각했던 건지도 모르겠다. 그녀는 클린턴 지사와의 전화 내용을 담은 녹음테이프까지 갖고 있다면서 자신의 불륜을 강력 주장했다. 기자회견장에서 어느 기자는 클린턴 지사가 콘돔을 사용했느냐고 묻기까지 했으며, '다른 대통령후보자와도 동침할 계획이 있나요?'라는 질문도 나왔다. 미국 선거판의 익숙한 풍경이었다.

만약 클린턴이 곧 들통이 날 거짓말을 했다거나 회피하는 모습을 보였다면 이야기는 달라졌을 것이다. 그러나 그는 스캔들에 정면대응했다. 뜻밖에도 『뉴욕타임스(The New York Times)』와 『워싱턴포스트』 등 권위 있는 일부 신문들도 과거와는 달리 이 스캔들 보도를 매우 자제하는 모습을 보였다. 이 권위지들은 그런 스캔들에 모든 관심을 쏟는 것이 미국 정치의 질을 떨어뜨리는 직접적인 원인이라며 이를 '타블로이드 정치'라고 비판하기까지 했다.(문창극 1992)

언론이 정면대응으로 클린턴에게 유리하게 형성된 여론에 편승한 것인지도 모른다. ABC의 앵커맨 피터 제닝스(Peter Jennings, 1938~2005)는 언론이 빌 클린턴의 스캔들을 폭로한 플라워스에 몰두하고 있을 때, 막상 미국민은 경제 문제를 가장 심각하게 걱정하고 있었다는 사실을 깨닫고 충격을 받았다고 술회한 바 있는데, 일부 신문도 그런 생각을 했던 건 아니었을까?(KBS 1992)

'초점집단'의 활용

클린턴의 정면대응 방식은 2월에 잇따라 터진 병역기피 문제에서도 잘 나타났다. 그는 뉴햄프셔 주 도버의 한 유세장에서 "이번 도전은 내 평생의 목표다"라고 간절히 호소했다. 그 목소리는 감정에 젖어 있었지만 태도는 당당했다. 속어 중심의 말투도 그러한 정면대응에 큰 도움이 됐다. 그가 대통령이 되고 나서 나온 지적이지만, AP통신이 역대 대통령의 말투를 분석한 바에 따르면, 클린턴의 말투는 좋게 말해서 가장 서민적이고 나쁘게 말하면 대통령의 말투로서는 상스럽다고 여겨지기도 했다.(정동우 1994b)

클린턴은 언론에 대해서도 정면대응했다. 핵심 참모 제임스 카빌(James Carville)은 기자들을 만날 때마다 '돈으로 쓰레기를 사는' 저널리즘이라고 강도 높게 비난했으며, 호된 질책이 먹혀들어간 것인지 언론은 더 이상 클린턴의 사생활을 물고 늘어지지 않았다.(Clift 1992)

이러한 정면대응은 치밀하게 계산된 전략으로, 이른바 '초점집단

(focus group)'을 활용해 얻은 것이었다. 이 초점집단은 보통사람들로 구성되었는데, 전문적인 여론조사원이 자유스러운 분위기에서 주요 이슈에 관해 그들을 심층 면접했다. 면담자의 모든 발언은 숨겨놓은 녹음기에 녹음되며 동작 또한 반투명 유리 뒤에 설치한 비디오카메라에 낱낱이 녹화되었다. 그다음 며칠 동안 약 두 시간짜리 면담을 녹음한 것을 풀어쓰고 전문가들이 이것을 연구 분석해서 보고서를 냈다.

클린턴의 참모들은 『스타』가 클린턴과 제니퍼의 염문을 보도한 후 몇 시간도 지나기 전에 클린턴이 손상당한 정도를 분석하기 위해 초점집단을 소집했다. 사건이 터진 당일 저녁 뉴스들은 한결같이 클린턴이 플라워스와의 염문을 쉰 목소리로 부정하며 운집한 기자들을 헤치고 뉴햄프셔 플라먼트의 한 공장으로 들어가는 장면을 보도했다. 참모들은 그러한 뉴스 보도로 치명타를 맞을까 봐 떨고 있었다. 그러나 초점집단에 그날 저녁 뉴스를 녹화한 것을 보여주고 분석한 결과는 의외로 나타났다. 사람들은 클린턴이 기자들을 향해 똑바로 걸어 나간 것에 감명을 받고 있었다. 그래서 참모들은 언론과 정면 대결하는 전략을 채택한 것이다.

클린턴의 참모들은 중요한 위기 때마다 초점집단을 소집했다. 민주당 예비선거에서 경쟁자인 폴 송거스(Paul Tsongas, 1941~1997)의 초기 성공으로 위협받았을 때에도 참모들은 초점집단을 활용해 송거스의 약점을 분석했다. 그들은 '재계를 옹호하는' 송거스를 깎아내리는 최고의 방법은 대중에 호소하는 것이라는 결론을 얻었다. '국민을 우선하는' 클린턴의 메시지를 송거스의 엄격한 경제계획에 대비시킨 내용의 광고가 미국 남부와 중서부 지역에 방송되었다. 졸지에 피고가 된 송거스가 북동부에서 벗어나자 지지를 회복하지 못했고 일리노이와 미시간 예비선거 중 경선에서 탈락하고 말았다.

클린턴은 초점집단의 면담을 기초로 유세 내용을 다듬었을 뿐만 아니라 이력을 말하는 방법도 초점집단을 통해 터득했다. 초점집단이 드라이로 결을 살린 머리 스타일을 너무 멋내고 끝이 부자연스럽다는 이유로 싫어하자, 결국 덜 모양 부린 새로운 커트 형태로 머리 모양을 바꿨다. 비디오를 본 초점집단이 그가 가끔 억지로 웃는 것 같다고 지적하자, 웃는 것도 연습했다. 그런가 하면 클린턴의 참모들은 다소 뚱뚱하게 보이는 것을 의식, 여성 표를 겨냥해 클린턴이 조깅하는 모습을 텔레비전 광고로 자주 내보냈다.(KBS 1992a)

그러나 초점집단의 지나친 활용에는 유권자의 눈치를 너무 본다는 문제가 있었다. 클린턴이 대통령 당선 이후 여론조사를 지나치게 한 것도 초점집단에서 본 재미에 미련을 버리지 못했기 때문이다. 당선 이후 1994년 3월까지의 1년여 동안 여론조사에 200만 달러를 썼는데, 이는 부시 전 대통령이 집권 후 2년간 지출한 21만 6000달러의 열 배가량 되는 돈이다. 그처럼 여론조사를 자주 하고 또 그 결과에 큰 의미를 부여하는 대통령은 없었다.(이석우 1994)

클린턴은 3월에 치러진 첫 예비선거인 뉴햄프셔 주 프라이머리에서 송거스에 패해 2위를 기록했지만, 그를 엄습했던 스캔들을 감안한다면 매우 성공적인 결과였다. "첫 예비선거지에서 패배한 인물은 대통령 선거에서 승리할 수 없다." 미국 정치에서 지난 30년간 통해온 그 불문율은 클린턴에 이르러 깨지고 만다.

'윌리 호튼 신드롬'

1992년 7월 13일부터 16일까지 뉴욕에서 열린 민주당 전당대회는 3800만 달러를 들여 성대하게 치러졌으며, 마지막 날에는 미 전역에서 4000만 명이 텔레비전을 통해 전당대회를 지켜보았다. 클린턴은 후보 지명 수락연설에서 자신의 선거구호로 '새로운 맹약(New Covenant)'이라는 말을 10회나 사용하면서 다음과 같이 선언했다.

"국민과 정부 간에 다지는 신성한 맹약, 즉 단순히 우리 개개인이 무엇을 얻을 수 있을까 생각하는 것이 아니라 우리 모두 미국을 다시 움직일 수 있도록 무엇인가를 해야 한다는 태도를 바탕으로 한 맹약, 나는 이를 '새로운 맹약'이라고 부르고자 한다."(시사저널 1992a)

그 선언은 레이거니즘의 종언을 의미하는 것이었다. 로널드 레이건 (Ronald Reagan, 1911~2004)은 12년 전 대통령 취임연설에서 "정부는 우리가 안고 있는 문제들의 해결책이 아니다. 정부가 바로 문제다"라고 선언했다. 그러나 클린턴은 다시금 미국의 문제를 해결하기 위한 정부의 역할을 강조한 것이다. 『타임(Time)』의 칼럼니스트 월터 아이작슨 (Walter Isaacson 1992)은 "만약 클린턴의 선언이 실현된다면, 그건 1900년 테디 루스벨트(Teddy Roosevelt, 1882~1919)의 혁신주의(Progressivism), 1932년 프랭클린 루스벨트(Franklin D. Roosevelt, 1882~1945)의 뉴딜(New Deal), 1960년 존 F. 케네디의 뉴 프런티어(New Frontier)에 비견될 만한 것이다"라고 평했다.

그러나 넘어야 할 장벽은 아직 많았다. 클린턴은 섹스 스캔들뿐만 아니라 마리화나 흡연 경험, 징병 기피 등으로 공화당의 집중공격을 받았다. 아내 힐러리도 주요공격 대상이었다. 힐러리가 민주당과 공

1988년 대선의 민주당 후보 마이클 듀카키스는 강간살인범 윌리 호튼 때문에 치명타를 맞았다. © Hal O'Brien

화당 어디에도 속하지 않은 것처럼 보이며 나대길 좋아한다는 것이다. 이런 공격에 대해 클린턴은 "하나를 사면 하나는 공짜"라는 할인세일 구호로 대응했다. 힐러리가 워낙 똑똑하니 자신을 찍으면 대통령을 거저 하나 더 얻는 것이라는 유머성 반격인 셈이다. (김동춘 2004)

그와 동시에 정색하고 이렇게 받아치기도 했다. "그들은 힐러리를 반대합니다. 기본적으로 모든 무소속(민주당이나 공화당에 등록하지 않은 유권자들)과 직업 여성을 윌리 호튼처럼 보이도록 만들려고 애쓰고 있지요. 이는 내가 진심으로 유감스럽게 생각하는 방향으로 흐르는 것입니다."

윌리 호튼(Willie Horton)이라니, 그는 1988년 대선에서 민주당 후보 마이클 듀카키스(Michael S. Dukakis)에게 치명타를 먹였던 강간살인범이 아닌가. 이상한 일이었다. 1992년 대선에서는 정반대로 호튼이라는 이름이 민주당에 의해 자주 거론되었으니 말이다. 1992년 8월 『뉴욕타임스』 기사에 따르면, "민주당에 투표하는 것을 꺼림칙하게 만들었던 윌리 호튼의 이미지를 …… 잘 이용하는 사람들은 공화당 사람들이 아니다. 윌리 호튼은 민주당의 가장 유력한 수사학적 무기로 사용되고 있다. 빌 클린턴의 지지자들은 그들이 부시 대통령의 '새로운 세금은 없다'는 공약을 상기시키는 것만큼 자주 호튼이라는 이름을 기꺼이 입에 올리고 있다."

왜 그런 일이 벌어졌을까? '호튼'은 1988년 대선에서 공화당에 유리한 단기적 효과는 있었지만, 선거가 끝난 후 이성이 회복된 상황에서는 '비열한 수법'이라는 인식이 확산되었기 때문이다. 그래서 그런 수법을 뜻하는 '호튼화(Hortonization)'라는 용어마저 생겨났다. 『보스턴글로브(The Boston Globe)』의 칼럼니스트 데이비드 니한(David Nyhan, 1940~2005)은 부시의 적(敵) 사담 후세인(Sadam Hussein, 1937~2006)을 "4년마다 열리는 제1회 윌리 호튼 탤런트 찾기 대회의 금메달 수상자"라고 부르기까지 했다.

이런 되치기 전략이 먹혀들어가면서 이상한 일이 벌어지기 시작했다. 클린턴의 섹스 스캔들마저 부시의 '유약한 남자(wimp)'라는 이미지와 비교되면서 '강한 남자'의 증거인 양 여겨지는 이변이 나타난 것이다. 더글러스 러시코프(Douglas Rushkoff 2002)에 따르면, "클린턴은 존 F. 케네디처럼 좀 더 건강한 성욕을 가진 것처럼 보였다. 특히 부시와 비교할 때 말이다.(코미디언들은 부시가 자기 엄마처럼 보이는 여성과 결혼한 것을 비웃었다.) 공화당은 클린턴을 '스커트체이서(skirtchaser; 여자 꽁무니를 쫓는 사람)'라고 부른 것이 오히려 그의 성적 능력이 뛰어날 것 같은 이미지만 더해줄 뿐이라는 점을 깨달았다."

텔레비전 토론

1992년 대선에서 텔레비전 토론은 토크쇼 및 텔레비전 광고와 더불어 텔레비전 선거의 삼위일체를 형성하는 요소였다. 텔레비전 토론은 클린턴이 가장 자신 있는 분야인 반면, 부시는 토론에 겁을 내고 있었다. 조지타운대학 교수 스티븐 웨인(Stephen J. Wayne)은 "클린턴은 토론에서 상대방 약점을 재빨리 찾아 공격할 줄 아는 기지가 있으나 부시는 텔레비전 화면 앞에서 손이나 흔들기 좋아할 뿐 말하는 것은 신통치 않다"고 평가했다.(정일화 1992)

그런 이유 때문이었는지, 부시는 9월 22일 밤 미시간대학 교정에서 개최하기로 했던 토론에 토론방식의 비합리를 이유로 불참하고 말았다. 클린턴이 원하는 것은 단일 질문자 토론방식으로, 이는 한 가지 쟁점을 놓고 집요한 공방을 벌이는 것이었다. 반면 부시는 다수 질문자 토론형식을 원했다. 이는 두 후보 간 공방전이 아니라 여러 기자들에게 각각 다른 질문을 받는 합동기자회견 정도가 돼 부시가 비교적 마음을 놓을 수 있는 방식이었다.

부시의 텔레비전 토론 회피는 의회 내에서도 문제가 되었다. 민주당의 밥 그레이엄(Bob Graham) 상원의원(플로리다 주)의 제안으로 통과된 결의안은 부시가 계속해서 텔레비전 토론을 거부할 경우 정부에서 지급한 7500만 달러의 선거자금을 국고에 환원해야 한다는 가혹한 내용을 담았다. 도중하차했던 제3의 후보 로스 페로(Ross Perot)의 재출마 선언은 부시를 궁지에서 벗어날 수 있는 명분을 주었다. 부시는 텔레비전 토론을 선뜻 응락한 데다 생색까지 내가면서 페로도 함께 출연할 것을 제안했다.(김승웅 1992)

토론은 예상대로 부시의 완패로 끝나고 말았다. 무엇보다 텔레비전에 보이는 부시는 늘 엄청난 긴장으로 가득차 있었으며, 부시의 보좌관

TV 토론에 나선 조지 부시 당시 대통령과 로스 페로, 빌 클린턴(왼쪽부터).

들도 그 점을 시인했다. 67세의 나이에다 그해 1월 일본 도쿄에서 만찬 도중 쓰러지는 등 이미 건강 문제로 큰 점수를 잃고 있던 부시에게 그런 모습은 설상가상의 타격이 아닐 수 없었다.(Goodgame 1992)

부시는 두 차례 텔레비전 토론에서 선거 참모들이 클린턴의 신뢰성과 아칸소 실정 관련 자료들을 줘도 이를 전혀 활용하지 않았으며, 2차 토론 때에는 도중에 손목시계를 세 번이나 보는 등 아주 지루해하는 인상을 주었다. 그래서 일부 언론은 "부시가 싸움을 포기한 것 같다"고 보도할 정도였다.(정해영 1992)

1차 토론 직후 여론조사 결과에 따르면 94퍼센트의 응답자가 텔레비전 토론을 일부나마 시청한 것으로 나타나 1988년의 75퍼센트보다 크게 높아졌다. 또 10월 19일의 마지막 토론은 전국에서 9000만 명 이상이 시청함으로써 미식축구나 프로야구 월드시리즈를 앞질렀다. UPI통신은 이 선거의 텔레비전 토론이 드라마 〈뿌리(Roots)〉 이후 가장 뛰어난 텔레비전용 미니시리즈라고까지 평가했는데, 분명히 그 주인공은 클린턴이었다.(임향 1992b)

정치는 '자해산업(自害産業)'

미국은 국력뿐 아니라 대중매체에서도 세계 최강이었다. 당연히 광고비 규모에서도 압도적 1위였는데, 1992년 통계로 ①미국 989억 달러 ②일본 370억 달러 ③영국 164억 달러 ④스페인 124억 달러 ⑤서독 121억 달러 ⑥프랑스 105억 달러 ⑦캐나다 84억 달러 ⑧이탈리아 79억 달러 ⑨호주 49억 달러 ⑩한국 33억 달러의 순이었다. 국민총생산(GNP) 대비 광고비 점유율은 1988년 통계로 ①미국 2.4퍼센트 ②스페인 1.9퍼센트 ③핀란드 1.9퍼센트 ④영국 1.6퍼센트 ⑤호주 1.6퍼센트 ⑥일본 1.3퍼센트 ⑦캐나다 1.3퍼센트 ⑧한국, 네덜란드, 스위스 1.1퍼센트 등이었다.

이 정도면 미국은 '광고 공화국'이라고 해도 과언이 아니겠다. 정치광고가 발달한 것도 바로 그런 사정과 무관치 않으리라. 그렇지만 그 부작용도 만만치 않았다. 네거티브 정치광고가 치열해지면서, 텔레비전 정치광고가 미국의 민주주의 자체를 위협하고 있다는 주장마저 나왔다. 역사학자 제임스 맥그리거 번스(James MacGregor Burns)는 미국의 상업화된 선거가 "세계 민주주의 국가 가운데 최악의 최고 지도자 선출제"라는 혹평을 내린 바 있는데, 1992년 대선은 마치 그걸 입증해보려는 것 같았다.

클린턴 측 텔레비전 광고는 매우 공격적이었다. 아칸소 주 리틀록에 있는 클린턴의 선거운동본부에는 정교하게 꾸며진 커다란 지도 위에 광고시장 현황판이 걸려 있었다. 이 지도에는 주별 실업률, 과거 선거에서 나타난 부동표 비율, 부시의 지지도, 연령·인종·빈부별 유권자 구성비 등이 망라돼 광고효과를 컴퓨터를 통해 측정했다. 이에 따라 민주당은 클린턴의 우세가 확고하다고 판단하는 캘리포니아와 뉴욕 주에서는 광고를 중단했으며, 그 대신 부시의 우세가 흔들리고 있는 텍사스 주를 광고 대상에 포함시키는 식으로 과학적인 광고전략을 활용했다.(임항 1992a)

1992년 10월 1일부터 부시 측이 클린턴의 경제정책을 비난하는 광고를 내보내자, 클린턴 측은 그다음 날부터 20개 주에서 반격 광고를 시작했다. 30초짜리 이 반박 광고는 먼저 '1988년'이라는 자막에 이어 부시가 지난 1988년 대통령후보 지명수락 연설을 통해 "세금인상은 하지 않겠다"고 말한 장면을 비춘 뒤, "조지 부시는 미국 역사상 두 번째로 세금을 많이 올린 대통령"이라고 공격하며 그를 거짓말쟁이로 몰아붙였다. 이어 "부시는 중산층의 세금부담을 높였다. 맥주세를 배나 올렸으며 휘발유세를 56퍼센트나 인상했다. 이제 부시는 연 10만 8000달러 소득자들에게 감세 조치를 취하려 한다. 그렇다면 누가 세금을 더 내게 되겠는가"라는 말로 광고는 끝났다.(김차웅 1992)

이와 같은 네거티브 광고전은 정치가 '자해산업(自害産業)'이라는 것을 여실히 입증해주었다. 『타임』의 칼럼니스트 찰스 크라우트해머(Charles Krauthammer)는 1991년 12월 9일자 칼럼에서 미국인의 정치인에 대한 혐오가 텔레비전 정치광고에서 비롯되고 있다고 주장했다. 미국의 '정치산업'은 서로를 상처내는 어리석기 짝이 없는 짓을 저지르고 있다는 것이다. 만약 햄버거 회사, 콜라 회사, 항공사들이 경쟁자끼리 서로 비방하는 광고를 십 년 넘게 해왔다고 가정해보자. 그렇다면 햄버거를 먹는 사람들, 콜라를 마시는 사람들, 비행기를 이용하는 사람들이 늘기는커녕 크게 줄었으리라는 것이다. 그런데도 정치산업만큼은 미련하게도 30년 가까이 '누워서 침 뱉기' 식의 광고를 선거때마다 일삼고 있으니 유권자들이 정치에 불신을 갖지 않는 게 더 이상하지 않겠느냐는 논리였다.

크리스토퍼 래시(Christopher Lasch 1992)도 1992년 3월 『뉴욕타임스』에 기고한 글에서 텔레비전이 정치를 타락시키고 있다고 개탄했다. 그는 대통령선거 시 후보자들의 텔레비전 토론에서 언론인들이 정치인에게 집중적인 질문 공세를 퍼붓는 것을 보고 큰 문제의식을 느꼈던 것 같다. 좀 심하게 이야기하자면, 언론인들이 대통령후보들을 가지고 논다고 할 수 있을 정도였다. 언론인들은 답의 조건을 규정하고 자기들 마음대로 개입해 이러쿵저러쿵 평하고 후보들은 그 룰에 따르느라 허둥댄다. 후보자들은 특히 카메라 앞에서 인상을 관리해야 한다. 확신과 단호함을 보여줘야 하고 조금이라도 머뭇거려서는 안 되는, 일종의 연기를 해야만 한다.

래시는 그런 관행에 근본적인 이의를 제기했다. 텔레비전 토론은 아무리 그 뜻이 좋아도 언론인의 중요성을 확대하고 후보들의 중요성을 감소시키는 이벤트라는 것이다. 그는 후보들의 수동성과 굴종은 스스로 중요성과 위상을 낮추는 것이기 때문에 그들이 언론인의 중재 없이 직접 토론하겠다고 요구해야 한다고 말했다. 미디어의 기존 권위에 도전하라는 것이다. 모든 것을 '소비 축제'로 만들어버리는 미디어의 부당한 간섭을 거절해야 대중도 미디어가 미국정치에 행사하고 있는 영향력을 깨닫게 될 것이라는 주장이었다.

클린턴은 〈아세니오 홀 쇼〉에서 검은 선글라스를 끼고 색소폰을 부는 등 토크쇼를 선거운동에 잘 이용했다.

텔레비전 광고와 더불어 1992년 대통령선거에서 각광을 받은 정치선전기법은 비디오테이프를 제작해서 각 가정에 우송하는 것이었다. 당시 미국의 VCR 보급률은 60퍼센트를 넘어섰으니 어떻게 제작하느냐에 따라 꽤 유효한 선전기법이 될 수 있었다.

"투표하지 않으면 실패한다"

1992년도 대통령 본선은 '토크쇼 선거전'이라는 별명을 얻게 되었다. 토크쇼 선거운동에 처음 나선 사람은 클린턴이 아니라 무소속 후보 로스 페로였지만, 클린턴은 곧 토크쇼 유세의 장점을 간파하고 그것을 적극 활용했기 때문이다. 돈 아이머스(Don Imus)가 진행하는 아침 토크쇼에 출연했으며, 〈아세니오 홀 쇼(Arsenio Hall Show)〉에 출연해 검은 선글라스를 쓰고 색소폰을 불기까지 했다. 그 장면은 정치만화로 수없이 묘사돼 독자들을 즐겁게 만들어주었다. 백악관 파티가 대통령의 악기 연주회로 변하는 장면, 클린턴의 나팔에서 나오는 소리로 부시가 걸려 넘어지는 장면, 색소폰에서 나오는 음절이 코끼리(공화당의 상징) 새끼들로 변하는 장면 등 이런 웃음거리는 클린턴에게 유리하게 작용했다. 클린턴은 토크쇼에 재미를 붙여 선거운동 기간 내내 계속 토크쇼에 출연했으며, 그 가운데에는 MTV 출연도 포함돼 있었다. 클린턴의 이 전략을 비웃던 부시도 선거기간 종반에 이르러서는 래리 킹(Larry King)과 데이비드 프로스트(David Frost)의 토크쇼를 포함해 MTV에까지 출연했다.(안재훈 1992)

이처럼 1992년 대선은 과거 어느 선거 때보다 텔레비전의 역할이 컸다. 그래서 1992년은 '전자 파퓰리즘의 해(the year of electronic populism)'라는 말까지 나왔다.(Ogden 1992a) 후보들은 언론인을 제치고 텔레비전을 통해 유권자를 직접 상대하고자 했다. 그래서 3대 텔레비전 네트워크는 물론 CNN에다 MTV까지 가세해 후보들을 위한 '열린 마당'을 열심히 제공했다. 또 C-SPAN(Cable-Satellite Public Affairs Network)은 주요 선거전 내용을 하루 종일 전달했다. 후보들 또한 기록이라도 세우듯이 텔레비전 대담 프로에 많이 출연했는데, 각 후보는 30분 또는 1시간짜리 대담 프로에 20회 이상 출연했다.(정연주 1992)

미국의 투표율 하락에 책임이 있다고 비판받아온 텔레비전은 적어도 1992년 선거에서는 이처럼 다른 면모를 보여주었다. 일부 방송사들은 투표 참여 캠페인까지 열심히 전개했는데, 그 결과인지는 알 수 없으나 그해 투표율은 1988년 대선에 비해 약 5퍼센트 포인트 상승했다.

투표 참여 캠페인에서는 특히 "투표하지 않으면 실패한다(Choose or Lose)" 캠페인을 전개한 MTV의 활약이 돋보였다. 당시 세계 72개국에 2억 1000만 명의 시청자를 확보한 MTV는 미국 내에서도 시청자가 약 2000만 명에 이르렀는데, 그중 3분의 2가 투표권을 가진 18세에서 34세까지의 젊은 층이었다. 흥미롭게도 180여 명에 이르는 스태프의 평균 나이도 27세로 젊었다.

그렇게 '젊은' MTV는 가을 내내 록그룹 에어로스미스의 고막을 찢는 듯한 시끄러운 노래 '우리들의 자유를 지키자. 투표를 통해!'를 내보냈다. 이 노래는 MTV가 100만 달러를 들여 마련한 '투표냐 기권이냐'라는 캠페인의 일부였다. MTV의 CEO 주디 맥그래스(Judy McGrath)는 "우리는 시청자에게 뭔가에 대해 무엇을 해야 하는지 말하지 않습니다. 설교조로 그들에게 할 일―어떻게 투표해야 하는지 등―을 말하려 하면 1분 이내에 채널이 돌아가버립니다"라고 말했다.

그런 원리에 따라 마돈나는 달랑 미국 국기만 하나 입은 채 출연했고, 에어로스미스는 건방지고 불손한 태도로 "필요하다면 온종일 콘돔을 사용할 자유, 당신의 자유를 지키세요, 투표하세요"라고 말했다. MTV는 또 '록 더 보트(Rock the Vote)'라는 뮤직비디오를 만들어 선거 참여를 강조하는가 하면, 뉴스시간의 25퍼센트를 대통령선거 보도에 할애하는 등 연예정보 같은 대중문화 위주의 편성에서 탈피하는 파격을 보여주었다. 그런 MTV를 가장 적극적으로 활용한 이는 클린턴이었다.(Current Biography 2005, Redstone & Knobler 2002, Rushkoff 2002, 강경희 1992)

"바보야, 중요한 건 경제야"

그러나 수많은 현란한 이벤트가 이렇게 활용되었음에도 1992년 대선에서는 과거 그 어느 때보다 '경제'가 더 핵심의제였다. 클린턴은 1992년 7월 민주당 대통령후보 지명수락 연설에서 "미국 경제가 독일에 뒤지고 일본 총리가 동정을 느낄 정도가 됐다"고 개탄하고 이 같이 실추된 미국의 위신을 끌어올리겠다고 다짐했다. 클린턴의 참모 제임스 카빌이 그간 사용했던 슬로건 '국민이 우선인 국가(Putting People First)'가 진부하다고 판단해 새로 만들어낸 선거 슬로건 '바보야, 중요한 건 경제야(It's the economy, stupid)'는 확실히 약효를 발휘하고 있었다. 여기에 클린턴이 아칸소의 호프(Hope) 시 출신인 것과 연결하는 '희망을 가지고 온 사람(Man from Hope)' 광고를 제작해 '경제'와 '희망'을 연결시켰다.(이준구 2010)

그럴 만도 했다. 1989년 1월부터 1992년 9월말까지 부시 행정부의 집권 3년 9개월 간 '경제성적표'는 국내총생산(GDP) 성장률 2.2퍼센트, 고용증가율 0.9퍼센트, 가처분소득 증가율 3.8퍼센트였고 미국인들이 중요하게 생각하는 시간당 소득증가율은 0퍼센트로 나타났다. 반면 인플레 및 실업지수는 10.5퍼센트에 달했다. 2차 세계대전 후 집권한 아홉 명의 대통령 가운데 최악의 점수였다. 여기에 실업인구는 1000만 명에 달했고 매일 수백 개의 기업들이 파산하고 있었다. 또 재정적자는 무려 4조 달러에 달해 미국인에게 큰 정신적 압박이 되어가고 있었다. 이 같은 재정적자는 레이건 행정부 시절의 군비경쟁으로 인해 누적된 것이었지만, 그 책임은 고스란히 부시에게 떨어졌다. 냉전 종식과 걸프전 승리의 공로도 아랑곳하지 않고 미국 유권자들이 부시에게서 등을 돌린 이유가 바로 여기에 있다. 레이건이 남겨준 유산의 명암(明暗)이라고나 할까. 투표를 마치고 나온 유권자들을 상대로 한 여론조사에서도 43퍼센트가 경제 문제에 따라 표를 던졌다고 대답한 점으로 미루어보더라도 경제 문제가 대세를 결정지은 게 분명했다.(Time 1992b, 박수만 1992a)

결국 클린턴은 43퍼센트의 득표율로 제42대 대통령에 당선되었다. 부시는 38퍼센트, 제3의 후보인 로스 페로는 19퍼센트의 지지를 얻었다. 부시의 38퍼센트는 1936년 이래 대통령선거에서 공화당 후보의 득표율 가운데 가장 낮은 수치였다. 민주당은 대통령선거에서 승리했을 뿐만 아니라 상·하 양원에서 다수 의석을 유지했다. 435명 전원을 다시 뽑은 하원은 전체의 4분의 1이 넘는 110명이 신인들로 대체돼 2차 세계대전 이후 최대의 교체폭이라는 신기록을 세웠다. 전체 100명 가운데 약 3분의 1인 35명을 새로 선출한 상원에서도 11명의 새로운 얼굴이 원내로 진출, 정치풍토 개선 분위기의 한 단면을 보여주었다. 그뿐만 아니라 여성과 소수민족 출신 당선자도 전례 없이 많아졌다. 미국 역사상 최초의 흑인여성 상원의원이 탄생한 것을 비롯해 여성 상원의원이 기존의 2명에서 6명으로 3배나 증가했고 하원에서도 여성이 19명이 늘어나 47명이 됐다. 소수민족 출신은 흑인이 14명, 히스패닉 19명, 아시아계 2명, 아메리카 인디언 원주민 1명 등으로 이전에 비해 많아졌다.(김학순 1992a)

경제가 결정적이긴 했지만, 1992년 선거는 '세대 전쟁'의 양상도 보였다. 클린턴과 부통령 앨 고어(Al Gore)는 베이비붐 세대였다. 1946년과 1964년 사이에 태어난 베이비붐 세대는 지난 1968년 전체 유권자의

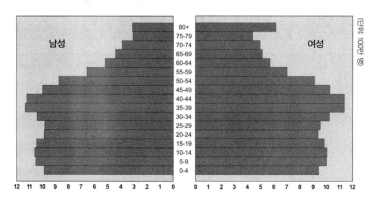

남성	여성

(단위: 100만 명)

80+
75-79
70-74
65-69
60-64
55-59
50-54
45-49
40-44
35-39
30-34
25-29
20-24
15-19
10-14
5-9
0-4

12 11 10 9 8 7 6 5 4 3 2 1 0   0 1 2 3 4 5 6 7 8 9 10 11 12

2000년도 미국의 인구 피라미드. 전후 베이비붐 세대인 30대 중반부터 40대 중반이 특히 많다.

10퍼센트 이하였지만, 1972년 선거법 개정으로 투표연령이 21세에서 18세로 내려간 뒤 5명 중 1명으로 늘었다. 베이비붐 세대는 1976년에 3명 중 1명, 1984년에 2명 중 1명, 1988년에 5명 중 3명이 되더니, 1992년에는 그 이상으로 늘어났다. 미국 인구의 약 3분의 1에 달하는 베이비부머들은 대부분 1960년대를 휩쓴 급진주의 학생운동에 참여한 경험이 있고 민권 옹호, 베트남전 반대, 여권신장, 환경보호 등 각종 사회운동을 주도하거나 경험했다. 사실 클린턴의 당선은 병역 기피, 혼외정사 문제를 크게 중요시하지 않는 젊은 세대의 의식구조에서 적잖은 덕을 봤다.(김학순 1992b, 이혁재 1992)

베이비붐 세대를 일컫는 '그럼피(GRUMPIE)'라는 용어까지 등장했다. 그럼피란 Grown Up Mature Professional의 약자로 '성숙한 전문인'을 의미한다. 히피(HIPPIE), 여피(YUPPIE) 등 수많은 이름으로 불려온 이들 베이비붐 세대는 더 이상 사회문화에 등을 돌리거나 부와 명성만을 추구하지 않으며, 이제 미국을 이끌어나갈 성숙한 지도자로

자리매김을 하고 있다는 의미가 내포돼 있었다. 물론 희망사항이었겠지만 말이다.(박소영 1993)

기자들의 절대다수가 바로 그 베이비붐 세대여서 그랬는지, 신문들의 압도적인 지지도 클린턴 승리의 견인차였다. 오죽하면 공화당은 '부시를 재선시켜 언론을 놀려주자'는 스티커를 만들어 지지자들에게 나눠주기까지 했겠는가. 언론의 일방적인 클린턴 지지가 여론에 반영되자, 부시는 "여론조사는 잊어버리자. 몇백 명의 여론조사로 어떻게 모든 유권자의 지지를 파악할 수 있느냐"고 자위했지만, 여론조사 결과는 큰 오차 없이 선거 결과로 이어지고 말았다.(이경형 1992)

클린턴의 보수주의

그렇지만 클린턴이 정작 심혈을 기울여 내놓은 사회적 메시지는 보수주의였다. 그는 민주당의 진보적 색채가 지난 12년간 백악관을 공화당에 넘겨준 가장 큰 이유임을 잘 알고 있었다. 그래서 보수주의가 공화당의 전유물이 아님을 분명히 했다. '가족적 가치'를 역설하는 부시에 대항해 권리에는 책임이 뒤따른다는 주장으로 일부나마 부유한 공화당원들의 지지까지 얻어냈다. 아칸소 주에서는 학교중퇴자에게 운전면허를 주지 않는다는 것까지 실적으로 내세웠다.(Kramer 1992)

공화당의 선거전략가 데이비드 킨은 "클린턴은 여러 면에서 보수적인 메시지를 갖고 승리했다. 그가 이제 그 메시지를 지키기만 하면 '레이건을 지지했다가 그에게 돌아온 민주당원들'을 확실하게 붙들 수 있을 것이다"라고 말했다. 클린턴은 '종교적 가치'마저 공화당에서 빼앗아오겠다는 듯, 대통령이 된 후에 연두교서에서 "우리 모두가 교회에 열심히 참석하지 않는다면 우리나라를 새롭게 탈바꿈시킬 수 없을 것입니다"라고 주장하는 선까지 나아가게 된다.(Chomsky & Barsamian 2004, Fineman 1992)

사실 '가족적 가치'는 4·29로스앤젤레스폭동의 원인과도 연결돼 있어 공화당이 큰 공을 들인 이슈였다. 폭동 3주 후인 1992년 5월 부통령 댄 퀘일(Dan Quayle)은 샌프란시스코 커먼웰스 클럽(Commonwealth Club)에서 행한 연설에서 폭동의 원인 분석을 시도하면서 '도덕적 가치(moral values)'와 '가족적 가치'의 중요성을 강조했다. 그는 사생아를 가졌다는 이유로 인기 텔레비전 드라마의 등장인물인 머피 브라운(Murphy Brown)을 비난하고 미혼모의 모성, 사생아의 오명(汚名) 그리고 낙태 문제에 대한 논쟁을 불러일으켰다. 그의 아내 메릴린 퀘일(Marilyn Quayle)은 공화당 전당대회에서 "대부분의 여성은 여성으로서의 근본적인 본성에서 해방되기를 원치 않는다"며 남편을 거들었다.(Donaldson 2007, Evans 1998)

그러나 이런 공세는 클린턴이 보수적 가치의 상당 부분을 선점해버림으로써 빛을 잃었다. 게다가 부시 진영이 '가족적 가치'를 역설한 방식이 다소 치졸했다는 것도 클린턴의 승리에 일조했다. 부시 측은 영부인 바바라 여사를 가정과 남편에 헌신하는 모범적인 여성으로 집중 부각시켜 보수 성향의 표를 끌어모으기에 안간힘을 썼다. 거기까지는 좋았는데, 부시 진영이 클린턴의 부인 힐러리 여사를 '가정을 지키지 않는 여성'으로 인신공격을 가한 것이 실수였다. 부시 진영은 그녀가 젊었을 적에 쓴 논문 중 특정 구절을 끄집어내 "가정을 여성의 감옥에 비유했다"거나 "자녀들에게 부모를 고소하도록 부추겼다"는 등 전투적 여성해방론자로 묘사했다. 또 힐러리의 법률 활동과 자원봉사 활동에 대한 의혹과 관련하여 "힐러리는 집에서 과자나 만들며 있어야 했다"고 비난했다. 그러나 유권자들은 그러한 공격에 대해 별 관심을 갖지 않았거니와 오히려 비열한 인신공격이라며 등을 돌리고 말았다.(Evans 1998, 김학순 1992)

1992년 대선에 빌 클린턴과 조지 부시만 뛴 것은 아니었다. 이색적이면서도 강력한 제3의 후보들이 있었다. 공화당 대통령후보 지명전에 도전한 패트릭 부캐넌(Patrick Buchanan)은 조지 부시를 겨냥해 공장과 사무실은 "엑스터-예일 동문 …… 하버드와 예일 출신들이 장악한 귀족들의 공화당"에 의해 배신당하고 있다고 주장했다. 그는 1992년 뉴햄프셔에서 "나는 혁명을 원한다"고 외쳤다. 그 혁명은 "노동자와 중산층이 공화당을 다시 장악하는 것"이라고 했다.

정치사적으로 더욱 흥미로운 인물은 혜성처럼 나타나 돌풍을 일으켰던 무소속 후보 로스 페로였다. 18.9퍼센트의 득표율을 올린 그의 선거운동은 제3당의 출현 가능성을 높였기 때문이다. 그와 동시에 18.9퍼센트의 득표율에도 불구하고 선거인단 투표에서는 단 한 표도 얻지 못함으로써 기존 선거인단 제도의 문제점도 부각시켰다. 페로 역시 부시와 국무장관 제임스 베이커(James Baker, 1992~2003)를 '컨트리클럽 멤버들'이며 '부잣집 아들들'이라고 공격했다. 사실 민주당도 다를 게 없었다. 기존 양당체제에 대한 염증이 페로의 입을 통해 발설되었다고 보면 되겠다.(Phillips 2004)

"NAFTA로 말미암아 미국의 모든 일자리가 '거대한 꿨음'을 내며 멕시코로 빨려들어갈 것이다." 이런 주장을 폈던 페로는 미국의 이미

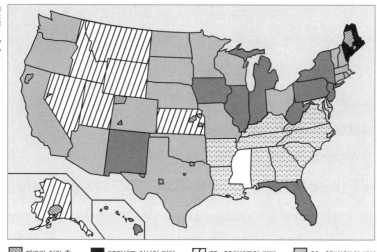

페로가 이긴 주   30퍼센트 이상의 지지   25~30퍼센트의 지지   20~25퍼센트의 지지

15~20퍼센트의 지지   10~15퍼센트의 지지   10퍼센트 미만의 지지

(위)페로의 득표율. 18.9퍼센트의 득표율을 올렸음에도 선거인단에서는 단 한 표도 얻지 못했다.
(아래)1992년 대선에서 돌풍을 일으킨 제3의 후보 로스 페로.

지 정치를 이해하는 데에 다른 어떤 정치인보다 많은 것을 시사해주는 인물이다. 그는 해군사관학교에 불합격할까 걱정했을 정도로 작은 키에 선거 당시 61세의 나이로, 겉으로 보아서는 이미지 정치에 전혀 어울리지 않는 인물이었다. 바로 그렇기 때문에 페로에 관한 탐구는 이미지 정치가 그저 겉멋만을 보여주는 식으로 단순하게 이루어지는 게 아니라는 사실을 깨닫게 해준다. 아니 그것보다 훨씬 중요한 것은 미국 정치와 더불어 미국 사회의 작동 방식을 보여준다는 것이다.

앞서(12권 2장) 보았듯이, '민주당의 여피화'는 '민주당의 보수화'를 초래함으로써 미국 정치는 '양당제 형태를 띤 1당제'라는 말을 듣게 되었다. 국가 간 경쟁이 치열해지는 세계화 시대가 초래한 '1당 민주주의'라고나 할까? 고어 비달(Gore Vidal)은 미국 정치를 "두 개의 우익 정당으로 이뤄진 1당 체제"로 묘사했는데, 이런 진단이 더욱 설득력을 갖게 된 셈이다. 사실 로스 페로로 인해 불거진 제3당 출현의 가능성은 바로 그런 '1당 민주주의' 체제에 대한 도전의 성격을 갖는다.

참고문헌 Alter 1992, Burns 2006, Chomsky 2000, Chomsky & Barsamian 2004, Clift 1992, Current Biography 2002f · 2005, Donaldson 2007, Evans 1998, Fineman 1992, Gergen 2002, Goodgame 1992, Isaacson 1992, KBS 1992 · 1992a, Kessler 1997, Kramer 1992, Lasch 1992, Maraniss 1996, Miller 2002, Newsweek 1992, Ogden 1992a, Phillips 2004, Podesta 2010, Prestowitz 2006, Redstone & Knobler 2002, Rushkoff 2002, Time 1992b, 강경희 1992, 강준만 1992, 경향신문 1992, 김동춘 2004, 김봉중 2006, 김승웅 1992, 김영진 1992a, 김차웅 1992, 김학순 1992 · 1992a · 1992b, 문창극 1992, 박소영 1993, 박수만 1992a, 시사저널 1992a, 안재훈 1992, 우태희 2008, 이경형 1992, 이석우 1994, 이준구 2010, 이진 1997 · 2001, 이철민 1995, 이혁재 1992, 임항 1992a · 1992b, 정동우 1994b, 정연주 1992 · 1994a, 정일화 1992, 정해영 1992, 주미영 2001

'공화-민주 양당제도의 종언' 인가?
로스 페로의 '텔레디마크러시'

정당을 우회한 '미디어 정치'

미국은 대표적인 양당제 국가지만, 그간 수백 개의 소수 정당들이 명멸해왔다. 흔히 '제3의 정당'으로 불리는 소수 정당의 종류는 매우 다양하다. 함성득·남유진(1999)은 미국 소수 정당의 종류를 크게 ①공산당, 사회당, 사회주의 노동당 등의 이념 정당 ②채식주의자당, 금주당 등의 특정 이슈 정당 ③인민당 등의 경제적 저항당 ④개혁당, 진보당 등과 같이 특정 후보에 의해 설립된 후보 지향당 등으로 분류한다. 1996년 선거까지 계산하면, 미국 정치사에 있어서 제3정당 소속 또는 무소속의 대통령후보로서 선거 투표자의 5퍼센트 이상을 얻은 정치인은 모두 12명에 이른다.(로스 페로는 두 번 입후보했다.) 후보자, 정당, 연도, 투표 획득률은 다음과 같다.

윌리엄 위트(William Wirt, Anti-Masonic, 1832, 7.8퍼센트), 마틴 밴뷰런(Martin Van Buren, Free Soil, 1848, 10.1퍼센트), 밀러드 필모어(Millard

Fillmore, Whig-American, 1856, 21.5퍼센트), 존 벨(John Bell, Constitutional Union, 1860, 12.6퍼센트), 존 브레킨리지(John C. Breckinridge, Southern Democrat, 1860, 18.1퍼센트), 제임스 위버(James B. Weaver, Populist, 1892, 8.5퍼센트), 유진 데브스(Eugene V. Debs, Socialist, 1912, 6.0퍼센트), 시어도어 루스벨트(Bull Mose, 1912, 27.4퍼센트), 로버트 라 폴레트(Robert M. La Follette, Sr., Progressive, 1924, 16.6퍼센트), 조지 월리스(George C. Wallace, American Independent, 1968, 13.5퍼센트), 존 앤더슨(John B. Anderson, 무소속, 1980, 6.6퍼센트), 로스 페로(무소속, 1992, 18.9퍼센트), 로스 페로(Reform Party, 1996, 8.5퍼센트).

페로의 활약이 돋보인다. 두 차례나 제법 높은 득표를 했다는 사실만으로도 의미가 있겠지만, 이전의 소수 정당 또는 무소속 후보들과는 좀 다른 특성을 보여준다는 점에 주목할 필요가 있다. 이전에 정치 또는 운동 경험이 전혀 없었음에도 매스미디어를 이용해 갑자기 떠오른 인물이기 때문이다.

텔레비전을 비롯한 매스미디어가 기존의 '정당정치'를 약화시킨다는 주장은 페로에 이르러 이론이 아닌 현실이 되었다. 미디어는 기존 정당과의 연계가 없는 후보로 하여금 대중과의 직접 소통을 가능케 해준다. 오랜 시간 인내하며 정당 내 위계질서를 밟아 정상에 올라야 하는 길고 번거로운 과정을 우회할 수 있게 해준 것이다. 그러니 정당의 힘과 권위가 약화될 수밖에 없지 않겠는가.

리처드 루빈(Richard L. Rubin 1981)은 "텔레비전이 우리의 중심적인 선거제도들에 미치는 '간접적인' 영향력, 즉 거시적 효과는 미국의 정치적 힘을 재형성하고 재편성하고 재조직하는 데 있어서 이미 크

미국 대선에서 5퍼센트 이상의 득표를 한 제3정당 또는 무소속 대통령후보.
(첫째 줄)윌리엄 워트, 마틴 밴뷰런, 밀러드 필모어.
(둘째 줄)존 벨, 존 브레킨리지, 제임스 위버.
(셋째 줄)유진 데브스, 로버트 라 폴레트, 조지 월리스.
(넷째 줄)존 앤더슨.

고, 측정할 수 있고, 매우 중요하다"고 말한다. 정치 전문 언론인 시어도어 화이트(Theodore H. White 1982)는 "네트워크 텔레비전이 국가의 상상력을 통제한다"고까지 말한다.

로드 매클리시(Rod MacLeish 1984)는 "미국 민주주의의 전통을 살펴보건대, 중재자들은 일반대중 소비용으로 정치의 따분함, 복잡성, 이슈, 퍼스낼리티 등을 단순화하는 여과기로 기능했다. 텔레비전은 정치과정에 공중의 직접적인 접근을 가능하게 함으로써 정치적 과정에 개입하게 되었는데, 이에 따라 중재자들은 공중의 정치적 지각의 흐름에 대한 통제력을 잃게 되었다"며 다음과 같이 주장했다.

"오늘날 기자회견은 사실상 일종의 '텔레비전 드라마'가 되었는데도 전통적인 형식이 아직도 유지되고 있다. 기자는 이제 정보를 수집하고 요약해 그것을 독자들이 편하게 읽을 수 있게끔 의사문학적인 (quasi-literary) 형식으로 써내려가는 사람이 아니다. 기자는 텔레비전 드라마의 탤런트가 되고 말았다. 대통령 기자회견장에서 기자는 셰익스피어의 『리어왕』에 나오는 '어릿광대'와 다를 바 없다. 어릿광대는 왕과 자신이 만들어낸 특별한 분위기 속에서 왕에게 질문을 던져 왕으로 하여금 자기폭로(self-revelation)에 빠져들게 만든다. 기자회견에서 나온 말과 의미를 대중이 '소비'하는 데에 있어서의 '시간'의 문제는 완전히 뒤바뀌고 말았다. 과거에는 정치의 공중 소비자가 기자회견이라고 하는 연극의 대본을 천천히 읽었다. 대통령에 의해 제기된 새로운 이슈 뒤에는 무엇이 있는지를 말해주고 그 말이 갖는 정확한 의미를 해석해주는 극작가라 할 기자의 분석적 개입까지도 읽어내려갔다. 그러나 이제 정치의 공중 소비자는 연극무대에 내던져진 것이다."

미디어는 '제3의 정당'인가?

많은 전문가들이 페로의 등장을 미국 양당체제의 붕괴신호로 받아들였다. 하워드 파인먼(Howard Fineman 1992)에 따르면, "페로의 지지자들은 전국적으로, 인구통계적(소수민족 제외)으로 고르게 분포돼 있다. 클린턴이 페로 지지자들을 사로잡으려면 그들의 두려움을 치유해야 한다. 그것은 정치적으로 조종될 수 있는 성질이 아니다. 미 정부는 부패했고 미국은 그 때문에 경제적 역량을 잃고 있다는 널리 퍼진 인식을 고쳐야 한다. 정치 예언으로 유명한 작가 케빈 필립스는 앞으로 장기집권은 어렵다고 말한다. …… 페로는 전통적 양당정치에 위협이 되는 새로운 의사소통의 길을 개척했다. 의원들의 출마 횟수를 제한하자는 의안이 14개 주에서 승인됐다. 페로 군단의 등장은 민주·공화 양당이 벌이던 제로섬 게임의 종식을 뜻하는지 모른다고 필립스는 경고한다."

코넬대학 정치학과 교수 시어도어 로위(Theodore Lowi 1992)도 1992년 5~6월의 두 차례 여론조사에서 미국인의 60퍼센트가 신당 출현을 지지했다는 점과 페로의 활약에 주목하면서, 페로가 대통령선거를 포기했다가 복귀하기도 전인 9월에 미국 정치가 3당시대를 예고하고 있다는 평가를 내린 바 있다. 그는 페로의 의미에 대해 다음과 같은 진단을 내렸다.

"역사학자들은 오는 11월 3일의 미 대통령선거 결과에 관계없이 1992년을 미 공화-민주 양당체제 종식의 원년으로 기록하게 될 것이다. 비록 막판에 후보 사퇴는 했지만 무소속 로스 페로의 예기치 못한 급부상과 그가 기존 양당구도의 대안으로 제시했던 '불분명한' 구상에 대한 국민의 놀라운 지지는, 광범한 지지 기반을 갖춘 제3당의 출현 가능성에 대한 모든 의심을 떨쳐버리기에 충분했다. 제3당의 등장은 기성정치권에 부분적 개혁조치를 강요하는 이상의 엄청난 충격을 몰고 올 것이다. 제3당의 존재 자체가 지난 20년간 워싱턴 정가를 마비시켰던 제도적 굴레들을 타파할 것이기 때문이다. …… 한마디로 제3당은 정책에 관한 공개논쟁을 가능케 하는, '구속' 아닌 '해방' 의 힘으로 작용할 것이다. 지난 19세기 양당체제가 미 정부의 헌법적 구조를 근본적으로 변화시켰던 것처럼 3당체제는 21세기의 미 정치를 주도할 수 있을 것이다."

물론 미국 정치제도가 위기에 처해 있다는 주장에 반론을 제기하는 학자들도 있었다. 조지타운대학 정치학 교수 마이클 로빈슨(Michael Robinson)은 "1960년대 미국 젊은이 30퍼센트가 국가권력의 정당성을 정면으로 거부하고 나선 때에 비하면 아무것도 아니다"라고 지적했다. 코네티컷대학 에버라트 라드 교수도 "1930년대 대공황기나 1970년대 정부를 불신한 여론에 비할 바가 못 된다"고 낙관적인 반응을 보였다. 브루킹스연구소 조지프 화이트(Joseph White) 박사는 "양당정치 틀은 좀처럼 깨지지 않는다. 만약 페로가 승리한다면 그가 이끄는 제3의 정당이 공화당이나 민주당 중 어느 하나를 밀어내 양당체제는 존속될 것이다"라고 내다봤다. (이석렬 1992)

이후 전개된 역사는 이런 반론이 옳았음을 보여준다. 아무래도 양당체제에 대한 도전이 일종의 '미디어 현상' 이라는 점에 주목할 필요가 있겠다. 유권자들이 기존 정치에 대해 갖고 있는 염증을 간파한 미디어가 양당제에 대한 도전의 '상품성' 을 높이 평가해 페로 같은 후보들을 높이 떠우긴 하지만, 바로 그 상품성에 함정이 있다는 것이다. 일종의 카타르시스 효과로 끝나버릴 수밖에 없을 만큼 미디어는 그들로부터 이색적인 것만을 찾아내 보도한다. 유권자들은 속이 시원하다고 박수는 칠망정 그들을 진지하고 심각한 대안이라고 생각하기는 어려울지도 모른다. 그렇다면 미디어가 '제3의 정당' 노릇을 하고 있는 게 아닐까? 그런 의문을 갖고 페로의 활약을 살펴보자.

'금권정치적 파퓰리스트'인가?

1930년 텍사스 주 텍사캐나(Texarkana)에서 태어난 페로는 1957년에서 1962년까지 20대 후반과 30대 초반을 IBM에서 보냈으며, 1962년 자신의 사업체인 EDS(Electronic Data Systems)를 시작하기 위해 IBM을 떠났다. EDS는 대선출마 당시 33억 달러의 자산 가치를 가진 그의 왕국이며 그가 대통령선거에 출마할 수 있었던 근거이기도 했다.

페로는 막강한 재력과 대중에 직접 어필하는 독특한 선거방식으로 인해 '금권정치적 파퓰리스트(plutocratic populist)라는 별명을 얻었다. 3330억 달러에 이르는 미 연방정부의 재정적자를 해결하겠다는 것을 주요 선거공약으로 내세웠으며, 선거과정에서 자신의 이미지를 자수성가한 아메리칸 드림의 화신, 모험가, 애국자, 정의의 사도 등으로 부각시키는 데에 어느 정도 성공을 거두었다.

특히 그의 호전적인 애국심은 흔들리는 미국의 권위에 불안감을 느끼는 유권자들의 마음을 사로잡았다. 미국의 상징인 흰머리독수리는 페로의 생애 내내 개인적으로나 사업적으로나 그의 상징이었다. 그와 동시에 독수리는 미국인의 사랑을 받는 개인주의적 가치를 상징한다.

프랜시스 후쿠야마(Francis Fukuyama 1996)는 페로가 누린 인기의 비결을 개인주의와 연결시켜 다음과 같이 말한다. "무소속 대통령후보 로스 페로가 미국인들 사이에서 그토록 인기를 끈 이유 중 하나는 그가 미국 개인주의의 진수를 보여주었다는 데 있었다. …… 페로가 자주 내세우는 슬로건이 이것을 잘 나타내준다. '독수리는 떼지어 모이지 않는다. 한 번에 한 마리씩 찾는 수밖에 없다.'"

페로는 1969년 닉슨 행정부의 베트남전쟁을 지지하기 위해 100만 달러를 들여 "우리는 뭉치자"는 깃발 아래 연속 광고를 냈으며, 1년 후 크리스마스 때 미군 포로에게 줄 선물을 싣고 동남아로 날아갔다. 당시 월맹이 그의 하노이 입성을 거부해 닉슨은 큰 정치적 PR 효과를 얻었다. 그 대가로 그는 미군 포로들의 감사를 받았고, 백악관 출입허가까지 받았다. 그래서 백악관은 EDS사가 곤란을 겪을 때 마지막으로 도움을 청할 수 있는 곳이 되었다. 그가 미군과 공공 이익을 위해 그 나름대로 헌신하긴 했지만 그런 행위는 어디까지나 자신의 출세를 꾀하기 위한 것이었으며 또 그 과정에서 헌법의 권위를 무시하는 면을 보여줬다고 생각하는 사람들도 많았다.

페로는 1979년 이란에 억류 중이던 EDS 직원들을 구출하기 위해 자금을 대기도 했다. 이 일은 인기 스릴러 작가 켄 폴릿(Ken Follett)이 쓴 베스트셀러 『독수리 날개 위에(On Wings of Eagles)』(1983)에 담겨 있는데, 페로는 이 책의 편집을 감독했다. 페로의 전기 작가이자 『월스트리트저널(Wall Street Journal)』 기자인 토드 메이슨(Todd Mason)에 따르면, 그는 초고 내용을 고쳤고 판권을 사들였다. 책은 베스트셀러가 됐고 페로는 이를 원작으로 제작된 텔레비전 영화 홍보를 위해 토크쇼

에 출연했다.(Newsweek 1992b)

이 같은 무용담이 시사하듯이, 페로는 그 어떤 프로 정치인 못지않은, 아니 그 이상의 홍보 감각을 갖고 있는 인물이었다. 사실 그의 대통령 선거과정은 일련의 '홍보의 승리'라고 해도 과언이 아니다. 대통령 출마를 선언한 무대도 텔레비전 토크쇼였다. 그는 1992년 2월 20일 CNN의 토크쇼인 〈래리 킹 라이브(Live with Larry King)〉에 출연해, 자신의 이름이 50개 주에서 등록되면 대통령에 출마하겠다고 선언했던 것이다.

연방국가인 미국은 무소속 출마자의 대통령후보 등록 절차를 각 주에서 시행하고 있다. 대통령선거가 주별로 선거인단을 뽑는 간접선거 방식을 취하고 있기 때문에 무소속 후보는 등록을 마친 주에서만 출마해 유권자의 심판을 받게 되어 있다. 각 주는 독자적인 선거법을 두어 무소속 후보의 등록규정을 두고 있기 때문에, 페로의 출마를 원하는 사람들이 그를 후보 명단에 올리려면 공화·민주당의 주 예비선거에 참여하지 않은 유권자의 서명이 담긴 청원서를 얻어내 등록해야 한다. 또 수정헌법 제12조는 선거인단 투표에서 어떤 후보도 과반수를 획득하지 못할 경우 하원으로 하여금 상위 득표자 3명 중에서 대통령을 선출하도록 규정하고 있다. 이 경우 각 주는 한 표씩의 투표권을 행사하며 반수 이상 득표해야 승리를 인정받게 된다.(조선일보 1992)

페로는 '제2의 더글러스 맥아더'인가?

페로의 대통령 출마는 점차 가시화되기 시작했다. 3월 23일 테네시 주가 첫 번째 후보 등록 주가 되면서, 전국적으로 페로의 지지자들이 늘어나기 시작했다. 4월 9일 『타임』과 CNN 공동 여론조사에서 페로는 21퍼센트의 지지율을 기록했다. 이는 부시 40퍼센트, 클린턴 25퍼센트의 지지율에는 못 미쳤지만, 경쟁력이 있는 제3의 후보로서 위치를 굳히는 데에는 손색이 없는 지지율이었다.

페로는 다른 후보들이 이슈를 무시한다고 불평했지만, 자신도 이슈 중심적인 선거운동을 한 것은 아니었다. 그는 이슈 없이 퍼스낼리티로 밀어붙였다. 게다가 주요 쟁점을 알 만큼 유식하지도 않았다. 그러나 유권자들에게 중요한 것은 이미지였다. 페로가 주요 현안에 대해 구체적인 정책도 제시하지 않았음에도 많은 사람이 그에게 열광했다. 5월 13일과 14일에 실시된 여론조사에서 그는 33퍼센트의 지지율을 기록했는데, 이는 부시 28퍼센트, 클린턴 24퍼센트의 지지율을 압도하는 것이었다. 또 6월 3일과 4일에 실시된 여론조사에서 지지율 격차는 더욱 벌어져 페로 37퍼센트, 부시 24퍼센트, 클린턴 24퍼센트를 기록했다.(Barrett 1992a, Shapiro 1992)

6월 27일은 그의 62회 생일이었는데, 지지자들은 미 전역 100여 개 도시에서 대대적인 경축행사를 벌였다. 인기는 출판계에도 그대로 반영돼, 7월 12일자 『뉴욕타임스』 베스트셀러 목록에는 페로에 관한 서적이 3종이나 올랐다. 페로의 어록을 모아 급조한 『본인이 말하는 로스 페로(Ross Perot: In His Own Words)』(1992)가 페이퍼백 논픽션 부문 2위, 토드 메이슨이 쓴 『페로: 인가받지 않은 전기(Perot: An Unauthorized Biography)』(1990)가 하드커버 논픽션 부문 5위, 그리고 앞서 말한 『독수리 날개 위에』가 페이퍼백 논픽션 부문 6위를 기록했다. 페로의 이 같은 인기에 대해 조지워싱턴대학 의대 정신과 교수 제럴드 포스트

(Jerrold M. Post)는 다음과 같은 진단을 내렸다.

"페로 현상의 특정 가운데 하나는 그가 누리고 있는 다양한 대중적 지지 기반이다. 보수파 공화당원, 진보적 민주당원, 기업인, 기능인 등으로 구성된 지지세력들은 각자 페로에게서 자기네를 이해하고 자기들을 위해 싸워줄 수 있는 사람을 찾았다. …… 카리스마는 개인의 재산이 아니다. 이것은 역사적 위기 때 발생하는 특별한 인품을 지닌 지도자들과 이상을 갈구하는 추종자들 사이에 자물쇠와 열쇠 같은 관계를 형성하는 제도이다. 지도자와 추종자 사이의 카리스마적 관계가 형성되었을 때 추종자들은 지도자를 초인으로 간주하면서 그의 말을 맹목적으로 신봉하고 그의 지시에 무조건 복종하면서 지도자에게 정서적으로 자신을 예속시켜버린다." (김종권 1992)

페로의 인기는, 정치적으로 해석할 때, 기존 제도권 정치에 대한 불신과 혐오의 산물이었다. 페로의 독립성 그 자체가 기존 정치에 식상한 유권자들에게 신선한 충격이었던 것이다. 페로를 지지한 10명 중 다섯이 그가 좋아서라기보다는 부시와 클린턴을 반대하기 때문이라고 말한 것도 바로 그 점을 말해주었다. 페로 역시 이 점을 노리는 발언을 즐겨 했는데, 예컨대 다음과 같이 주장했다.

"냉전은 끝났는데 우리는 아직 냉전적 사고와 제도를 가지고 싸우고 있다. 미국을 재건하고 경제를 다시 일으키려면 정부를 재조직해야 한다. 지금 국민들은 자동차 뚜껑을 열고 낡은 엔진을 손질해줄 수리공을 원하고 있다. 지도자란, 목표가 뚜렷해야 한다. 앞을 내다보는 비전이 있어야 한다. 유능한 인재를 한곳에 모아야 한다. 약속한 일은 반드시 성사시켜야 한다. 내가 회사를 경영하는 철학이 그랬다. 내가 만약 대통령이 된다면 요란한 경호차의 행렬이나 전용기 따위는 필요 없다. 그런 것들은 신변 안전과는 상관없는 허세다. 황제처럼 그런 짓 하라고 뽑아준 것이 아니다. 심부름하라고 뽑아주었는데 주인 행세를 하려니까 민심이 떠난다. 같은 논리로 불친절한 관리는 가차 없이 해고하는 법을 만들어야 한다. 언론에 대한 나의 원칙은 확고하다. 무슨 일이 있으면 내가 기자들에게 알려준다. 내 뒤를 떼지어 따라다닐 필요가 없다. 그 대신 자주 기자회견을 갖는다."(서동구 1992)

그러나 페로는 정치경험도 없고 진지한 정책도 없어 미디어의 응시를 받게 되면 무너질 데마고그(demagogue)에 불과하다고 보는 사람들도 있었다. 시카고대학 역사학 교수 게리 윌스(Garry Wills 1992)는 페로가 그 탁월한 선동성에 있어서 40여 년 전의 더글러스 맥아더(Douglas MacArthur, 1880~1964) 장군과 비슷하다고 지적했다. 이 두 사람은 미국의 영광을 주장해 사람들을 열광케 하는 방식이 거의 같다는 것이다.

로스 페로의 '이미지 세일즈'

미디어가 핵심 쟁점을 다루지 않고 쓸데없는 것만 물고 늘어진다고 생각하는 사람들이 갖고 있는 이른바 '반(反)미디어 정서' 도 페로의 부상에 큰 몫을 했다고 보는 사람들도 있었다. 그가 원고 없이 텔레프롬프터도 사용하지 않고 유권자와 직접 대화하는 인물이라는 점에 호감을 느낀 유권자들이 많았다는 것이다.(Ogden 1992)

페로가 누린 인기의 비결은 매우 복합적이었지만, 한 가지 분명한 것은 그 인기는 기존 정치에 대한 반작용의 성격이 강하다는 점이었다. 미국 언론이 채집한 페로 지지자들의 다음과 같은 목소리는 페로의 인기가 페로 자신보다는 기성 정치에 대한 유권자들의 인식과 밀접한 관련이 있다는 것을 잘 말해주고 있다.

"민주·공화 양당은 미국을 두 집단으로 분열시키면서 엘리트 의식만 가지고 소외계층을 쓰레기 취급하고 있다. 그들이 TV에 나와 하는 이야기는 말짱 거짓말이다. 페로라면 정부 돈을 탐내지 않고 능력껏 일하면서 보상받는 편안한 세상을 만들어줄 것 같다."(43세의 농부)

"페로는 권력에 굶주려 있지 않다. 그는 이 나라가 절망적으로 요구하고 있는 마음의 자세 변화에 불을 붙이고 있다. 지금까지 모든 정치인은 화려하게 준비된 연설문을 읽었다. 그러나 페로는 인기나 표의 향방을 의식하지 않고 있는 그대로 자기 의견을 솔직하게 말한다."(38세의 상점 주인)

"미국은 국제경제에서 일본과 독일에 뒤지고 있다. 경쟁력을 키우는 교육 문제부터 시작해 근본 대책을 세우지 않는 한 국운의 쇠퇴를 되잡을 길이 없다. 병역도 치르지 않은 퀘일을 부통령으로 발탁해 차기 군 최고사령관(대통령)을 넘보게 한다든지, 20만 명의 군인을 걸프전에 보내는 날 골프장 카트에 앉아 기자회견을 하는 부시 대통령의 위선정치에 충격을 받고 있다. 지도자란, 국가를 발전시키고 떨어진 사기와 실종된 도덕심을 회복시켜 국민에게 희망을 심어주어야 한다. 케네디 이후 우리는 그런 지도자를 가져보지 못했다. 페로만이 그런 지도력을 지니고 있다."(71세 퇴역 군인)(서동구 1992)

역설이 아닐 수 없다. 페로는 어느 기성 정치인 못지않은 탁월한 정치적 술수를 발휘했음에도 불구하고 '반정치인(anti-politician)'의 이미지로 인기를 끌었다는 것이 말이다. 이는 아마도 미국 정치의 내재적

모순과 그것을 꿰뚫어본 그의 고단수 이미지 관리술이 만들어낸 결과로 보아야 할 것이다.

페로는 지미 카터(James E. Carter, Jr.)를 백악관으로 입성시킨 공로자 해밀턴 조던(Hamilton Jordan, 1944~2008)과 로널드 레이건의 재선에 일역을 한 에드 롤린스(Ed Rollins)를 참모로 포섭했는데, 이 역시 명백한 자기모순이었다. 기회만 있으면 조단이나 롤린스가 해왔던 '워싱턴 정치'의 방식을 격렬하게 비난해오지 않았던가.(Ellis 1992)

페로는 이미지 세일즈를 하는 방법을 잘 알고 있는 인물이었다. 물론 이미지 세일즈는 기성 정치인들도 해왔지만, 그에게는 신선한 맛이 있어 그 효과가 더욱 크게 나타났다. 『뉴스위크』는 페로의 '유권자를 상대로 한 사상 최대의 세일즈 작전'에 대해 다음과 같이 말했다.

"페로는 미국이라는 고객을 상대로 생애 최대의 세일즈 전략을 펼치고 있다. 미 역대 대통령 중에는 농부·변호사·군인·기술자 출신이 있었다. 심지어 배우 출신도 있었고 해리 트루먼 같이 실패한 잡화상도 있었다. 그러나 세일즈맨은 없었다. 페로 같이 대단한 세일즈맨은 더더구나 없었다. 1992년 대선전에서 페로는 여러 가지 이미지를 선보이고 있다. 각각의 이미지는 첫눈에 벌써 나름대로의 호소력을 갖고 있다. 페로는 대통령으로서, 정부라는 고장난 자동차의 '보닛 밑'에서 열심히 일하는 정비공이 되겠다고 약속한다. 아니면 엄격하나 너그러운 가장으로서, 흥청망청 몰고 다니다 고장난 '1980년대'라는 이름의 자가용의 수리비를 대겠다고 한다. 더 듣기 좋은 것은 일본 기업의 사무라이에 맞서싸우는 작지만 끈질긴 투사가 되겠다는 약속이다." (Newsweek 1992b)

언론의 '자기충족적 예언'

페로의 참 모습과 이미지 사이의 괴리를 느끼는 사람들은 페로가 누리는 인기의 원인을 여론조사에서 찾기도 했다. 미국 언론은 페로의 지지도가 올랐다는 것을 경쟁적으로 보도했는데, 이는 일종의 '자기충족적 예언(self-fulfilling prophesy)'이 되었다는 것이다. 원래 대선 초기인 봄에 하는 여론조사는 큰 의미를 부여할 것이 못 되는데도, 새로운 뉴스거리를 찾아 헤매던 언론은 큰 의미를 부여했다. 그런 의미에서 여론조사 전문가 피터 하트(Peter Hart)는 "미국 정치에서 페로만큼 여론조사의 덕을 본 사람도 없을 것이다"라고 말했다.(Barrett 1992)

언론이 페로를 만들어냈다고 말하기는 어렵지만 언론이 초기에 페로에게서 뉴스 가치를 발견하고 그의 부상에 결정적 기여를 한 것은 분명했다. 예컨대, 페로를 표지 인물로 다룬 1992년 6월 17일자 『뉴스위크』는 페로의 부상을 다루면서 "부시만큼이나 초조해진 클린턴은 〈아세니오 홀 쇼〉(심야 토크쇼)에 출연, 색소폰으로 구슬픈 재즈곡이나 연주해 관객을 즐겁게 해주면서 '대중적 인기에만 영합하는 후보'로 전락하고 말았다. 돌연 페로는 막강한 후보로 부상했다"고 보도했다.(Masthews 1992) 이 주장에는 기사를 재미있게 만들어보겠다는 냄새가 물씬 풍긴다. 클린턴의 색소폰 연주에 대해서는 긍정적인 평가가 더 유력함에도 부정적으로 묘사한 게 그 점을 잘 말해준다.

예컨대, 더글러스 러시코프(Douglas Rushkoff 2002)는 "클린턴은 그가 활자문화 이후의 세대를 다루고 있다는 것을 알고 있었다. 세계가 어떻게 돌아가고 있는지 알기 위해 더 이상 인쇄된 미디어를 보지 않고 네트워크 뉴스조차 보지 않는 많은 투표자들이 있었다. 클린턴은 젊은 유권자들이 관심을 갖는 미디어에 등장함으로써 그들의 관심을 끌었다. MTV와 그 시청자들의 정치적인 생각을 진지하게 받아들임으로써, 클린턴은 다른 후보자들이 무시하던 문제를 기꺼이 처리한다는 것을 보여주었다"며 이렇게 말한다.

　"또한 그는 자신이 우리와 같은 인간이란 것을 말하고 싶어 했다. 그는 엘비스 프레슬리의 팬이라고 말했고, 언론들이 그에게 '엘비스'(그는 엘비스처럼 웃었다)라는 별명을 붙이자, CNN 인터뷰에서 '잔인하게 굴지 말아요(Don't Be Cruel)'의 한 구절을 노래하기도 했다. 부시는 클린턴을 깎아내리기 위해 이것을 사용하려고 했다. '미국은 '하트브레이크 호텔(Heartbreak Hotel)'(프레슬리의 1956년 히트곡)에 투숙하게 될 것이다. 이제 나는 왜 그가 엘비스를 좋아한다고 말하는지 안다. 그는 무대에 오르면 몸을 흔들기 시작한다.' 그러나 부시의 이러한 발언은 스스로에게 해가 될 뿐이었다. 어느 누구도 엘비스를 나쁘게 말하면 남부 백인의 표를 얻어낼 수 없었다. 이 발언 때문에, 부시는 또다시 경쟁자의 남성다움을 공격하는 방법밖에 남은 것이 없는, 신경질적이고 무기력한 후보자가 되어버렸다."

로스 페로의 두 얼굴

언론은 변덕스럽다. 페로의 부상을 떠들썩하게 보도하던 언론은 슬슬 페로의 뒤를 캐기 시작했다. 물론 그는 흠잡힐 만한 일을 무수하게 저지른 인물이었다. 결코 윤리적인 기업가는 아니었으며, IBM에서 같이 근무했던 동료들의 평가도 부정적이었다. 한 동료는 "그는 1960년대에 1980년대의 윤리를 실천했다"고 평가했다.(Behar 1992)

게다가 5~6월의 여론조사 결과에 충격을 받은 공화·민주 양 진영이 그간의 점잖빼던 태도를 바꿔 '페로 두들겨패기'에 나서 언론에게 풍성한 기삿거리를 제공했다. 부시 진영과 클린턴 진영의 전략은 그가 '예측 불가능한 위험인물' 혹은 '정치적인 엘머 갠트리'로 비치도록 하는 것이었다. '엘머 갠트리(Elmer Gantry)'는 기독교 신자가 아니면서도 미 전역을 순회하며 기독교를 전파하는 엉터리 전도사로, 버트 랭커스터(Burt Lancaster, 1913~1994)가 동명의 주인공으로 출연한 영화 제목이기도 하다.(한국일보 1992a)

공화·민주 양당의 '두들겨패기'와 언론의 '뒤 캐기' 때문에 페로의 인기는 점차 하락했다. 7월 8일과 9일에 실시된 여론조사에서 그의 지지율은 26퍼센트로 하락했다. 그러한 하강세를 간파하고 반전의 기회를 노리겠다는 생각을 했던 것일까? 그는 7월 16일 대통령 출마포기 선언을 했다. 도중하차를 선언하면서 한 말은 "미국의 전통적인 양당 제도를 혼란으로 이끌 의사가 없으며 어느 후보의 승리를 가로막는 방해꾼도 되지 않겠다"는 것이었다. '도중하차의 명수'라는 부정적인 평가가 없었던 것은 아니지만, 오히려 그를 동정하는 사람들도 많았다.(한국일보 1992b)

놀랍게도 이 말을 못 믿겠다고 한 사람들이 75퍼센트나 되었다. 이들은 반드시 다른 이유가 있을 것이라고 의심했다. 공화당 선거대책본부의 어떤 협박에 그가 굴복했거나, 아니면 국세청 세무사찰 같은 들춰내기에 희생이 될까 봐 몸을 사렸다고 말하는 사람들도 있었다.(이석렬 1992a) 그가 노린 것도 바로 그 점이었을 것이다. 도중하차 선언은 복귀를 예상한 '예정된 작전'이었다. 『뉴스위크』는 다음과 같이 말했다.

"사퇴 선언 이후에도 페로는 계속 돈을 썼다. 사퇴 선언 후 한 달 동안 쓴 돈은 400만 달러. 동시에 자신이 후보로 등록되지 않은 나머지 주에서는 청원 운동을 뒤에서 밀었다. 가장 중요한 것은 풀뿌리 조직 지도부에서 자신이 원하지 않는 조건으로 자신을 다시 내세우려는 사람들을 잘라냈다는 점이다. 페로가 정치에서 손을 뗐다는 사기극에 장단을 맞추느냐 그렇지 않느냐가 페로 지지자들의 충성심을 검증하는 새로운 시금석이 됐다. 50개 주에 후보 등록이 되면 '세계 정상급' 선거전을 펴겠다고 한 그의 약속을 지키라고 시끄럽게 굴거나 원망하는 사람들은 밀려났다." (Newsweek 1992c)

'망상을 갖고 있는 편집광'?

페로의 선거방식은 모두 그런 식이었다. 그가 자랑하는 자원봉사자도 상당 부분 돈을 주고 동원한 것이었다. 그는 뉴욕 주에서만도 80명의 자원봉사자를 고용하기 위해 100만 달러를 썼다. 그들은 시간당 8달러에서 10달러를 받고 뉴욕 시의 행인들에게 페로의 등록을 위한 서명을 받는 일을 했다. (Seideman 1992)

물론 페로의 복귀는 곧 이루어졌다. 그는 10월 1일 댈러스의 기자회견에서 대통령선거에 재도전하겠다고 발표했다. "누적되는 재정적자와 만성적인 무역적자로 허덕이는 미국을 구하기 위해 제시한 나의 정책을 공화 · 민주 양당이 모두 귀담아듣지 않고 있기 때문"에 재도전이 불가피하다는 것이었다. 그는 이날 러닝메이트로 퇴역 해군소장 제임스 스톡데일(James B. Stockdale, 1923~2005)을 지명하고 "50개 주의 자원봉사자들이 내가 다시 출마할 것을 요구했으며 본인은 부통령 후

1992년 대선 때 로스 페로의 러닝메이트로 부통령 후보에 나선 제임스 스톡데일.

보 스톡데일과 함께 이 요청을 영광스럽게 수락했다"고 말했다.(임춘웅 1992a, 최홍석 1992)

재도전을 밝힌 날 CNN이 조사한 페로의 지지도는 7퍼센트에 불과했다. 그는 선거가 얼마 남지 않은 시점에서 지지도를 올릴 필요성을 강하게 느꼈을 것이다. 몇 주 후 CBS의 〈식스티 미니츠〉에 출연해 상식 이하의 발언을 늘어놓았다. 선거운동 중도포기 이유에 대해 공화당 선거운동본부 측이 8월 결혼 예정이던 자신의 딸 모습을 담은 조작된 외설(레즈비언 성행위) 사진을 배포하려는 중상모략을 계획했기 때문이라고 주장했다. 가족의 명예가 위협받을까 두려워 선거운동을 그만두게 됐다는 것이었다. 또 부시 진영이 자신을 파산케 하기 위한 음모로 전화기에다 도청장치를 설치했다고 비난했다.

그러나 페로는 아무런 증거도 제시하지 못했다. 10월 26일에는 그런 계획을 수립하지도 추진하지도 않았다는 부시 측의 주장을 부정하지 않았으며, 천연덕스럽게도 자신의 주장을 없던 것으로 해달라고 요구했다. 그와 동시에 언론이 문제를 야기한 주범인 양, 언론에 모든 책임을 뒤집어씌웠다. 이에 대해 『뉴욕타임스』 10월 28일자 사설은 그가 "정치적 매저키즘에 대한 놀랄 만한 본성을 드러내보이고 있다"

며 "로스 페로에 대한 근본적인 의문은 항상 그의 성격, 스타일, 판단력이 지도자의 자질에 부합하느냐는 것이었다"고 비난했다.

페로는 딸이 10월 1일에 결혼을 한 것에서 그런 아이디어를 얻었는지도 모른다. 이제는 딸이 결혼을 했으니까 마음놓고 그 사실을 털어놓을 수 있게 됐다고 사람들이 생각해주기를 바랐던 건지도 모른다. 그러나 주변 사람들도 그의 말을 믿지 않았다. 평소 가족에 대한 경호를 크렘린보다 더 엄격하게 해온 그가 그런 말을 하는 것은 도무지 앞뒤가 맞지 않는다는 것이다.(Time 1992a)

페로는 '음모론'에 광적으로 집착했다. 모든 것을 음모로 설명하고자 하는 그의 취향은 확실히 지나쳤다. 백악관 대변인 말린 피츠워터(Marlin Fitzwater)가 페로를 "망상을 갖고 있는 편집광"이라고 비난한 것도 무리는 아니었다. 언론도 논란이 큰 발언을 했다가 문제가 되면 무조건 기자들이 왜곡했다고 주장하는 그의 습성에 고개를 내저었다.(Barrett 1992b)

로스 페로의 텔레비전 유세

페로는 재도전을 발표하고 나서 며칠 후인 10월 6일 저녁 CBS의 골든아워에 38만 달러의 비용을 지불한 30분짜리 텔레비전 광고 또는 이른바 '인포머셜(informercial)'을 통해 20개가 넘는 각종 도표를 이용하면서까지 경제학 교수가 강의하는 듯한 캠페인을 벌였다. 그가 골병이 든 미국 경제의 회생과 재정적자의 감소를 부르짖으며 출마한 만큼 첫 텔레비전 광고에서 어떤 처방과 묘약을 제시할지에 시청자들의 관심이 집중됐다.

서가를 배경으로 책상에 앉아 텔레비전 강의를 하듯 임금, 산업생산, 고용, 경제성장 등 각 분야의 도표를 하나하나 짚어가면서 미국 경제의 심각성을 지적한 페로의 첫 텔레비전 캠페인은 진단에만 대부분의 시간을 쏟았다. 사용한 도표들은 1970년대 초 닉슨 시대 이래 경제사정의 변화 추이를 나타내는 것들로 한결같이 부시 행정부 시절의 실적이 가장 저조함을 보여주었다.

페로의 텔레비전 광고는 특정 후보의 이름을 거론하지 않은 채 지금과 같은 형편없는 경제사정에 대한 책임이 민주, 공화 양당에 있다고 싸잡아 비난했지만 실제 내용상으로는 부시 선거진영을 긴장시키는 것이었다. 그가 사용한 각종 도표 중 최악의 실적은 모두 부시 행정부 기간에 나타나 있음이 텔레비전 화면을 통해 시청자들에게 생생하게 전달됐기 때문이다.(국민일보 1992a)

차트를 펼쳐가면서 미국 경제의 난관을 설명하는 것은 고개를 뒤로 젖히고 반쯤 넘어가는 파안대소, 그리고 같은 단어를 반복하는 화법과 더불어 페로의 전매특허가 되었다. 가장 즐겨 인용하는 구절은 윈스턴 처칠(Winston Churchill, 1874~1965)의 어록 가운데 하나인 "절대로 굴복 말라, 절대로, 절대로, 절대로(Never give in, Never, Never, Never)" 였다. 그는 자신의 특성을 자신의 방식대로 드러내기를 원했으며, 바로 그런 이유 때문에 언론을 우회해 광고나 토크쇼와 같은 선거방식을 선호했다.(김종권 1992)

물론 다른 계산도 있었다. 그는 자신의 해결책이 너무도 복잡해 텔레비전으로는 설명할 수 없다는 등 답변을 피하는 수법을 자주 사용했는데, 이는 토크쇼가 공격적인 기자회견에 비해 실제로는 아무것도 없으면서 뭔가 대단한 것이 있는 것처럼 포장하는 데에 유용한 도구일 수 있다는 것을 시사해주고 있다.

페로의 토크쇼 예찬론은 그 숨은 뜻이 무엇이든 언론의 선거보도에 대해 근본적인 의문을 제기하는 의미를 담고 있었다. 그는 토크쇼가 "후보자들을 골탕먹이기 위해 되지도 않는 질문을 하는 기자들이 중간에 개입되지 않아 더욱 효과적"이며 "유권자들에게 후보자의 솔직한 모습을 속이지 않고 보여줄 수 있다"고 말했다. 심지어 "우리는 어떤 결과를 따지는 것보다는 기자회견만 열심히 하는 세상에 살고 있다. 이제는 더 이상 기자회견이라는 것이 필요 없다"고 주장했다.(남찬순 1992)

그런 철학을 갖고 있는 페로 덕분에 1992년 대통령 선거는 전혀 새로운 양상을 보여주었다. 다른 후보들도 페로의 뒤를 좇아 열심히 토크쇼에 출연했으며, 그러다 보니 뉴스 프로그램에서 토크쇼의 내용을 보도하는 이상한 일이 벌어지게 되었다. 이를 두고 미디어 전문가 데이비드 가스(David Garth)는 "페로가 NBC의 〈투데이(Today)〉에 출연했을 때 그 프로그램은 저녁 뉴스 프로그램보다 더 중요한 프로그램이 되었다"고 말했다.

페로가 처음에 토크쇼에 재미를 붙인 이유는 그것이 공짜이기 때문이었다고 말하는 사람들도 있었다. 그는 참모들에게 공짜로 토크쇼에 나갈 수 있는데 무엇 때문에 텔레비전 광고 하나 내보내는 데 10만 달러나 주어야 하느냐며 항변하곤 했다는 것이다.(Barrett 1992a) 그렇지만 공짜를 좋아하는 페로도 참모들의 집요한 주장에 설득당해 광고에도 열심히 돈을 쏟아부었다. 사실 다른 후보의 2배가 넘는 1억 달러의 선거자금을 쓰겠다고 공언한 그에게 텔레비전 광고비가 문제는 아니었다. 1992년 선거에서 텔레비전 광고비로 클린턴은 940만 달러, 부시는 1810만 달러를 썼지만, 페로는 2390만 달러를 썼다.(Time 1992b)

페로의 물량공세는 다른 후보들이 겁을 먹을 만큼 위협적인 것이었다. 민주당의 미디어 자문을 맡았던 데이비드 소어는 "부시와 클린턴은 돈 문제로 단가가 싼 라디오와 CA-TV에 더 많은 관심을 보여야 할지도 모른다"고 말했다. 클린턴도 페로는 "내용적으로 나와 똑같은 메시지를 담고 있으면서 더 많은 돈을 투입하고, 더 공신력 있는 미디어를 통해 광고를 내보내고 있다. 나는 어떻게 그에 대응한 신뢰성 있는 미디어 메시지를 개발, 국민들에게 전달해야 하나?"하고 푸념했다.(진성호 1992)

로스 페로의 '텔레디마크러시'

페로가 1992년 대선에서 일으킨 또 하나의 변화는 이 선거가 텔레비전 외에 다양한 전자기술을 이용하는 '텔레디마크러시(teledemocracy, 전자 민주의)'에 더욱 접근했다는 점이다. 그는 전자공회당(electronic town halls) 구상의 가시화, 수신자부담 전화의 완전 가동, 위성전송 장치의 활용 등의 선거전술을 구사했다.

특히 '텔스타 302, 자동무선 레이다 9, 수직, 채널 17'이라고 하는, 페로의 영상을 지구로 되쏘아보낸 인공위성의 좌표는 큰 화제를 불러일으켰다. 이는 곧 위성접시 안테나(당시 약 370만 개)를 소지한 사람은 누구든지 언론에 여과되지 않은 페로의 동정을 스크린에 받아볼 수 있다는 것을 의미했다.

국가적 사안 해결을 위해 '전자 공회당'을 설치한다는 공약도 그 실속에 불문하고 많은 유권자의 상상력을 사로잡았다. 최첨단 전화 시스템으로 송화자를 번호로 식별해서 이름, 주소와 연결해 유권자에 대해 상세하면서도 방대한 규모의 인구통계학적 데이터베이스를 작성할 수 있게 해주는 것도 또 다른 혁신적 아이디어였다. 페로의 기술 참모진은 전화를 활용할 수 있는 또 하나의 기발한 방안을 내놓았는데, 그것은 3만 명이나 되는 유권자가 전화로 회의에 참

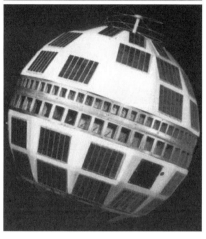

페로는 전자 민주주의에 접근하는 선거전술을 구사했다. 선거영상을 송출하던 인공위성 텔스타.

가해 남의 의견을 청취하고 질문하며 전화 버튼을 이용해 표결하는 것이었다.

민주당도 페로에 뒤질세라 첨단장비를 동원했다. 클린턴은 키보드 앞에서 PC 사용자들의 전자시설을 이용한 질의에 응답하는 '온라인 좌담'을 도입했고, 클린턴이 어디에 있든 그를 관측하고 그의 연설을 카세트테이프에 담아 중요 지역의 여론지도층이나 유권자들에게 배포하기 위해 아칸소 주 리틀록 선거본부 옥상에 위성접시 안테나를 설치했다.

공화당 전략가들은 처음에 그런 새로운 방법을 얼마 안 되는 PC 애

호가들의 비위를 맞추려는 한때의 유행으로 치부했지만, 자신들이 시대에 뒤떨어진다는 인상을 줄까 봐 내심 불안을 느꼈다. 그래서 부시 진영도 매주 금요일 600여 개의 지방 텔레비전 방송국 보도국에 부시의 주간 동정과 담화를 담은 '비디오 뉴스'를 송출하는 등의 새로운 기법을 도입했다.

이런 일련의 변화에 주목한 『로스앤젤레스 타임스』의 하워드 로젠버그(Howard Rosenburg)에 따르면, "만일 링컨 대통령이 매스미디어 시대에 출마하면 당선될 수 없으나 뉴미디어 시대에 출마하면 충분히 당선될 수 있다. 왜냐하면 매스미디어 시대에는 케네디 대통령처럼 미남이고 대중연설을 잘하는 사람이 유리하지만 전화 토크쇼, 전자시민회의 등과 같은 서로 대화할 수 있는 그리고 대화해야만 하는 새로운 미디어가 발달한 뉴미디어 시대에는 페로나 링컨처럼 설득력 있는 대화에 능한 정치인이 유리하기 때문이다." (이홍종 2003)

『뉴스위크(Newsweek 1992a)』는 '페로의 전자 반란'에 대해 이런 의문을 제기했다. "그러나 이런 것들이 민주주의적인 것인가. 무료로 전화하게 하고 찬반을 버튼 하나로 처리하도록 하는 것이 의회나 정당, 노조 등의 정치과정에 참여하려는 사람들이 전통적으로 믿어온 각종 민주적 제도를 대신할 수 있는가. …… 그런 첨단시설은 제퍼슨식 민주주의라기보다는 오웰식 전체주의에 가깝다. 분석가들은 신(新)전자 질서가 손쉽게 조작할 수 있다는 점에서는 기존 언론매체와 변함이 없는데도 불구하고 겉으로는 민주주의가 신장된다는 그럴듯한 인상을 심어줄지 모른다고 우려한다. 페로의 전자공회당이 구제불능일 정도로 유권자들을 분열시켜 자기 이익만을 주장하는 이익단체들을 끌어모으는 구심점이 될지 모른다고 점치는 사람들도 있다."

대선 이후에도 계속된 선거 운동

페로는 1992년 대선에서 18.9퍼센트의 득표율로 패배하고 말았지만, 그 정도는 제3당 후보로서 대성공이었다. 그는 그런 성공에 고무되어 1996년 대선을 염두에 두고 클린턴 행정부를 감시하고 채찍질하는 역할을 자임하고 나섰다. 1993년 3월 21일 밤 황금시간대의 텔레비전 프로그램을 30분 동안 사들여 자신이 제안한 정부개혁과 재정적자 감축계획에 대해 이른바 '텔레비전 국민투표'를 실시해 지대한 관심을 끌었다.

그는 NBC에서 밤 8시부터 30분간을 광고시간으로 할애받아 자신의 정책을 도표를 곁들여 설명한 뒤 이에 대한 찬반을 물었는데, 이 텔레비전 국민투표를 위해 70만 달러 이상의 사비를 투입했다. 이 투표에 앞서 투표용지 3000만 장을 배포했으며 1500만 부가 나가는 주간지 『TV 가이드(TV Guide)』에 대대적인 광고를 실어 사전 정지작업을 벌였다. 클린턴은 페로의 개혁안이 백악관의 방향과 일치한다면서 로이드 벤슨(Lloyd Bentsen, 1921~2006) 재무장관을 보내 현 정부의 개혁을 설명하기도 하면서 그의 지원을 요청했다.(김학순 1993)

페로의 인기는 현 대통령이 그렇게 겁을 낼 만큼 상승하고 있었다. 이는 그만큼 클린턴이 신통치 않다는 것을 의미하는 것이었다. '텔레비전 국민투표'를 실시하기 직전의 『타임』과 CNN 공동의 여론조사 결과 페로 개인에 대한 인기는 59퍼센트로 클린턴보다 오히려 높게 나타났다. 1993년 5월 『유에스 뉴스 앤드 월드 리포트(U. S. News and

World Report)』의 여론조사에서는 응답자의 67퍼센트가 페로에 대한 호감을 표시해 58퍼센트의 호감도를 기록한 클린턴과의 격차가 더욱 벌어졌다. 물론 호감이 곧 투표로 연결되는 것은 아니다. 페로를 대통령감으로 간주하고 있는 국민은 33퍼센트에 지나지 않았다. 하지만 만약 지금(1993년 5월) 대통령선거를 실시할 경우 페로는 클린턴과 각각 35퍼센트의 지지를 얻을 것으로 조사됐다.(조선일보 1993)

페로는 클린턴의 추파를 받아들이지 않고 그를 코너로 몰아붙이기에 바빴다. 1993년 5월 28일 그는 PBS와의 인터뷰에서 "클린턴이 민간기업에 취업을 신청한다면 중간 경영층 이상의 자리에는 앉히지 못할 인물"이라고 혹평했다. 또 클린턴이 호화 이발과 백악관 여행국 숙정 파문으로 물의를 빚는 것을 볼 때 할리우드 스타를 동경하는 사람임을 보여주고 있다면서 "우리는 세계에서 가장 어려운 일을 맡을 경험이나 배경을 갖지 못한 인물을 대통령으로 갖고 있다"고 개탄했다. (경향신문 1993)

이상에서 살펴보았듯이, 세일즈맨인 페로는 정치 세일즈맨으로 변신해 자신의 '이미지 세일즈'에서 어느 정도 성공을 거두었다. 그의 별명 '억만장자 보이스카우트'라는 표현이 시사하는 바와 같이, 보이스카우트적인 매력을 금권으로 포장해 미국의 유권자에게 그 어떤 변화의 환상을 일시적으로나마 갖게 했다는 사실은, 변화에 대한 욕구마저 이미지의 소비로 전락할 수 있다는 교훈을 던져주고 있다 하겠다.(Ivins 1992)

페로의 주장 중에 옳은 것도 많았다. 특히 북미자유무역협정에 관한 주장은 당시에는 조소를 받았지만 10년이 흐른 후 그 주장이 옳았다는 평가도 나오게 된다. 다만 큰 흐름을 보자면, 페로가 이렇다 할 대안도 제시하지 않고 단지 무엇이든 할 수 있다는 이미지만으로 많은 사람을 매료시켰던 점에서 오늘날의 미국 정치, 특히 선거가 '이미지 소비의 잔치판'으로 고착화되었다는 의심을 갖게 하기에 충분하다. 진정한 변화를 위한 목소리에는 그 이미지를 잘 포장할 금권이 결여되어 있으니, 미국 정치에서 변화라는 것은 단지 퍼스낼리티의 변화에 국한된 것인가?

참고문헌 Barrett 1992 · 1992a · 1992b, Behar 1992, Church 1992, Ellis 1992, Fineman 1992, Fukuyama 1996, Ivins 1992, Lind 2003, Lowi 1992, MacLeish 1984, Masthews 1992, Newsweek 1992a · 1992b · 1992c, Ogden 1992, Rubin 1981, Rushkoff 2002, Schmuhl 1983, Seideman 1992, Shapiro 1992, Time 1992 · 1992a · 1992b, White 1982, Wills 1992, 경향신문 1993, 국민일보 1992a, 김종권 1992, 김학순 1993, 남찬순 1992, 서동구 1992, 이석렬 1992 · 1992a, 이홍종 2003, 임춘웅 1992a, 조선일보 1992 · 1993, 진성호 1992, 최홍석 1992, 한국일보 1992a · 1992b, 함성득 · 남유진 1999

"오직 '미국과 미국인'을 위하여"
클린턴의 '신민주당' 노선

'대통령에게 환호 보내기'

1993년 1월 20일 빌 클린턴은 제42대 미국 대통령으로 취임했다. 46세의 '젊은이'인 클린턴은 1901년 42세의 나이로 윌리엄 매킨리(William McKinley, 1843~1901)를 승계한 시어도어 루스벨트, 최연소 당선자로 기록된 43세의 존 F. 케네디 이후, 최연소 대통령이 되었다. 그는 젊음을 과시하려는 듯 MTV식 젊은 마인드를 갖고 국정에 임하려 했지만, 그것이 곧 어리석은 생각임을 깨닫게 되었다.

당선의 일등 공신으로 평가받은 백악관 공보국장 조지 스테파노풀로스(George Stephanopoulos 1999)에 따르면, "서서히 우리는 사무실 분위기를 다소 근엄하게 유지하는 것이 선거운동 기간 동안 인민주의 정책으로 접근하는 것만큼이나 그 효과가 있다는 것을 알게 되었다. 미국인들은 대통령이 실제보다 더 큰 사람이기를 원한다. 우리는 모든 공식석상에서 '대통령에게 환호 보내기' 작전을 시작했다."

이 말이 시사하듯이, 모든 나라의 지도자들은 실제보다 더 큰 사람인 것처럼 보이기 위한 '이미지메이킹'을 한다. 왜? 대중이 그걸 원하기 때문이다. 그동안 스스로를 민주당이 아니라 '신민주당' 후보라고 말해온 클린턴은 "정당의 가치나 이념을 떠나 오직 '미국과 미국인'을 위한 새로운 지도자의 길을 가겠다"고 선언했다. 박수만(1992)은 "클린턴의 내치전략은 결국 국정의 초점을 경제에 맞추고, 국민을 깨워 1등 국가로서의 미국의 위신을 세우자는 것이다. 이 같은 클린턴 세대의 현실주의적 개혁노선은 대외정책에 있어서는 완고한 국가 에고이즘으로 나타날 전망이다"라며 다음과 같이 말했다.

"클린턴은 미국 기업의 경쟁력 강화와 미국의 무역상대국들의 시장개방을 강조함으로써 새 행정부의 대외정책이 지금보다 훨씬 더 국익중심주의로 흘러갈 것임을 예고했다. …… 냉전 종식과 함께 서방 국가들의 이념적 연대가 깨지면서 개별 국가의 국익이 이념을 대신한 가치로 자리잡고 있는 것이 작금의 국제조류이다. 여기서 현실노선으로 무장한 미국 민주당의 집권은 국제질서를 훨씬 더 냉혹한 국익대결 국면으로 몰고갈 우려가 있는 것이다."

언론에 의해 '클린터노믹스'로 소개되기 시작한 클린턴의 구상은 경제를 살리기 위해서는 정부가 무슨 수단이라도 쓰겠다는 취지였다. 정부가 강력한 무역 정책과 조세 및 재정 정책을 통해 조속히 국부를 증대시키겠다는 것이다. 박수만(1992a)은 "이를 위해서는 산업경쟁력 강화와 함께 보호무역조치도 서슴지 않을 태세이다. 그는 실제로 통상정책에서 미 보호무역주의의 상징이라고 할 수 있는 종합무역법 슈퍼301조의 부활을 지지한다고 공언하고 있다. 그는 또 무역상대국들

북미대륙에서 관세와 무역장벽을 폐지하고 자유무역지대를 만드는 목적의 북미자유무역협정(NAFTA)는 부시 행정부에서 가조인한 후 클린턴 행정부에서 조인을 하여 1994년부터 발효되었다.
(위)가조인식에 참가한 카를로스 살리나스 데고르타리 멕시코 대통령, 조지 H. W. 부시 대통령, 브라이언 멀로니 캐나다 총리가 각국 대표 뒤에 서 있다. (가운데)협정문에 서명을 하는 빌 클린턴 대통령. (아래)협정의 깃발과 적용 지역.

에게 불공정무역의 시정과 시장개방을 강력히 촉구하고 있다"며 다음과 같이 말했다.

"우루과이라운드 협상에서는 부시 행정부 이상으로 강경한 입장을 밀고나갈 방침이며 북미자유무역협정(NAFTA)에 대해서는 원칙을 지지하되 환경 피해와 일자리 유출에 대한 우려를 불식시킬 수 있는, 보다 유리한 조건으로의 수정·보완을 추진한다는 입장이다. 요컨대 클린턴 행정부의 대외경제정책은 부시 행정부보다 훨씬 더 이기적이고 공격적인 것이 될 것으로 보인다. 미국 민주당이 그간 세계정책에서 추구해온 자유·인권·민주주의 등의 이상론적인 가치들도 클린턴의 현실주의 노선 아래서는 미국의 국익에 종속될 것으로 보는 견해도 많다. 미국의 초강경 무역정책은 또한 경제블록 간 또는 개별국가 간의 총체적인 무역전쟁을 야기해 세계의 평화질서를 위협하게 될지도 모른다는 우려까지 나오고 있다."

언론 박대와 인기 하락

1993년 2월 15일 밤 9시 대통령 클린턴은 기자회견이 아닌 텔레비전 연설을 통해 취임 후 첫 정책발표를 했다. 이미 선거 때도 그랬지만, 클린턴과 측근들은 정부의 정책 전달 과정에 언론이 개입하는 것을 아주 싫어했다. 클린턴은 선거 후 『TV 가이드』와의 인터뷰에서 "언론의 해석을 통해 자기 생각을 국민에게 전하려는 사람은 머리가 돈 사람"이라고까지 말했다.

그런 견해는 그의 이미지 관리를 전담하는 참모들의 생각이기도 했다. 백악관 대변인 디 디 마이어스(Dee Dee Myers)는 "기자는 국민이

클린턴과 그 참모들은 30대에서 40대로 매우 젊어서 언론에 대한 불신이 심했다. ⓒ 물푸레출판사

아니다"라는 표현까지 동원했다. 스테파노풀로스는 "클린턴은 기자회견을 8년에 44번 한 레이건보다는 많게, 그러나 4년에 279번 한 부시보다는 적게 가질 것"이라고 말했다.(김사승 1993)

백악관의 언론에 대한 거부감과 그에 따른 언론 박대는 부분적으론 클린턴의 참모들이 혈기왕성한 젊은이라는 점과 무관하지 않았다. 백악관 대변인 마이어스는 31세, 공보국장 스테파노풀로스는 32세로 둘다 미혼이었다. 백악관 직원의 평균 연령도 36세로, 46세의 클린턴과 45세의 고어보다 나이가 많은 직원은 5분의 1밖에 안 되고 70퍼센트가 30세 전후의 젊은 세대들이었다.(정해영 1993)

1993년 5월 김영진(1993a)에 따르면, "미국 언론은 요즈음 젊은 대통

령과 젊은 참모진들이 설치는 백악관을 두고 '홈 얼론(나 홀로 집에) 3탄'이라고 꼬집고 있다. 말하자면 집(백악관)에 애들만 있다는 이야기다. 백악관 비서실 차장의 책상에조차 이곳에 때때로 나타나는 할리우드 스타들을 놓칠세라 비디오카메라가 항상 놓여 있으며 혈기왕성한 참모들은 피자를 시켜 먹으면서 걸핏하면 밤을 새고 끝없는 자유토론을 갖는 모습이 마치 대학기숙사 분위기 같다는 것이다."

그런 비아냥은 주로 클린턴 행정부 자체를 못마땅하게 보는 미국의 보수적인 언론에서 나온 것이었지만, 백악관의 '젊은 아이'들이 무례할 정도로 언론을 깔보았다는 것은 분명하다. 선거 당일 한 사진 기자가 클린턴의 사진을 찍게 제임스 카빌에게 좀 비켜달라고 하자 카빌은 그 요청을 거절했으며, 나중에 "이젠 이겼기 때문에 언론을 더 이상 필요로 하지 않았다"고 큰소리쳤다. 스테파노풀로스도 공보국장이 된 후 제일 먼저 한 일이 자신의 집무실에 약속 없이는 기자들이 출입할 수 없다고 하는 규칙을 정한 것이었다.(Cloud 1993)

그러나 겁 없는 백악관 아이들의 언론박대는 큰 실수였다는 것이 곧 밝혀지게 되었다. 집권 후 클린턴의 인기는 하락의 길을 걷기 시작했다. 1993년 5월 30일 『타임』과 CNN 공동의 여론조사에서 그의 지지도는 36퍼센트까지 하락했다. 이는 역대 대통령 중 트루먼 대통령 이후 최저선을 기록한 것이었다.

언론과의 화해 시도

클린턴이 그런 위기상황에 취한 조치는 데이비드 거겐(David Gergen)의 기용이었다. 51세인 거겐은 백악관 고문으로 기용돼 공보 분야를

총괄하게 되었으며, 백악관 내에서 토머스 맥라티('Mack' McLarty) 비서실장 다음가는 2인자 역할을 맡게 되었다. 기자들을 얕잡아보던 스테파노풀로스는 정책 및 전략 담당 보좌관으로 자리를 옮겼다. 클린턴은 왜 거겐을 끌어들인 것일까?

예일대학과 하버드대학 법대를 졸업한 거겐은 닉슨 대통령 취임 2년 후인 1971년에 29세의 나이로 백악관에 채용돼 닉슨의 이미지메이킹을 담당하던 인물이었다. 1975년에는 포드 대통령의 공보국장을 역임했으며, 카터 행정부 때에는 자유기고가로 활동하면서 『퍼블릭 어피니언(Public Opinion)』의 편집장을 지내기도 했다. 그러다가 레이건이 집권하자 다시 공보국장으로 발탁돼 레이건의 연설문을 써주는 일을 맡았다. 그는 클린턴을 포함해 20여 년간 4명의 대통령 이미지메이킹을 담당하게 된 것이었다.

일부 언론은 거겐의 기용에 대해 비판을 가했다. 20여 년 전 30세 전후의 젊은 나이로 닉슨 진영에서 워터게이트 사건에 알게 모르게 관여했을 그를 끌어들인 것은 '정치적 가치의 퇴영' 이라는 것이다. 『인터내셔널 헤럴드 트리뷴(International Herald Tribune)』은 1993년 6월 3일 사설에서 그를 노골적으로 '나쁜 사람(a bad man)' 이라고 부르기까지 했다.(김왕근 1993, 홍정기 1993)

클린턴은 왜 그런 '나쁜 사람' 을 불러들였을까? 거겐은 『유에스 뉴스 앤드 월드 리포트』의 편집 책임자로 일하면서 클린턴이 갖고 있는 문제를 여러 차례 지적했는데, 클린턴이 그 지적에 동의했음이 틀림없다. 그 문제란 무엇인가? 거겐은 클린턴이 선거운동 때는 중도보수파의 지지를 업고 당선했으면서 백악관에 들어와서는 진보적 색채를

띠어 지지기반을 상실했다고 분석했다.(조선일보 1993a)

클린턴은 그것 이외에도 언론과 잘 지내야 할 필요성을 뒤늦게 절감했을 것이다. 이에 대해 정해영(1993a)은 "클린턴 대통령의 백악관이 언론에 '올리브 가지'를 내밀었다. 일찌감치 밀월관계가 깨진 언론에 대해 화해의 손길을 보낸 것이다"라며 다음과 같이 말했다.

"백악관은 6월 7일 비서실 차장 마크 기어런(Mark D. Gearan) 씨를 공보국장으로 기용하면서 공보 관련 부서와 기자실 간에 폐쇄됐던 문을 다시 개방하겠다고 약속했다. 클린턴 행정부는 기자실에서 공보국장실로 통하는 복도를 막아 기자들의 접근을 차단해 언론의 '원성'을 샀다. 백악관은 이와 함께 그동안 답변 내용이 '부실'하다는 평을 들은 디 디 마이어스 공보비서의 대통령 면담 기회를 대폭 늘려 일일 브리핑의 질을 높이겠다고 다짐했다. 대통령 고문으로 영입된 데이비드 거겐 씨는 이날 스테파노풀로스의 후임인 기어런 신임 공보국장과 마이어스 대변인과 함께 백악관 기자실에 나타나 이 같은 '개선 조치'를 발표했다. 거겐은 백악관 기자실의 '시어머니'인 UPI통신의 헬런 토머스(Helen Thomas) 여사에게 악수를 청하면서 '이제 우리는 새로운 페이지를 열겠다'며 화해를 요청했다."

미국 대통령이 인기를 얻을 수 있는 최상의 방법은 늘 국제관계였다. '팍스 아메리카나'라는 초대형 이벤트를 연출할 수 있기 때문이다. 1993년 11월 아시아태평양경제협력체(APEC) 정상회담 시 클린턴이 보여준 그런 이벤트의 한 장면을 보자. "참석 정상 중 가장 어린 축에 속하는 그는 외국 정상들의 어깨에 손을 얹어 친근감을 표시하는가 하면 작별인사를 나눌 때는 터치다운에 성공한 미식축구선수처럼 엄지손가락을 들어보이거나 주먹을 불끈 쥔 모습을 TV를 통해 전 미국민에게 보여주었다. 형식적으로는 상대방을 존중하는 듯하면서도 내용상으로는 자신이 세계의 제1맹주임을 유감없이 자국민과 적어도 아시아인들에게 과시한 것이다." (김충일 1993)

오직 '미국과 미국인'을 위해 일하겠다는 클린턴의 '신민주당' 노선이 그림으로 확인된 순간이었다. 앞으로도 어떤 인물이 미국 대통령이 된다 하더라도 미국인들이 요구하는 그런 '팍스 아메리카나'라고 하는 지상과제를 뛰어넘는 일이 가능할까? 답은 부정적이다. '팍스 아메리카나'의 근간인 미국 예외주의(American Exceptionalism)는 미국인들의 종교적 신념이기 때문이다. 미국 사회에 늘 종교가 흘러넘쳐 참사를 빚곤 하는 까닭도 그런 신념의 충만 또는 과잉 때문이라고 보아야 하지 않을까?

참고문헌 Cloud 1993, Stephanopoulos 1999, 강준만 2009b, 김사승 1993, 김영진 1993a, 김왕근 1993, 김충일 1993, 박수만 1992 · 1992a, 정해영 1993 · 1993a, 조선일보 1993a, 홍정기 1993

제3장

아이티 사태와 북한 핵 사태

종교의 '극단화'와 '상품화'
사교집단 다윗파 떼죽음 사건

뉴욕 세계무역센터 폭탄 테러

한때 뉴욕의 최고층 건물이던 세계무역센터는 매일 10만 명의 사람이 오가는 곳이었다. 1993년 2월 26일 오후 12시 17분, 하루 중 가장 바쁜 이때 북쪽 빌딩의 지하 주차장 2층에 주차돼 있던 차에서 강력한 폭탄이 터졌다. 콘크리트 벽을 뚫고 4개 층에 걸쳐 폭 30미터의 구멍을 낸 폭발로 6명이 죽고 1042명이 다쳤다. 또 93층까지 도달한 연기로 5만여 명이 긴급 대피하는 소동이 벌어졌다. 테러였다. 테러리스트들의 목표는 북쪽 빌딩을 남쪽 빌딩으로 무너지게 하는 것이었지만, 폭탄 강도가 약해 빌딩을 무너뜨릴 정도의 피해는 주지 못했다.

이 폭탄 테러는 미국인을 충격에 빠트렸다. 뉴욕 주지사 마리오 쿠오모(Mario Cuomo)는 "지금까지 어떤 외국인이나 외국 군대도 우리에게 이런 일을 한 적이 없다"고 말했다. 사건 수사를 시작한 경찰도 당황하긴 마찬가지였다. 처음에는 보석강도단의 소행으로 보기도 했다.

1993년 폭탄 테러 후의 세계무역센터와 그 수습을 위해 몰려든 응급차량. ⓒ Eric Ascalon

그러나 경찰이 사건 현장에서 폭발에 쓰인 것으로 보이는 자동차 잔해 일부를 수거하면서 수사가 진척됐다.

문제의 차량은 연방수사국(FBI)에 의해 잠재적 테러리스트로 분류돼 있던 모하메드 살라메(Mohammad A. Salameh)라는 남자가 빌린 것이었다. 그는 사건 전날 차량이 도난당했다고 신고한 뒤 렌터카 회사에

보증금을 찾기 위해 나타났다가 FBI에 검거됐다. FBI는 살라메의 자택을 수색해 폭발물을 찾아냈으며, 3명의 용의자를 더 검거했다.

그러나 주범 람지 유세프(Ramzi Yousef)는 폭탄이 터지고 몇 시간 뒤 파키스탄으로 출국해 검거에 실패했다. FBI 조사 결과, 테러는 유세프 등 6명이 6개월 전부터 치밀하게 준비해 온 것으로 드러났다. 유세프는 1992년 9월 1일 위조여권으로 미국에 입국하다 경찰에 체포됐다. 함께 입국하던 동료의 짐에서 폭탄을 만드는 안내서가 발견됐기 때문이다. 그러나 당시 이민국의 수용 시설이 만원이어서 그는 1개월 후에 출두하라는 통보를 받고 풀려났다. 이후 뉴저지 주에 집을 얻은 뒤 폭탄 제조서를 다시 구해 폭탄을 만들었다. 당초 폭파에 사용한 차량에 1000킬로그램의 폭탄을 실으려 했지만 자금 부족으로 600킬로그램의만 만들어 실었다.

유세프는 사건이 일어난 지 2년 뒤인 1995년 미국 수사당국의 끈질긴 추격 끝에 파키스탄에서 붙잡혔다. 체포되기 전 그는 필리핀에도 있었다. 필리핀에서 사용했던 컴퓨터에서는 교황 요한 바오로 2세(Johannes Paulus II, 1920~2005) 저격 계획서와 48시간에 미국 비행기 15대를 폭파하는 계획서가 발견돼 또 한 번 수사당국을 경악시켰다. 미국으로 압송되면서 그는 수사관들에게 세계무역센터 빌딩을 무너뜨리지 못한 것이 유일한 후회라고 말했다. 하지만 이 테러 실패가 7년 뒤 똑같은 테러(9·11테러)를 계획한 오사마 빈 라덴(Osama bin Laden)에게는 훌륭한 교본이 됐다. 건물의 강도를 정확히 알 수 있었으니까. (백승찬 2010, 이현두 2009a)

86명이 사망한 다윗파 사건

뉴욕 세계무역센터 폭탄 테러의 충격이 너무 컸던 탓일까? 1992년부터 세계 각국에서 유포된 종말론이 더욱 기승을 부리기 시작했다. 종말론자들이 기다린 종말은 1992년 10월 28일로 예고되었다. 한국에서는 다미선교회를 대표로 한 70여 단체가 10월 28일 자정 예수의 공중재림을 맞기 위해 하늘로 들려 올라간다는 휴거를 준비하고 있었다.(안건혁 1992)

물론 그날 아무 일도 일어나지 않았지만 그렇다고 해서 포기할 종말론자들이 아니었다. 미국 종말론자들은 신앙이 더 투철했던 모양이다. 1993년 4월 19일 종말론을 신봉하며 폐쇄적인 종교 공동체생활을 해오면서 국가의 불간섭을 주장하던 미국의 사교집단 '다윗파(Branch Davidian)'가 경찰과 총격전까지 벌이면서 무장대치를 해온 끝에 마침내 집단자살로 '종말'을 맞았으니 말이다.

경찰이 이 종교집단에 대한 단속에 나선 것은 1993년 2월 28일이었다. 그날 주류 · 담배 · 총기단속국(ATF)은 텍사스 주 웨이코(Waco) 시의 교단 본부에서 집단생활을 하고 있는 다윗파가 불법총기를 수집하고 어린이를 학대하고 있다는 혐의를 잡고 압수수색에 나선 것이다. 그러나 다윗파는 정보를 사전에 입수, ATF 요원들이 접근하자 자동소총을 쏘며 격렬히 저항했다. 이 총격전에서 요원 4명과 다윗파 신도 6명이 숨졌다.

이때부터 경찰과 다윗파 간의 기나긴 대치가 계속됐다. 뜻밖의 유혈사태에 봉착한 경찰은 요새화된 다윗파 본부에 접근하지 못하고 외곽 포위만 한 채 투항을 권하며 설득했다. 그러나 예수라 자처하던 교

1993년 4월 19일 웨이코 시에 있던 다윗파 교단 본부 마운트카르멜센터가 불길에 휩싸여 있다. 86명이 사망한 현장이 미 전역에 중계되어 정치적 문제가 되었다.

주 데이비드 코레시(David Koresh, 1959~1993)는 37명의 어린이와 노약자들만 내보내고 94명의 신도와 함께 대치를 계속했다. 경찰과의 교섭과정에서 자신의 설교가 방송되도록 해달라는 등 조건을 제시하다가 요구가 이뤄지면 또 다른 요구를 하는 등 지연술책을 폈다. 요한계시록의 종말에 관한 비밀을 완성하는 원고를 끝내면 투항하겠다며 그때까지 시간을 달라고 요구하기도 했다.

더 이상 설득작업이 무의미하다고 판단한 경찰은 강제진압을 하기로 방침을 바꾸고 19일 새벽 전격적인 진압작전에 나섰다. 이 진압작전은 재무부 산하인 ATF 대신 법무부 지휘를 받는 연방수사국(FBI)이 기획과 집행을 맡았다. FBI는 이날 새벽 6시 장갑차를 앞세워 건물에 접근한 뒤 벽에 구멍을 뚫고 10시 30분 최루가스를 넣기 시작했다. 최루가스의 고통 때문에 신도들이 투항하지 않을 수 없을 것이라는 판단에서였다. 그러나 전혀 엉뚱한 결과가 나타났다. 신도들이 뛰쳐나오는 대신 불길이 치솟으면서 때마침 불어온 강풍을 타고 40여 분 만에 목조건물들을 잿더미로 만들었다. 불바다를 이룬 사건 현장이 텔레비전으로 전국에 중계된 가운데 어린이 24명을 포함한 86명의 인명이 희생됐다.(김윤호 1993)

이 사건은 정치 문제로 비화되었다. 우선 10세 미만의 어린이만도 17명이나 집단거주지에 남아 있는 상태에서 감행된 강경진압이 옳았느냐는 문제가 제기되었다. 사건 후 경찰은 교도들이 스스로 불을 질러 집단자살했다고 주장했으나 살아남은 한 신도가 경찰에 연행되면서 기자들에게 "자살이 아니라 연방당국의 탱크가 벽을 허물고 작전하는 바람에 촛불이 넘어져 불이 났다"고 말했다.

이 사건의 행정책임자인 여성 법무장관 재닛 리노(Janet Reno)는 사건 직후 잇달아 기자회견을 갖고 "FBI의 신중한 판단을 믿고 작전을 결행했으며 지금도 작전은 옳았다고 생각한다"면서 이 진압작전의 최종결정은 자신이 한 것이라고 누누이 강조했다. 그러나 언론은 연방 수사당국이 51일 간이나 대치하면서 "사전에 교주 코레시의 집단자살극 의도를 파악하거나 떼죽음과 같은 사태를 제대로 대비했느냐. 모든 것이 법무장관의 판단으로 이루어진 것이라고 발뺌하는 클린턴의 태도는 비겁하다"고 비판했다.(김영진 1993)

미국 내 사교집단 700여 개

이 사건을 계기로 미국 내에 존재하는 700여 개의 사교집단들이 주목의 대상이 되었다. 주간지 『피플(People)』은 사교집단 가운데 몇 곳을 소개해 그 실상을 알렸다. 기사 내용을 소개하면 다음과 같다.

웨스트버지니아 주 마운스빌 인근의 16제곱킬로미터가 넘는 거대한 땅을 차지하고 있는 뉴 브린다반(New Vrindaban)은 힌두교의 분파인 하레 크리슈나(Hare Krishna)에서 쫓겨난 키르타나난다 스와미(Kirtanananda Swami, 55) 박티파다가 24년 전에 만든 곳이다. 하레 크리슈나를 기념하는 황금돔이 있는 이곳에는 연간 6만 명의 관광객이 이들의 이상스러운 삶을 구경하기 위해 방문한다. 이곳에서 생활하고 있는 300여 명은 매일 수백 번씩 크리슈나의 이름을 부르며 신과의 합일을 기원하고 있으며 육식을 금하고 박티파다가 허용한 결혼 이외에는 전혀 이성교제를 하지 않는 엄격한 금욕생활을 하고 있다. 그러나 본명이 케이트 함인 박티파다는 지난 1991년 연방법원에서 30년형을 언도받았다. 이 집단의 불법행위를 은폐하기 위해 구타와 납치, 살인을 사주한 것이 드러났기 때문이다. 그러나 뉴 브린다반의 사람들에게는 연방정부의 판결이 부당한 행위에 대한 당연한 결과이기보다는 합법을 가장한 종교적인 탄압으로 인식되었다.

플로리다 주 로즈랜드에 있는 마 자야 바가바티조(Ma Jaya Sati Bhagavati)가 이끌고 있는 '카시 아슈람(Kashi Ashram)'에는 150여 명이 함께 살고 있다. 52세의 마는 지난 1973년 체중 감량을 위해 명상요법에 심취한 후 힌두교 지도자 님 카롤리 바바(Neem Karoli Baba, ?~1973)의 이상을 전한다며 활동을 시작한 인물이다. 아슈람에 살고 있는 사람들은 거의 매일 새벽 일찍부터 밤늦게까지 사고 활동을 중지하고 마음을 비우는 명상생활을 한다. 마는 회원의 아이들을 자신에게 양도할 것을 설득한다. 이렇게 마에게 맡겨진 아이들은 아슈람 학교에 다니며 이들만의 독특한 교육을 받는다. 1977년 마를 알게 된 데보라와 존 부부(가명)가 아이를 낳자 마는 아이에게 자신과 같은 이름을 붙이라고 설득한 뒤 후계자로 삼겠다며 아이를 데려갔다. 데보라와 존은 마의 허락을 받은 후에야 어렵게 자신의 아이를 만나볼 수 있었다. 1982년 아슈람을 떠난 데보라와 존은 1989년 아이를 되찾을 수 있었다.

43세의 프레더릭 렌즈 3세(Frederick Lenz, III, 1950~1998)가 만든 '라마 컴퓨터 컬트(Rama Computer Cult)'는 컴퓨터에 관련된 사람들로 이뤄진 독특한 집단이다. 300여 명의 회원들이 컴퓨터 명상과 컴퓨터 프로그램 작성 세미나를 통해 벌어들이는 수입은 연간 1000만 달러에 달했다. 이 돈의 대부분은 렌즈 3세가 관장했는데 자신은 산타페와 말리부, 롱아일랜드 등 휴양지에 별장을 갖고 호화스러운 생활을 하고 여성 회원들에게는 성적인 관계를 강요하기도 하면서, 다른 회원들에게는 남루한 아파트에서 스파르타식 생활을 하게 했다. 이 단체에서 생활한 경험이 있는 마크 루세마(32)는 "그는 이 사회는 악한 세력으로 가득차 있으며 자신만이 이 위험스런 세력으로부터 우리들을 보호할 수 있다고 교육한다. 그는 마치 컴퓨터 프로그램을 조작하듯 회원들을 조종한다"고 말했다.(최현수 1993)

종교의 상품화

그러나 무엇이 사교(邪敎)이고 아닌지는 구분하기가 어려웠다. '극단화'의 반대편에 '상품화'가 있었기에 더욱 그랬다. 앞서(12권 4장) 지적한 것처럼 주류 종교는 물질과 결합함으로써 물질 너머의 것을 추구하는 사람들을 소외시키는 결과를 초래하고 있었다. 김종서(2002)는 이런 '종교의 상품화' 현상을 거론하면서, "이것은 물론 주류 기독교만의 문제는 아니다. 따져 보면 소위 신종교에 가까운 교단들까지도 상품화에 적극적으로 대응해왔다"며 다음과 같이 말한다.

"'안식교(the Seventh-day Adventists)'는 교리와 연관시켜 건강운동을 약장사처럼 상품화했다. 또 '여호와의 증인(the Jehovah's Witnesses)'은 진공소제기를 팔러 다니는 세일즈맨들처럼 가가호호 방문판매 형식을 채택했다. 한편 허바드(L. Hubbard)의 '사이언톨로지(Scientology)'는 영적 상처를 진단 치료한다는 계기(E-Meters)를 무료 강습까지 하며 팔고, 마하리쉬(Maharishi)의 '초월명상(Transcendental Meditation)'은 미아 패로(M. Farrow), 제인 폰다(J. Fonda)와 비틀즈(the Beatles) 같은 연예인들까지 앞세워 명상법과 개인적 주문을 상품화했다. 그리고 '뉴에이지(New Age)'는 만물상 형식으로 카세트, 명상용 수정, 요가 매트, 향, 건강식 등 품목의 다양화를 꾀했다. 심지어는 우리나라에서 나간 철저한 현세 부정적 교리를 가진 통일교조차도 미국 사회 속에서는 인삼차와 낚시 보트 그리고 신문 등을 매개로 매우 적극적인 상업화를 추진해왔던 셈이다."

이어 김종서는 "종교를 상품화하는 것만이 아니다. 심지어는 상품화된 것에 종교를 끼워 파는 방법까지도 등장해왔다. 예컨대 코카콜라는 선전 멘트에서조차 '예수'를 끼워넣어 마치 그걸 마셔야 크리스챤인 것 같은 인상을 주고 있다"며 이렇게 말한다. "한때 코카콜라의 광고국장은 자신들의 영업활동을 종교로 여긴다고 말한 적이 있다. 세계로의 영업 확장은 당연히 선교활동에 비유되었고, 수익금의 일부를 에모리대학의 (코카콜라 제국을 창시한 캔들러의 이름을 따서 설립된) 캔들러 신학부에 기부했던 것 또한 유명하다. 칼라하리 사막에서 처음 콜라병을 발견하여 완전히 다른 세속사회를 경험하게 되는 순진한 부쉬맨의 이야기는 금단의 열매를 따먹고 쫓겨나는 이브의 이야기에 비유되기도 한다."

1985년 4월 23일 코카콜라가 기존의 콜라를 대체할 신제품인 '뉴 코크(New Coke)'를 내놓았을 때 미국인들이 보인 반응은 코카콜라가 종교적 음료일지도 모른다는 생각을 갖게 하기에 족했다. 예전의 코크를 돌려달라는 항의전화가 40만 통이나 코카콜라사에 밀려들었으며, 야구장 전광판에 뉴 코크 광고가 나가면 관중이 야유를 보냈다. 미 전역을 떠들썩하게 만든 이 콜라 소동은 코카콜라사가 뉴 코크 발매 79일 만에 '코카콜라 클래식'이라는 이름으로 옛 콜라를 생산하고서야 수그러들었다. 신도들의 항의로 회개한 코카콜라에 신도들은 아낌없는 사랑을 베풀어 소동 후 코카콜라의 매출은 10퍼센트나 뛰었다.(권홍우 2010)

코카콜라사의 1993년 보고서에 따르면, "날마다 우리 코카콜라 가족은 전 세계 56억 인구 모두가 목이 마를 것이라고 생각하면서 잠에서 깨어납니다. …… 이 56억 명이 코카콜라로부터 벗어나지 못하도록 만든다면 우리는 미래에도 성공을 보장받는 겁니다. 그밖의 선택은 있을 수가 없습니다."(Norberg-Hodge 2000)

종교의 '민영화'인가?

프랑스 철학자 롤랑 바르트(Roland Barthes, 1915~1980)는 『신화론

1954년에 독일 뒤스부르크에서 그레이엄 목사가 설교하는 장면. 빌리 그레이엄 목사는 개신교도 중에서 전 세계에서 가장 많은 사람들에게 설교한 목회자다. ⓒ Hans Lachmann

(Mythologies)』(1957)에서 1957년 파리를 방문한 빌리 그레이엄(Billy Graham) 목사의 설교 장면을 묘사하면서, 그레이엄이 성경을 마치 마법의 마스코트처럼 흔들어댔다고 했다. 이와 관련, 기 소르망(Guy Sorman 1998)은 "지금 모든 미국의 교회에서는 아직도 목사들이 성경을 흔들어대고 한 문장, 한 글자를 끄집어내서는 열광적인 설교를 만들어낸다"며 다음과 같이 말한다.

"설교는 예배의 중심이다. 설교의 내용보다는 어조가 예배의 질을 결정짓는다. 왜냐하면 미국의 모든 종교에는 일종의 기법이 있기 때문이다. 그것은 신도들이 황홀경으로 흐느끼며 노래하고 몸을 떨고 흔들게 하는 한결같은 찬송가다. 흑인 빈민이나 스페인 계열 이주민들은 좀 더 떠들썩하게, 백인 중산층은 좀 더 점잖은 방법으로 열광한다. …… 게다가 최근 가장 급상승하고 있는 종교들은 대부분 조직된 단체 내에서의 공동예배보다는 내면적 경험이나 성령의 받아들임, 개인별 기도 등을 중심하고 있다. 종교의 '민영화'가 이루어졌다고 할까? …… 모든 미국인들은 내가 보기에는 우선 스스로를 믿는 듯하다. …… 그들이 행하는 기도의 지향점은 결국 영어의 I, me, myself다."

그런 자기 중심주의 원리에 투철한 '뉴에이지'를 둘러싼 논란은 지금까지도 뜨겁다. '뉴에이지'는 기원 전후 1~2세기에 넓게 퍼져 있던 종교철학 영지주의(Gnosticism)가 부활한 것으로, 영적인 인식이 신앙이나 이성적 인식보다 우월하다는 이론에서 출발해 범종교적인 특징을 보이며 인본주의를 강하게 표방하는 문화적 현상이다. 이는 요가, 선, 명상 등을 도입하며 각 분야로 퍼져 이젠 '뉴에이지 산업'이라는 말을 쓸 정도가 되었다. 이미 1970년대 여러 조사에서 미국인들의 반이상이 심령현상을 믿는 것으로 나타났다. 이에 대해 시대 흐름을 반영하는 당연한 변화로 보는 시각과 기존 기독교 권위에 대한 커다란 도전으로 보는 시각으로 양분돼 있다.

조르주-클로드 길베르(Georges-Claude Guilbert 2004)에 따르면, "내가 보기에 뉴에이지의 가장 큰 특징은 서로 크게 다른 신앙들이 놀라울 정도로 뒤섞여 있다는 점이다. 이 신앙 중에는 동양에서 온 것이 많다. 이런 의미에서 뉴에이지는 1960년대에 어둠 속을 더듬으며 영적인 탐색을 했던 히피들을 연상시킨다. 뉴에이지는 사랑의 떨림, 사람들 각자의 내부에 숨어 있는 신선한 창조의 능력, 프로이트 이론을 접목시킨 기독교, 선(禪), 주술 등과 관련되어 있다. 환생, 점성술, 명상,

채식주의, 대체의학, 죽은 사람(또는 외계인)과의 대화, 텔레파시 그리고 저 유명한 '인간의 잠재력' 등도 뉴에이지에서 언급되는 주제들이다. 뉴에이지의 주장에 따르면, 인간의 잠재력을 제대로 이용하는 사람이 거의 없으며, 이 잠재력을 이용할 수만 있다면 진정한 기적을 일궈낼 수 있다고 한다."

의식 문제에 관심이 있는 절대다수의 사람이 하나같이 뉴에이지는 아니며, 이들 대부분은 핵심 문화창조자라는 주장도 있다. 뉴에이지를 어떻게 평가하든 미국 종교의 주요 흐름 중의 하나가 '극단화'와 '상품화'라는 점은 부인하기 어렵다. 역설 같지만, 그것이 미국의 힘이기도 하다.

참고문헌 Ferguson 1994, Guilbert 2004, Norberg-Hodge 2000, Sorman 1998, 권홍우 2010, 김영진 1993, 김윤호 1993, 김종서 2002 · 2002b, 백승찬 2010, 안건혁 1992, 양한수 2003, 이현두 2009a, 최현수 1993

미국은 아이티에 빚진 것이 없는가?
아이티 사태

유럽연합 출범

1993년 11월 1일 유럽연합(EU; European Union)이 출범했다. 이날 유럽 공동체(EC; European Communities) 12개 회원국들은 유럽 통합에 관한 마스트리흐트조약을 공식 발효, 지난 수십여 년간 추진해온 단일 유럽 창설이라는 목표를 향한 새로운 시대로 접어들었다. EC는 1991년 12월 네덜란드의 마스트리흐트에서 열린 정상회담을 통해 유럽 통합에 관한 조약에 합의했으나 조약 내용에 대한 각국의 이견 노출, 덴마크의 비준 거부 등의 진통을 겪어 당초 1993년 1월 1일로 잡았던 발효 일정을 넘긴 끝에 그해 10월 독일의 비준을 끝으로 조약 비준 절차를 마무리, 이날로 조약을 공식 발효시켰다.

울리히 벡(Ulrich Beck 2000)은 "유럽이란 무엇인가? 이 유별난 본질주의적인 문제가 많은 사람들을 괴롭히고 있다"고 말했다. 마거릿 대처(Margaret Thatcher 2003)는 "'유럽'이라는 정체성이 존재한다면, 그

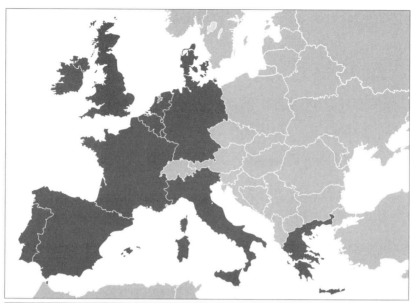

(위)1993년 마스트리흐트조약이 공식 발효되어 12개국이 유럽연합으로 출범했다. 이후 북유럽과 동유럽 등에서 더 가입해서 현재 27개 국가가 가입되어 있다.
(아래)1992년 2월에 마스트리흐트조약을 조인한 네덜란드의 정부청사. ⓒ Julian Ilcheff Borissoff

정체성을 가장 잘 인식할 수 있는 것은 흔히 유럽식 경제·사회 모델이라고 일컬어지는 모델을 통해서다"라고 말했지만, EU의 출범은 유럽의 정체성에 새로운 도전을 제기했다.

유럽의 정치적 변화를 가리켜 이미 1977년 옥스퍼드대학 교수 헤들리 불(Hedley Bull, 1932~1985)은 '새로운 중세'라는 말을 만들어냈다. 그는 "주권국가가 사라질 가능성이 있으며 그 대신 세계를 통치하는 하나의 정부가 들어서는 게 아니라 중세 서유럽 기독교권에 존재했던 보편적인 정치조직의 세속적인 현대판이 들어서게 될 것이라고 생각해볼 수 있다"며 다음과 같이 말했다.

"만약 현대 국가가 국민들에 관한 권한과 국민들의 충성을 요구할 수 있는 능력을 한편으로는 지역 및 세계적인 통치기구와, 다른 한편으로는 지방자치단체와 나눠 갖게 된다면, 또 그래서 주권 개념이 더 이상 적용될 수 없는 경우가 발생한다면, 새로운 중세 형태의 보편적 정치질서가 생겨날지 모른다. 중세 시스템에서는 통치자나 국가가 주어진 영토와 주어진 기독교 인구 구획을 지배하는 개념의 주권을 갖지 않았다. 군주는 그 아래로는 봉신(封臣)들과, 위로는 교황 및 신성로마 황제(독일과 이탈리아의 경우)와 권한을 나눠 가져야 했다."

울리히 벡은 1994년 "EU는 무대를 설치하고 대화를 유도하며 쇼를 감독하는 교섭정부"라고 말했지만, 민족주의 문제는 여전히 살아 있었다. 이와 관련, 조지프 나이(Joseph S. Nye 2000)는 다음과 같이 말했다. "프랑스와 독일 사이에는 아직도 두려움이 남아 있다. 프랑스가 유럽통합을 지지하는 이유 중의 하나는 독일을 묶어두기 위해서다. 거기다 많은 서유럽인들은 이민자들을 우려하고 반대한다. 그들은 아프리카 북부와 동유럽으로부터의 이주를 두려워한다. 마치 침공하는 군대와도 같이 가난한 난민들은 남쪽과 동쪽으로부터 몰려들 것이다. 서유럽의 우익정당들은 외국인에 대한 혐오에 호소하고, 그 호소는 우리에게 민족주의의 문제가 서유럽에서 완전히 사라진 것이 아니라는 경고신호를 보낸다. 주권은 아직도 세계의 가난한 다수 국가들로부터 부유한 소수국가를 보호한다."

독일 작가 귄터 그라스(Günter Grass)는 유럽인들의 집시에 대한 대응이 유럽 통합의 이상에 대한 시금석이 될 것으로 보았다. 집시는 유럽 통합이 거론되기 전부터 국경을 넘나들며 유럽 통합의 정신을 실천한 사람들이었다. 그러나 유럽인들은 집시에 대해 불편해하며 심지어 두려워했다. 그런 점에서 집시는 유럽 통합의 이상이 감추려 애쓰는 위선을 폭로해주는 역할을 하고 있는 셈이었다.(Morley & Robins 1999, Rifkin 2005) 그라스의 전망은 2010년 9월 현재 프랑스가 약 40만 명에 이르는 자국 내 집시 추방 정책을 강하게 펴면서 현실화된다.

'북미자유무역협정' 발효

통합이 시대적 대세인 양, 1994년 1월에는 북미자유무역협정(NAFTA)이 발효되었다.(1992년 공동서명) 이로써 미국, 캐나다, 멕시코 3개국을 구성원으로 하는 총 인구 3억 7000만 명, GNP 6조 5000억 달러에 달하는 사상 최대 규모의 시장이 형성되었다.

북미자유무역협정은 뜨거운 논쟁을 불러일으켰다. 좌파 진영 내부에서도 의견이 엇갈렸다. 텍사스대학 경제학 교수 제임스 갤브레이스(James K. Galbraith)는 좌파 계열의 저널 『월드 폴리시 리뷰(World

(위)사파티스타 반군 지도자 중 모습이 알려진 부사령관 마르코스가 가운데에 서 있다. ⓒ tj scenes
(아래)사파티스타 반군이 활동 중인 멕시코의 치아파스 주. 애초에 이들은 마야계 원주민의 처우 개선을 요구하며 결성되었으나 2005년 반세계화 운동에 대한 공감을 표명했다.

태 평 양

멕 시 코 만

Policy Review)』에 기고한 글에서 멕시코인들이 NAFTA의 체결을 열망한다고 전제하면서 NAFTA를 반대한 노엄 촘스키가 한 입으로 두말한다고 맹렬히 비난했다. 즉, 촘스키가 좌익인 척하면서도 NAFTA로 멕시코 노동자의 삶이 개선되는 것을 원치 않는 맹목적 국수주의자라는 비난이었다. 이에 대해 촘스키는 "갤브레이스가 말한 '멕시코인'이 멕시코의 기업가와 경영자 그리고 기업형 변호사라면 맞는 소리지만, 멕시코 노동자와 농민은 NAFTA를 찬성하지 않았다"고 반박했다.(Chomsky & Barsamian 2004)

북미자유무역협정 발효를 겨냥해 멕시코에서는 1994년 1월 1일부터 1주일간 무장봉기가 일어났다. 마르코스(Marcos) 등이 지휘하는 사파티스타 반군의 무장봉기였다. 반군은 무서운 속도로 치아파스 주의 여러 마을을 점령했는데, 치아파스의 112개 군 가운데 약 48개 군에서 이른바 '자치군'이라는 '민중권력'이 형성됐다.

당시 멕시코 인구의 10퍼센트를 차지하는 부유층은 국부의 60퍼센트를 차지하고 있었으며, 8500만 인구 중 빈민은 4000만 명, 극빈자는 1500만 명에 이르렀다. 치아파스 주는 전체 주민의 30퍼센트 이상이 마야계 원주민으로 구성돼 있었는데, 이들에게는 과거 300년에 걸친 식민통치 시대나 멕시코가 독립국이 된 이후나 모든 사정이 마찬가지여서 극심한 빈곤과 인권유린에 시달리고 있었다. 이들의 54퍼센트가 영양실조에 걸려 있었으며, 이 지역의 문맹률은 전국 수준의 3배가 넘는 43퍼센트였다. 또 5세의 취학 연령에 있는 어린이들의 58퍼센트가 교육 기회를 잃고 있었다.

그런 현실을 그대로 묵과할 수 없다고 들고일어선 것이 사파티스타 반군이었다. 이들이 무장 봉기를 하면서 내건 선언문 제목은 "오늘, 우리들은 '이제 그만!' 이라고 말한다" 였다. "우리들은 500년 투쟁의 산물이다. 우리들의 봉기는 또 70년 이상 지속된 독재의 끊일 줄 모르는 탐욕 앞에서 굶어죽지 않기 위한 유일한 길이다. 우리들은 '존엄하고 정의로운 삶'을 성취할 때까지 끝까지 투쟁할 것이다."

소말리아·르완다 사태

유럽 통합의 문제는 점차 드러나겠지만, 통합 이후 '미국 쇠락론'이 다시 고개를 들기 시작했다. 당시 미국은 세계 유일 초강대국으로서 행세하면서 전 세계를 마음대로 휘젓고 다니고 있었다. 아무런 견제력이 없는 가운데 미국 마음대로 행세하는 '보안관' 노릇에 문제가 없을 리 없었다. 미국의 오만을 유럽도 잔뜩 찌푸린 얼굴로 바라보고 있었다. 그렇지만 당시 미국과 유럽 간 힘의 격차는 더욱 커지고 있었다. 1993년 새뮤얼 헌팅턴(Samuel P. Huntington, 1927~2008)은 그런 힘의 격차에 근거해 다음과 같이 주장했다.

"미국이 그 어떤 나라보다 많은 영향을 미치는 세계와 달리 미국이 일등적 지위를 구가하지 않는 세계는 더 많은 폭력과 무질서 그리고 더 적은 민주주의와 경제성장이 존재하는 세계가 될 것이다. 국제적으로 미국이 일등적 지위를 유지하는 것은 미국의 복지와 안보에만이 아니라 전 세계의 자유, 민주주의, 개방경제 그리고 국제질서에 핵심적인 일이다."

그러나 보안관 노릇하기는 결코 쉽지 않은 일이었으며, 특히 아프리카의 경우에 더욱 그랬다. 소말리아 사태와 르완다 사태가 그걸 잘 말해주었다. 동아프리카의 소말리아에서 내란 중에 수많은 양민이 학살되고 굶주리자, 1992년 12월 부시 행정부는 2만 8000명의 미군을 소말리아에 파병했다. 사태가 안정되자 새로 출범한 클린턴 행정부는 1993년 3월 8000여 명의 병참부대를 제외하고 전투병력을 철수시켰다. 그러나 유엔평화유지군이 소말리아 평화를 위한 적극적인 개입을 시도하자, 소말리아 군벌들은 유엔평화유지군을 공격하기 시작했다. 그 와중에서 1993년 10월 미군 17명이 죽고 그중 한 구의 시체가 모가디슈의 거리에서 발가벗긴 채로 차량에 매달려 질질 끌려다니는 참사가 발생했다. 텔레비전을 통해 이 충격적인 장면에 접한 미국인들은 분노했고, 이는 철군 여론으로 이어져 결국 미군은 1994년 4월 소말리아에서 완전히 철수했다. 이에 대해 김봉중(2006)은 다음과 같이 말한다.

"소말리아 사태는 냉전 이후 미국의 신고립주의 정서를 더욱 부채질하는 결과를 낳았다. 이제 미국은 아무리 인도주의적 개입이 절박하더라도 군대를 파병하는 일에는 극도로 절제하게 되었다. 국제분쟁지역에 대한 미국의 무관심은 국제사회의 무관심을 증폭시켰다. 이러한 무관심은 아프리카의 또 다른 지역에서 발생한 비극을 심화시키고 말았다."

그 또 다른 비극이 바로 르완다 사태다. 중앙아프리카에 있는 르완다 역시 내전으로 인해 1990년부터 1994년까지 약 150만 명이 학살되었는데, 1994년 4월 6일 르완다의 주베날 하비야리마나(Juvénal Habyarimana, 1937~1994) 대통령이 의문의 비행기 사고로 사망하면서 학살은 더욱 광기를 띠게 되었다. 미국이 소말리아 사태로 인한 염증으로 파병을 주저하는 새 르완다에서는 75만 명이 살해되었다. 결국

(위)비행기 사고로 사망한 르
완다의 하비야리마나 대통령.
(아래)대량학살 희생자가 나
왔던 르완다 남부의 무람비
학교에 쌓인 해골.

미국은 유엔의 결정을 받아들여 1994년 7월 파병을 하지만, 르완다는
안정될 기미를 보이지 않았다. 유엔마저 두 손을 들고 1996년 4월 19일
까지 평화유지군을 철수시키면서 르완다 사태는 르완다 정부와 아프
리카 국가들 그리고 국제사회의 난민구호활동에 맡겨졌다.

미국의 아이티 사태 개입

그런 비극은 아프리카에만 머물지 않았다. 서인도제도의 아이티
(Haiti)에서도 비슷한 일이 벌어지고 있었다. 아이티의 불행에 가장 큰

책임이 있는 나라는 프랑스와 미국이었다. 1804년 미주 대륙에서는 미국에 이어 두 번째 공화국으로 독립한 아이티는 전체 국민의 90퍼센트가 순수 흑인이며 나머지 10퍼센트는 백인과 흑인의 혼혈인 물라토인데, 아이티인들은 프랑스 점령 시절부터 모진 박해를 받았다. 프랑스의 탄압 수법에는 "사람을 거꾸로 매달거나 자루에 넣어 물에 빠트려 죽이기, 산 채로 매장하기, 오물을 먹도록 강요하고 벌레나 개미에 물려 고통스럽게 죽게 만들기, 펄펄 끓는 가마솥에 빠트려 죽이기" 등이 포함되었다.(Chomsky 2000)

1849년부터 1913년까지 미 해군함정들은 "미국인의 생명과 재산을 보호한다"는 이유로 아이티를 24번이나 침략했지만, 흑인을 보는 미국인의 시각도 프랑스인과 다를 게 없었다. 당시 윌슨 행정부의 국무장관이었던 윌리엄 브라이언(William Jennings Bryan, 1860~1925)은 아이티의 지도층을 만나고 나서 "깜둥이들이 불어를 쓰는 데 놀랐다"고 말했다나. (Chomsky 2000)

앞서(2권 3장) 보았듯이, 흑인 노예들의 국가라는 이유로 국가 승인을 거부했던 미국은 19세기 말부터 개입으로 정책을 바꿔 1888년 미 해병대가 군부 반란을 지원했다. 미국은 1915년 결국 아이티를 점령해 1934년까지 통치하면서 다국적기업 식품회사 원료기지로 활용했다. (김용관 2009)

2차 세계대전 이후 아이티가 겪은 참상은 더욱 끔찍했다. 1957년 미국의 지원하에 프랑수아 뒤발리에(Francois Duvalier, 1901~1971) 대통령이 집권했다가 사망하자 아들인 장 클로드 뒤발리에(Jean Claude Duvalier)가 승계했다. 1957년부터 1971년까지 '파파 독(Papa Doc)'이라고 불린 뒤발리에 대통령 독재 치하에서 3만 명이 살해됐다. 그의 사후에도 19살 아들인 '베이비 독(Baby Doc)' 장 클로드 뒤발리에가 아버지의 공포정치를 이어갔다. 아이티에 군사·경제적 지원을 하던 미국은 결국 1986년 레이건 행정부 시절 베이비 독에 압력을 넣어 하야시켰다. 1988년 아이티는 뒤발리에 부자의 30년 가까운 독재에서 겨우 벗어났으나 다시 쿠데타 등의 정치적 혼란을 겪어야 했다.

1990년 12월 민중주의자이며 '빈자의 신부'로 불린 장 베르트랑 아리스티드(Jean-Bertrand Aristide) 신부가 전체 유권자 67.5퍼센트의 지지를 받아 대통령으로 선출됐다. 반면 미국의 지원을 받은 마르크 바쟁(Marc Bazin, 1932~2010)은 14.2퍼센트 득표에 머물렀다. 그대로 내버려뒀으면 좋으련만, 미국은 아리스티드 정권 전복 작전에 들어갔다. 아리스티드는 1991년 2월 취임 후 7개월 만인 9월 30일 미국의 지원을 업은 군부와 기득권층의 쿠데타에 의해 축출되었다. 쿠데타 이후 최초 2주일 동안 최소한 1000명이 죽고, 12월까지 500명이 더 목숨을 잃었다.(Edwards & Cromwell 2006)

라울 세드라스(Raoul Cédras) 장군의 철권 독재체제 하에서 많은 민간인이 미국으로 보트를 타고 가는 대규모 망명사태가 벌어지면서, 이는 1992년 미국 대선의 이슈가 되었다. 민주당 후보 클린턴은 아이티의 난민들을 다시 아이티로 돌려보내는 부시 행정부의 비인도적인 정책을 미국이 앞장서서 지켜줘야 할 세계인권선언의 위배라면서 맹렬히 공격했다. 그러나 집권 후 그도 부시 행정부와 똑같은 정책을 폈다.(Chomsky & Barsamian 2004)

그럼에도 아이티 난민이 계속 몰려들자 클린턴은 1993년 5월 군사

아이티의 독재자 뒤발리에는 아들과 합쳐 30년 가까이 독재 통치를 했으며 민중의 지지를 받아 선출된 아리
스티드는 미국에 의해 축출되고 그 자리에 세드라스 장군이 들어섰다.
(위)앞 줄의 오른쪽이 '파파독' 프랑수아 뒤발리에 대통령.
(아래 왼쪽)'빈자의 신부' 장 베르트랑 아리스티드 대통령. ⓒ malagodi1
(아래 오른쪽)라울 세드라스 장군.

적 개입의 필요성에 대해 다음과 같이 말했다. "먼저 아이티는 미국의 뒤뜰에 위치해 있습니다. 둘째, 미국 내에는 아이티 출신의 수백만 미국인이 있습니다. 셋째, 아이티에는 수천 명의 미국인이 있습니다. 넷째, 아이티를 통해 미국으로 마약이 유입되고 있다고 생각합니다. 다섯째, 우리는 대규모의 아이티 난민이 미국으로 들어올 가능성, 지속적으로 유입될 가능성에 직면해 있습니다."(Young & Jesser 2005)

클린턴 행정부는 세드라스 정권에게 경제적 압박을 가하면서 스스로 물러나는 중재안을 제시했다. 1993년 7월 군사적 개입이 임박한 것을 감지한 세드라스는 미국의 중재안을 받아들이기로 결정했다. 세드라스와 군부 지도자들이 신분안전을 보장받는 조건으로 정권에서 물러나며 아리스티드가 10월 30일에 귀국해서 정권을 인수한다는 내용이었다. 그러나 이 중재안은 지켜지지 않았다. 군부 지도자들은 아리스티드 추종자들을 암살하며 다시 아이티를 공포로 몰아넣었다.

1994년 여름 클린턴 대통령은 세드라스 정권을 무력으로 퇴진시킬 수밖에 없다는 결론을 내렸지만, 반대가 만만치 않았다. 9월 19일 『뉴스위크』의 여론조사에 따르면 국민의 34퍼센트만이 군사개입을 지지했으며, 흑인 지도자들을 강력 반대했다. 애리조나 주 공화당 상원의원 존 매케인(John S. McCain III)은 "미국은 아이티에 빚진 것이 없으며, 따라서 그 나라에 개입할 의무가 없다"고 주장했다. 이는 사실과 동떨어진 주장이었지만, 흑인 지도자들이 강력 반대하는 일을 밀어붙이기는 어려웠다.(Tirman 2008)

지미 카터 전 대통령의 활약

그럼에도 클린턴이 무력개입 쪽으로 결심을 굳히자, 세드라스는 전 대통령 지미 카터에게 마지막으로 중재해줄 것을 요청했다. 왜 카터였을까? 여기서 잠시 카터 이야기를 해보자. 1980년 대선에서 쓴잔을 들고 고향 조지아 주 플레인스로 돌아간 카터에게는 또 하나의 패배가 기다리고 있었다. 선조 대대로 내려오던 땅콩농장이 파산해 100만 달러의 빚더미에 올라앉아 있었던 것이다. 그는 눈물로 농장을 처분하고 자서전 출간 계약으로 겨우 호구지책을 마련했다.

1982년 에모리대학 특별 교수를 역임하면서 그해에 부인 로잘린(Rosalynn Carter)과 함께 코카콜라를 비롯한 여러 기업의 도움으로 '카터평화센터'를 설립했다. 이 센터에는 대통령 도서관, 연방기금에 의해 운영되는 박물관, 싱크탱크, 질병을 퇴치하고 농업 생산성을 증대하기 위한 국제원조기구 등이 설치되었다.

카터는 1984년부터 부인과 함께 해비타트 운동에 뛰어들었다. 이는 집 없는 극빈층에게 집을 지어주는 '사랑의 집짓기 운동'으로 1976년 부동산 사업가였던 밀러드 풀러(Millard Fuller, 1935~2009)와 린다 풀러(Lindar Fuller) 부부에 의해 창립된 해비타트국제협회(Habitat For Humanity International)에 의해 주도됐다. 카터는 '망치의 신학'을 역설했다. 밀러드 풀러의 철학이기도 한 '망치의 신학'은 하느님의 사랑을 체험한 사람이면 그 누구든 망치를 들고 소외된 이웃을 위해 일할 수 있어야 한다는 것이다. 그는 "하나님이 나를 미국 대통령에 당선시킨 것은 대통령을 잘하라는 뜻이 아니라 대통령직을 마친 다음 시키시고 싶은 일이 있어 그리 하신 것으로 믿습니다"라고 말하기도 했다.

카터는 해비타트 운동과 더불어 갈등과 분쟁이 있는 지역을 찾아가 중재를 시도하는 '평화 전도사' 역할도 맡았는데, 이미 1994년 6월 15일 북한을 방문하여 '제2의 한국전쟁'을 막는 데에 기여했다. 이제 아이티가 그런 시도의 새로운 시험대로 등장한 것이다. 1994년 9월 17일 클린턴의 허락을 받은 카터는 아이티를 방문해 미국의 군사개입이 임박했음을 알리고 세드라스에게 평화롭게 퇴진할 것을 권고했다. 몇 주 후에 세드라스는 약속한 대로 망명길에 올랐고 10월 15일 아리스티드는 아이티에 귀환했다.(김봉중 2006)

카터는 큰 공을 세웠지만 그의 '평화 전도사' 역할이 그 방법에 있어서 모든 사람의 지지를 받았던 것은 아니다. 비난하는 사람들은 카터에게 독재자들한테 잘해주는 일종의 본능적인 측면이 있다고 주장했다. 그는 아이티 방문에서도 세드라스 장군에게 존경심을 표명했고 그의 부인이 얼마나 날씬하고 매력적인지 계속해서 찬사를 보냈는데, 이는 일부 미국인을 화나게 만들었다는 것이다.

그러나 카터의 비서를 역임했던 헨드릭 허츠버그(Hendrik Hertzberg 1997)는 그것은 죄인을 용서하는 카터의 기독교적 사랑 때문이라고 그를 옹호했다. 오히려 카터의 문제는 전혀 다른 데에 있다는 것이 허츠버그의 진단이다.

허츠버그는 아이티 사건에서 중요한 것은 카터의 활동으로 무고한 피를 흘리지 않았다는 사실이라고 했다. 투표로 선출되어 정통성을 갖고 있던 아이티의 실제 대통령 아리스티드는 다시 그 자리에 오를 수 있었고, 살인과 인권침해는 중지되었으며, 세드라스와 그의 부하들은 결국 그 나라를 떠나게 되었고, 아이티는 이제 죽음과 잔혹함의

지옥 대신 비교적 정상적인 국가가 될 수 있는 훨씬 좋은 기회를 갖게 되었다는 것이다.

허츠버그는 카터의 일부 비판자들을 포함한 많은 사람들이 카터가 귀국한 후 즉시 그 점을 이해했으며, 그의 공헌을 기꺼이 인정하려 했다고 말한다. 만일 카터가 클린턴 대통령과 조국에 봉사할 수 있어서 매우 기쁘다는 짧은 발표문을 읽고 나서 고향 조지아 주로 돌아가 한동안 침묵을 지켰다면, 그는 지금쯤 전 세계에서 인정받고 추앙받는 영웅이 되었을지도 모른다는 것이다. 그때는 겸손함과 과묵함이 오히려 자신을 자랑하는 가장 좋은 방법이었을 바로 그런 때였다는 것이다.

허츠버그는 그러나 불행히도 카터는 그렇게 하지 않았다고 혀를 끌끌 찼다. 카터는 텔레비전에 출연해서 수도 없이 얘기했고, 그러다가 결국에는 다소 불손하고 어리석은 말들을 하고 말았다는 것이다. 그 결과 그는 다시 한번 수많은 사람에게 그들이 싫어했던 자신의 특성—혼자서만 옳다고 하면서 도덕적인 우월성을 내세우는 듯한 태도—을 상기시켜주었다는 것이다.

허츠버그는 카터의 문제점을 그렇게 지적하면서도, 아이티에서 돌아와 부질없이 텔레비전에 출연하고 자신의 도덕적 우월함을 내세웠던 바로 그 고집스러움과 일견 거만해 보이는 태도는 지미 카터가 애초에 그곳에 가서 협상을 타결지었던 인내심과 자기 확신의 다른 측면이라고 할 수 있다는 결론을 내렸다. 카터는 1975년 이렇게 말한 적이 있다. "아마 정치인 중 반은 자존심(ego) 강한 사람이고, 반은 겸손한 것 같습니다. 저는 두 가지 성향을 다 나눠 갖고 있다고 생각합니다." 그러나 겸손보다는 자존심이 강했던 것 같다.

아이티의 비극

아리스티드는 아이티로 돌아갔지만, 그때는 이미 쿠데타 지도자들이 그에게 권력을 주었던 민중운동가 대다수를 살해한 후였다. 게다가 귀국은 그가 미군의 아이티 주둔과 워싱턴의 가혹한 신자유주의적 계획을 받아들인 후에야 가능했다. 그럼에도 아리스티드는 2004년 미국 정부의 지원을 받은 비정규군 테러 집단에 의해 축출되고 만다. 빌 클린턴 시절 복위시켰던 아리스티드를 조지 W. 부시 정권이 퇴짜를 놓은 것이다.(Edwards & Cromwell 2006)

아이티는 독립 이후 34번의 쿠데타를 겪는 정치혼란 속에 두 차례 허리케인이 강타해 각각 1600명과 3000명이 죽는 연속적인 대재앙에 시달렸다. 2008년에도 한 달 만에 4차례의 허리케인으로 아이티 국토 전역을 폐허로 변했다. 산림의 98퍼센트가 남벌되고, 지표층이 쓸려 나간 환경파괴로 인해 더욱 악화된 결과였다. 곡물가가 세계적으로 급등한 식량위기가 더해져, 아이티 주민들은 대통령궁에 난입하는 등 격렬한 시위를 벌였다. 게다가 2010년 1월 최악의 지진이 발생해 아이티는 지옥으로 변하고 만다.(정의길 2010)

대지진이 일어나자 미국은 항공모함과 1만여 명의 병력, 오바마·부시·클린턴 등 전·현직 대통령 3명이 발 벗고 나섰지만, 가장 인상적인 것은 서아프리카 세네갈의 지원 의지였다. 세네갈은 "아이티 이재민에게 무상으로 땅을 나눠주겠다. 자신의 뿌리를 찾아오는 아이티인이 있다면 제한 없이 환영한다"고 약속했다. 아이티 흑인이 주로 콩고·기니·세네갈 등 아프리카 서부 출신인지라, 세네갈은 아이티인을 "형제"라고 부르면서 그런 지원을 약속한 것이다.(김민구 2010)

2010년 8월 미국의 노엄 촘스키를 비롯한 전 세계 지식인 100여 명은 니콜라 사르코지(Nicolas Sarkozy) 프랑스 대통령에게 공개서한을 보내 "약 200년 전 중남미의 아이티에서 강탈해간 독립보상금을 되돌려주라"고 촉구했다. 독립보상금이란 1825년 아이티가 프랑스에서 독립한 후 프랑스의 아이티 노예 소유주들이 노예를 놓아주는 대가로 아이티로부터 받은 1억 5000골드프랑(현재 가치로는 약 216억 달러, 26조 원)을 뜻한다. 지식인들은 이 돈을 되돌려줌으로써 지난 1월 대지진 이후 고통을 겪고 있는 아이티의 재건을 지원하라고 요구했다.(권경복 2010d)

미국은 아이티에 빚진 것이 없는가? 많은 미국인이 '없다'고 생각할지 모르지만, 이는 이른바 경로의존(經路依存; path dependency) 현상으로 반박할 수 있겠다. 경로의존 현상이란, 한번 경로가 결정되고 나면 그 관성과 경로의 힘 때문에 경로를 바꾸기 어렵거나 불가능해지는 것을 말한다. 프랑스와 미국이 아이티에 미친 악영향이 일종의 경로가 되어 악순환을 낳고 있다는 가설이 가능하다는 것이다. 자연재해로 인한 피해도 아이티 사회가 발전과 안정의 길을 걸었다면 크게 줄일 수 있었다고 보아야 하지 않을까?

참고문헌 Beck 2000, Chomsky 2000, Chomsky & Barsamian 2004, Dole 2007, Edwards & Cromwell 2006, Hertzberg 1997, Morley & Robins 1999, Nye 2000, Rifkin 2005, Thatcher 2003, Tirman 2008, Young & Jesser 2005, 강준만 2004, 권경복 2010d, 김민구 2010, 김봉중 2006, 김용관 2009, 박태호 2002, 사루야 가나메 2007, 송기도 2003, 송기도 · 강준만 1996, 이태형 1992, 정의길 2010

'제2의 한국전쟁' 인가?
북한 핵 사태

한국인 100만 명 사망하는 전쟁 시나리오

지미 카터의 '평화 전도사' 역할은 1994년 북한 핵 사태 시 가장 큰 빛을 발했다. 많은 사람이 이때 카터의 공로를 인정한다. 특히 전 『뉴욕타임스』 논설위원 리언 시걸(Leon V. Sigal)은 1997년 7월 방한해 "지미카터 전 대통령의 방북이 없었다면 제2의 한국전쟁은 터지고 말았을 것"이라고 주장한 바 있다. 사태가 어느 정도 심각했기에 '제2의 한국전쟁' 운운하는 말이 나올 수 있었던 걸까?

1993년 12월 초 미국 언론은 북한 핵 문제를 다루면서 한반도에 곧 전쟁이라도 날 것처럼 보도했다. NBC는 북한에서 모든 군인들의 삭발령을 내렸다는 보도를 하면서 한 군사전문가의 말을 빌려 다음과 같은 해석을 하기까지 했다.

"북한 군인들이 모두 삭발을 했다는데, 그것은 군사전략 면에서 보면 커다란 실수를 저질렀다는 게 군사전문가의 지적이다. 삭발을 하

(위)남북특사교환 실무접촉으로 판문점에서 만난 북측 박영수 단장(오른쪽)과 남측 송영대 대표(왼쪽). 이 회담에서 나온 '서울 불바다' 발언으로 제2의 한국전쟁에 대한 위기감이 높아졌다.
(아래)지미 카터 전 미 대통령이 대북특사 자격으로 북한의 김일성 주석을 만나 남북정상회담을 제안해 전쟁 위기가 지나갔다. ⓒ The Carter Center

고 나면 머리가 반짝반짝 빛나기 때문에 밤에 쉽게 적에 노출되기 때문이다. 그런가 하면 북한 병사들 머리에 이가 많아서 달리 위생처리할 길이 없어 일제히 삭발령을 내렸을 것이라는 분석도 있다."(정연주 1994)

위기감은 이른바 '서울 불바다' 발언 보도로 극에 이르렀다. 3월 19일 제8차 특사교환 실무접촉에서 북측 단장 박영수가 남측 대표 송영대에게 "서울은 여기서 멀지 않소. 전쟁이 일어나면 서울이 불바다가 될 것이오. 송 선생도 살아남기 어려울 것이오"라는 말을 던진 후 북한 대표단은 회담장을 박차고 나갔다. 청와대는 회담 장면을 공개하지 않았던 전례를 깨고 김영삼 대통령의 승인 하에 회담 장면을 담은 녹화 테이프를 방송사에 배포했다.(Oberdorfer 2002)

미 CIA 요원 제럴드 리는 '서울 불바다' 발언이 김일성(1912~1994) '특유의 수'라고 주장했다. 김일성은 판문점에 나간 북측 대표에게는 '서울 불바다' 발언을 하게 지시해놓고 자신은 미 CNN 기자에게 "미국에 가서 친구도 만나 낚시하고 사냥도 하고 싶다"고 말하는 등 이중 플레이를 벌였다는 것이다. 리는 유엔군사령관 게리 럭(Gary E. Luck)이 미 국무부에 보낸 보고서도 김일성의 이중 플레이를 돕는 결과를 낳았다고 했다. 그 보고서의 내용은 다음과 같았다.

"미군이 북한의 핵 시설을 선제공격할 경우, 북한은 그들의 핵을 사용하지 않고 휴전선 전방에 배치된 재래식 무기만으로도 서울을 불바다로 만들 수 있다. 서울을 포함해 안양까지 5~6분 사이에 6000개의 포탄이 떨어진다. 또한 노동 1호와 노포동 미사일은 주요 기간산업과 고리, 영광 등 원자력발전소를 겨냥하고 있는데, 마하 5~6 정도의 속도로 날아오는 노포동 미사일은 충분히 원자력발전소의 보호벽을 깰 수 있다. 만일 이러한 상황이 발생할 경우, 남한 전역은 핵 오염지대가 될 것이다. 전쟁 발발 후 1개월이 지나면 전선에 배치된 미군 3만 5000명이 사망하고 8~10만 명의 미국인이 죽게 된다. 또한 한국인은 100만 명 이상이 사망할 것이다. 2개월이 지나면 북한 정권은 사라지고 전쟁은 끝난다. 그리고 통일은 될 것이다. 그러나 남한 경제는 50년 전으로 돌아가게 될 것이다."(이용수 1996)

지미 카터의 방북

1994년 5월 미국이 대북 전면전을 검토했다는 것은 1년 뒤인 1995년 4월 『워싱턴포스트』의 보도로 처음 알려졌지만, 당시 국방장관이던 윌리엄 페리(William J. Perry)의 훗날 증언으로도 확인되었다. 1994년 봄 북한의 플루토늄 재처리 시도 문제로 한반도에 전쟁 위기가 고조되었을 당시 페리는 미 공군이 마련해온 대북공격 가상 시나리오를 보고 충격을 받았다고 훗날 회고했다.

그 시나리오에 따르면, 한반도에서 다시 전쟁이 터지면, 90일 안에 미군 5만 2000명과 한국군 49만 명이 죽거나 다치고, 이 기간에 치러야 할 전쟁비용은 610억 달러에 이른다는 것이었다. 특히 이 시나리오는 박격포 8400문과 다연장 로켓포 2400문을 포함, 전군의 65퍼센트를 휴전선 근방에 배치한 북한이 전쟁 개시 12시간 안에 박격포를 5000발 발사해 서울을 쑥대밭으로 만들 것이라는 점도 지적했다. 이런 충격적인 내용을 접한 페리는 한반도에서 전쟁이 재발하는 것만큼은 피하고 싶어 이 시나리오를 채택하지 않기로 결정했다는 것이다.

이때에 아태재단 이사장 김대중(1924~2009)이 일괄타결안을 내놓았다. 남한은 북한에 대한 경제지원을 약속하고, 북한은 더 이상 핵을 만들지 말고 적화야욕도 포기하라는 쌍방의 요구를 일괄타결하자는 것이었다. 5월 12일 김대중은 워싱턴 내셔널프레스클럽에서 행한 오찬 연설과 이어 가진 기자회견을 통해 "미국이 지미 카터 전 대통령과 같은 원로 정치인을 북한에 특사로 보낸다면 북한의 김일성 주석으로부터 중대한 대미양보를 끌어낼 수도 있을 것"이라면서 "클린턴 대통령에게 국제적으로 신뢰받는 원로 정치인을 북한과 중국에 특사로 파견할 것을 제안한다"고 밝혔다.(이용수 1996, 정연주 1994b)

그러나 아직 전쟁 무드는 계속 무르익고 있었다. 5월 18일 미 합참의장 존 샬리캐슈빌리(John Shalikashvili)는 전 세계에 주둔하고 있는 미군 4성 장군과 제독 들을 소집해 한국에서 분쟁이 발생할 경우 다른 사령부들이 게리 럭 주한미군 사령관을 어떻게 지원할 것인가 하는 문제에 대해 논의했다. 그 결과 전체 미군 전투 병력의 거의 절반을 한국에 배치하는 상황을 상정하는 긴급 사태 계획이 마련되었다.

5월 24일 공화당의 존 매케인 상원의원은 상원 연설에서 북한의 영변 핵 재처리 시설에 대한 '공중폭격 및 크루즈 미사일 공격'을 촉구했다. 그는 "정밀타격으로 방사능 유출이 거의 없이 북한의 핵 능력에 효과적으로 손상을 입힐 수 있을 것"이라고 주장했다. 6월 2일 클린턴 대통령은 북한에 대한 유엔 안보리 제재 결의를 추진하겠다고 밝혔다. 13일 북한 외교부는 "유엔 제재를 즉각적인 선전포고로 받아들이겠다"고 반발했다.(Harrison 2003)

1994년 6월 15일 카터가 김일성을 만나기 위해 판문점을 통과, 평양

행에 올랐지만 아직 안심할 수 있는 상황은 아니었다. 6월 16일 주한
미군 사령관 게리 럭과 주한대사 제임스 레이니(James 'Pete' Laney)는
극비리에 회동해 주한미군 가족과 군속의 소개가 불가피하다는 결론
을 내렸다. 레이니는 당시 한국에 있던 딸과 3명의 손자 손녀에게 "사
흘 안으로 한국을 떠나라"고 말하기까지 했다.(동아일보 특별취재팀
1999) 페리는 1997년 한국에서의 한 강연에서 숨막혔던 당시의 상황을
다음과 같이 털어놓았다.

"1994년 6월 어느 날 클린턴 대통령은 재래식 전쟁의 위험을 감수
하고 북한의 핵무기 보유를 저지하는 방안을 선택했다. 그에 따라 군
부는 세 가지 방법론을 제시했고 클린턴 대통령이 마지막 결정을 내려
야 하는 상황이었다. 그런데 불과 한 시간 전 김일성을 만나러 평양에
간 지미 카터 전 대통령으로부터 전화가 걸려왔다. 북한이 영변 원자
로의 폐연료봉 재처리를 중단하고 미국과 협상하겠다는 것이었다. 1
시간 차이로 역사가 바뀌었다."(문철 1999)

방북한 카터는 김일성에게 남북정상회담을 제시했고, 김일성은 이
를 수용했다. 원래 누구의 뜻이었는지에 대해서는 여러 설이 있으나,
카터는 남북을 오가며 남북정상회담 합의를 이끌어냈다. 남북정상회
담은 7월 25일 평양에서 시작하기로 예정되었다.

남북 양측은 김영삼이 100명 규모의 대표단을 이끌고 텔레비전 실
황중계 장비를 갖춘 80명의 취재단과 함께 평양을 방문한다는 데 합
의했다. 김영삼은 정상회담에 대비해 연일 참모들과 회의를 가졌다.
김일성도 바빴다. 7월 7일 남측 일행이 묵게 될지도 모를 묘향산 별장
을 둘러보면서 침실과 욕실은 물론 심지어 냉장고에 광천수를 충분히

김일성 사망 호외를 보고 있는 남한 군인들.

넣어두었는지도 직접 확인했다. 정상회담 준비로 수일간 과로를 한 김일성은 그날 저녁 식사를 마친 후 심심한 피로감을 느꼈다. 얼마 후 그는 심장발작으로 쓰러졌고, 7월 8일 새벽 2시 김일성의 사망이 확인 됐다.(Oberdorfer 2002)

김일성 사망

김일성의 사망은 34시간 동안 비밀에 부쳐졌다. 1994년 7월 9일 12시에서야 북한중앙방송을 통해 김일성 사망 소식이 전해졌다. 이날 저녁 김영삼은 안기부장 김덕, 국방장관 이병태, 비서실장 박관용, 안보수석비서관 정종욱, 공보 수석비서관 주돈식 등과 함께 만찬을 들며 사태를 분석했다. 이날 만찬은 평소와는 달리 설렁탕에 김영삼의 '특

별 지시'로 수육 5점이 추가되었다.(주돈식 1997)

평양 방송에서는 장송곡이 울려퍼지면서 김일성의 회고록이 간간이 낭독됐으며, 평양 시민들은 시청 부근 만수대 언덕에 있는 거대한 김일성 동상 앞으로 모여들기 시작했다. "그들 중 상당수는 이성을 잃고 울부짖기 시작했다. 오래지 않아 1만 5000에서 2만 명 정도 되는 사람들이 동상 앞과 주변 거리에 모여 있었다. 그리고 그 뒤편으로는 운집한 사람들의 행렬은 끝이 보이지 않았다. 구급차가 출동했고 기절하거나 현기증을 호소하는 사람들을 돌보기 위해 구조요원들이 나와 있었다. 몇 시간 안에 평양 시내의 모든 병원에 심장마비 환자들이 넘쳐났다. 평양 이외의 다른 지역에 있는 김일성의 여러 동상과 기타 기념비들 주변 역시 조객들이 밀려들었다."(Oberdorfer 2002)

이부영 등 일부 민주당 의원이 국회에서 김일성 장례식에 조문사절을 파견하는 문제를 거론하자, 『조선일보』는 이를 비난하고 나섰다. 『조선일보』 7월 13일자 「기자수첩」은 일부 의원들의 '조문사절론'을 "주체사상을 콧잔등에 바르고 다니면서 어른들의 속을 썩이는 일부 철없는 풋나기 학생들과 동열에" 서는 것이라고 비난했다. 사설은 그 의원들을 심판해야 하며, 그것은 "다음번 선거 때 이들을 선출한 선거구 유권자들의 몫"이라고 주장했다.

반면 클린턴 대통령은 이런 내용의 조의를 표했다. "본인은 김일성 주석 사망 소식에 즈음해 미국 국민들을 대신해 북한 국민들에게 심심한 조의를 표하는 바입니다. 우리는 북한-미국 3단계 고위급 회담을 성사시킨 김 주석의 지도력을 높이 평가합니다. 우리는 적절한 시기에 회담이 재개될 것으로 기대합니다."

이런 조의 표명에 대해 공화당 상원 원내총무 밥 돌(Bob Dole)은 "한국전쟁으로 고통받은 미국인들의 심정을 무시한 무분별한 행위"일 뿐 아니라 "김일성이 미국의 우방도 아니고 동맹국도 아니며 미국의 안보와 이익을 위협해오고 있는 정책과 조치를 취하는 정부의 가혹한 독재자였다는 사실을 망각한 행위"라고 비난했다.(Oberdorfer 1998)

남한 정부도 미국 공화당과 비슷한 반응이었다. 김영삼 정부는 어떤 형식의 조의 표현도 국가보안법 위반으로 간주해 단호히 대처할 것이라고 경고했다. 김영삼은 김일성의 사망 직후 "남북 정상회담의 합의 원칙은 유효하다"는 입장을 보였다가 불과 며칠 후 "북한의 상황은 대단히 불안하고 김정일이 권력을 확실히 승계할지도 불확실하다"는 입장으로 바뀌었다.

돈 오버도퍼(Don Oberdorfer 2002)는 "북한 전체가 슬픔 속에 빠져 있던 이 시기 김영삼 정부가 보여준 행동과 발언 들은 북한 측을 격분하게 만들었다"며 "북한 당국은 남북정상회담 준비 단계에서 중단하기로 합의했던 악의적인 대(對) 남한 음해 선전을 재개하고 남한 정부와의 공식적인 전화통화를 거부하기 시작했다. 그러나 개인적으로 김 대통령은 그런 상황을 별로 개의치 않았다. 오랜 세월 동안 북한을 이끌어온 지도자가 없어진 상황에서 북한이 그리 오래 버틸 수 없을 것이라고 굳게 믿었기 때문이다"라고 말했다.

실제로 김영삼은 '북한 붕괴론'에 심취해 있었다. 그는 1994년 8월 15일 광복절 경축사에서 "이제 한반도에서 냉전의 시대는 지났다. 남북한 사이의 체제 경쟁도 끝났다"며 '갑작스런 통일의 대비'를 이야기해 국민을 당황케 만들었다. 또한 8월 18일 민자당 당무회의에서도

"갑작스런 통일에 대비해 힘을 기울여야 한다"고 했다.

카터와 클린턴의 갈등

카터는 1996년 말에 낸 회고록 『살아 있는 믿음(Living Faith)』에서 1994년 북한 방문에 관한 일화를 자세히 소개했다. 그는 "한국전쟁 당시 태평양함대 소속 잠수함에서 근무할 때만 하더라도 나는 김일성을 전쟁을 일으킨 장본인이라고 욕을 했다. 1994년 6월 김일성 주석을 만나러 갈 때만 해도 두려움과 적대감을 지니고 있었다. 하지만 그가 핵 위기를 끝내고 미국과 대화를 시작할 용의가 있는 사람이라는 사실을 깨닫게 되었다"며 다음과 같이 말했다.

"하지만 중국 측 인사나 다른 북한 전문가들은 북한이 전쟁을 일으킬지 모른다고 나에게 말했다. 미 국무부도 나에게 북한을 방문하지 말라고 설득했다. 그러나 빌 클린턴 대통령이 결국 나의 북한 방문을 허락해주었다. 나는 먼저 서울로 가서 한국 정부 지도자들에게 북한 방문에 대한 의도를 설명해주었다. 평양에서 김일성과 수 시간 동안 단둘이 대화를 나누면서 김 주석이 위기를 조성한 여러 의견 차이를 해소할 방안을 찾고 있다는 사실을 느꼈다. 그때까지만 해도 나는 그가 한국전쟁을 일으키고 40년 이상이나 북한 주민들을 외부와 단절시킨 공산주의자라고 알고 있었다. 그러나 그는 자신이 일본군에게 체포됐을 때 목숨을 구해준 서방 선교사들을 매우 칭송하면서 핵연료 재처리작업 중지, 미군 유해 송환을 약속했고 미국과의 관계 개선에 대한 강한 의지를 나타냈다. 그는 핵연료 재처리작업과 관련해 국제사찰단의 활동 재개에 동의했으며 김영삼 대통령을 초청하는 문제까지 전권을 주었다. 하지만 불행히도 김 주석은 내가 북한을 방문한 지 1개월도 못 돼 사망하고 후계자의 불안정성 때문에 약속들이 실현되지 못하고 있다."(권대익 1996)

이렇듯 카터는 북한 핵 사태 시에 큰 공로를 세웠지만 백악관을 무시하고 자주 CNN에 중요한 이야기를 털어놓음으로써 백악관으로부터 불만을 샀다. 그가 CNN의 사주인 테드 터너(Ted Turner)와 같은 조지아 주 출신인데다 송어 낚시 친구라 그랬던 건지도 모른다는 말까지 흘러 나왔다.(Hodgson 1998)

카터는 1999년 10월 3일자 『로스앤젤레스 타임스』지와의 회견에서 "1994년 방북 이후 수년간 북한의 방문초청을 받았으나 행정부가 자신의 재방북은 물론 중동 및 수단 방문도 반대했다"면서 클린턴 행정부와 불편한 관계에 있었음을 시인했다. 그는 "해외에서 미 정부를 비판한 데 대해 백악관이 섭섭해하는 것 같다"고 말했다. 그는 외국 방문 시 국가수반의 대우를 받고 있다면서 "이 지위 때문에 한 번의 전화통화로 1~2년간 교착상태에 빠진 문제가 해결된 적도 있다"고 밝혔다. 어찌됐든 한국인 100만 명이 사망하는 전쟁 시나리오가 가동에 들어가지 않은 것은 천만다행한 일이라 아니 할 수 없겠다.

참고문헌 Carter 1998, Harrison 2003, Hodgson 1998, Oberdorfer 1998 · 2002, Sigal 1999, 경향신문 1999a, 권대익 1996, 김창희 2004, 동아일보 특별취재팀 1999, 문철 1999, 윤석민 1997, 이용수 1996, 정연주 1994 · 1994b, 주돈식 1997

제4장

폭력의 문화정치학

폭력의 문화정치학

미국은 '폭력 국가' 인가?
세계 최고의 범죄율

"미국에서는 총이 영광의 상징"

1989년 총 120억 달러에 달했던 미국의 무기 판매 실적은 1991년 400억 달러로 증가했다. 이는 미국이 '폭력을 수출하는 국가'라는 증거로 거론되었는데, 유엔개발계획(UNDP)이 발표한 「1994년도 인간개발보고서」는 미국이 국내적으로도 지구상에서 가장 대표적인 '폭력국가'라는 것을 보여주었다.

이 보고서에 따르면, 미국은 세계에서 군비지출 규모가 가장 큰 반면, 살인·폭력·강간이 가장 많이 일어나는 나라였다. 1992년의 경우 연간 국방비로 2900억 달러를 지출했으나 범죄로 인한 피해액은 4250억 달러에 이르렀다. 또 매일 어린이 20명이 총격으로 숨졌으며, 1993년에는 15만 건의 강간 사건이 일어났다. 또 5세에서 19세 이하의 청소년 중에서 총기 사고로 숨진 사람은 지난 1985년에는 3088명이었으나 1990년에는 4854명으로 급증했다.(김차웅 1993)

미국 전체 살인발생률은 지난 40여년 간 2배로 증가했다. 살인발생률은 당연히 세계 1위이며, 그것도 아주 독보적인 1위였다. 세계 2위를 기록하고 있는 스코틀랜드도 미국의 4분의 1에 미치지 못했다. 자살률도 세계 최고 수준이었다. 1994년 선진국들 가운데 600명의 어린 아이들이 자살한 것으로 보고되었는데, 그중 절반 이상이 미국에서 일어났다.(Toufexis 1993, Wood 2004)

미국이 그처럼 높은 살인율, 자살률, 범죄율을 기록하는 이유로는 인구의 15퍼센트 이상이 빈곤선 이하에서 생활하고 있는 극심한 빈부 격차, 자유로운 총기 소지, 그리고 폭력적 문화 등이 지목되었다. 미국민이 개인적으로 갖고 있는 총기는 모두 2억 5000만 정에 이르며, 미국 가정의 43퍼센트가 집에 1개 이상의 총기를 소유했다. 그 어른에 그 아이들인지라, 매일 10만 명의 학생이 총기를 휴대하고 등교해 걸핏하면 총질을 해대고 있는 실정이었다.

미국 수정헌법 제2조는 시민의 무기 소지 권리를 보장하고 있다. 미국에서 총기 사고가 날 때마다 개인의 총기 소유를 금지하자는 주장이 제기되지만, 아직도 미국인 다수는 총기 소유에 찬성하고 있다. 왜 그럴까? 물론 총기 제조업체들의 막강한 로비와 홍보를 무시할 수는 없을 것이다. 그러나 그들의 로비와 홍보도 비빌 언덕이 있어야 가능할 게 아닌가? 권용립(2003)은 개인의 총기 소지가 미국의 건국 이념과 어떤 관계를 맺고 있는지에 대해 다음과 같이 말한다.

"마키아벨리(Niccoló Machiaveli, 1469~1527)가 보기에 공화정이 타락하는 이유 중의 하나는 무기를 독점하고 또 사사로운 이익을 위해 이 무기를 쓰는 상비군이 존재하기 때문이다. 상비군은 '자유' 가 '폭정'

총기 정책은 미국 건국 초기부터 매우 민감한 주제였다. 1775년에 민병대를 조직한 존 파커의 동상.

으로 타락하는 주된 원인이기 때문에, 공화정을 수호하고 폭정으로의 타락을 막는 방법 중의 하나는 개별 시민이 시민인 동시에 전사가 되는 것, 즉 시민으로 구성된 민병대가 상비군의 역할인 대내 질서 유지와 대외 방위를 수행함으로써 권력이 인민의 자유를 침해하지 못하도록 부단히 견제하는 것이었다. ······ 매디슨(James Madison, 1751~1836)이나 조지 워싱턴(George Washington, 1732~1799)이 시민의 무기소지를 보장한 미국 헌법을 두고 '미국의 우월성'이라고 평한 것도 이런 맥락에서다."

그러니 클린턴 행정부의 총기규제가 성공을 거두기는 어려웠다. 1995년 미시간 주에서 총기휴대권 집회인 '건 스톡 95'가 열렸을 때, 참석자들은 "(케네디 대통령을 쏜) 리 하비 오스왈드(Lee Harvey Oswald,

1939~1963)는 어디 있나? 나라가 그를 찾고 있다"는 스티커를 자동차에 붙임으로써 클린턴에 대한 강한 증오심을 나타냈다. 미국아동보호기금 이사장인 메리언 에덜먼(Marian Edelman)은 "미국에서는 총이 영광의 상징이었다. 우리는 총에 많은 투자를 했고 영화나 TV를 통해 폭력을 팔았다. 이런 분위기에서는 아이들도 폭력적일 수밖에 없다"고 말했다.(김수진 1994)

줄리아니의 '제로 톨러런스 운동'

폭력에 대한 공포 분위기가 확산되는 가운데 미국인들의 '보안 강박증'을 주요 이슈와 정책으로 삼는 정치인들도 나타났다. 대표적 인물이 이탈리아 이민 3세로 연방 검사장 출신인 뉴욕시장 루돌프 줄리아니(Rudolph Giuliani)다. 검사장 시절 마피아 소탕으로 이름을 떨친 그는 1993년 선거에서 재선에 나선 흑인 시장 데이비스 딩킨스(David Dinkins)를 누르고 제107대 시장에 당선돼 뉴욕 시민을 깜짝 놀라게 만들었다. 그의 당선은 '반란'이었다. 당시 뉴욕은 시민 중 민주당원이 62퍼센트로 18퍼센트에 불과한 공화당원에 비해 무려 4배 가까이나 많을 정도로 민주당의 텃밭이었기 때문이다. 줄리아니의 당선은 1966년 존 린지(John Lindsay, 1921~2000)를 끝으로 맥이 끊겼던 공화당 출신 시장의 탄생이었다.

줄리아니는 이른바 '깨진 창문(broken windows)' 이론을 적용해 경범죄에 대해서도 '조금도 봐주지 않는(zero-tolerance)' 분위기를 조성해나갔다. 이는 기대 이상의 성적을 거두었고 다른 도시들도 뒤따라 대부분의 도시 지역에서 강력범죄 발생률이 5년 연속 떨어진 것으로

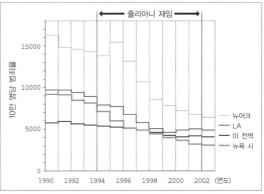

루디 줄리아니 뉴욕시장과 재임 당시 감소한 범죄율.

나타났다.(Buchholz 2001)

'깨진 창문' 이론이란 무엇인가? 정치학자 제임스 윌슨(James Q. Wilson)은 제자인 범죄학자 조지 켈링(George L. Kelling)과 같이 『월간 애틀랜틱(Atlantic Monthly)』 1982년 3월호에 「깨진 창문(Broken Window: The Police and Neighborhood Safety)」이라는 제목의 글을 발표했다. "만약 한 건물의 유리창 하나가 깨진 채로 방치된다면, 나머지 유리창들도 곧 깨질 것이다. 깨진 채로 버려진 유리창 하나는 누구도 돌보고 있지 않으며, 그래서 유리창을 더 깨도 문제될 게 없다는 신호다."(Current Biography 2002)

즉, 만약 한 창문이 깨져 있고 그것을 수리하지 않고 내버려둔다면 그 근처를 지나가는 사람들은 창문을 쳐다보면서 "이 집에는 이런 문제에 아무런 관심이 없고 아무도 책임지는 사람이 없구나"라는 결론을 내리게 될 것이다. 그렇게 되면 조만간 더 많은 창문이 깨지게 되고 무정부 상태가 거리로 전파될 것이다. 낙서(그라피티), 무질서, 공격적인 구걸과 같은 도시의 비교적 사소한 문제들이 깨진 창문에 버금가는 결과를 초래함으로써 보다 중대한 범죄를 불러일으킬 것이다. 범죄에 대한 강력 대응은 범죄가 흑인들에 의해 많이 저질러지는 현실 때문에 인종차별주의라는 혐의에서 자유로울 수 없었지만, 윌슨과 켈링은 "범죄 희생자들 다수가 흑인임을 상기시킴으로써 인종차별주의라는 비난에서 벗어났다."(Sorman 2004)

도시의 낙서 문제에도 '깨진 창문' 이론이 적용되었다. 데이비드 트렌드(David Trend 2001)에 따르면, "기본적으로 백인이 주류를 점하고 있는 언론 측에서는 낙서가 지닌 표현적 잠재력을 그저 문화적 야만주의에 지나지 않는 것으로 깎아내렸던 것이다. …… 1980년대 장 미셸 바스키아(Jean-Michel Basquiat, 1960~1988) 같은 거리예술사가들에게 잠깐이나마 봉헌된 영예를 열외로 친다면, 이들 낙서예술가 혹은 '낙서가들(taggers)' 들에게 날아오는 것은 고소장이었지, 예술평론이 아니었다."

깨진 창문 이론에 근거한 제로 톨러런스 운동은 상품과 서비스의 품질 향상을 기하기 위한 기업들의 노력에도 반영되었는데, 모토로라, 제너럴일렉트릭 같은 대기업에서 일어난 이른바 '식스 시그마(6σ)' 품질향상 운동이 바로 그것이다.(Buchholz 2001)

그런데 뉴욕을 '깨진 창문' 이론의 성공 사례로 보는 데에는 이견도 있다. 뉴욕이 1990년 30.72건이던 인구 10만 명당 살인이 2005년 6.57건으로 1963년 이후 최저를 기록함으로써 미국 10대 도시 가운데 가장 안전한 도시로 꼽히게 된 것은 분명한 사실인데, 쟁점은 그 이유다. 반론을 제기하는 이들은 경제성장으로 50만 명이 일자리를 갖게

장 미셸 바스키아의 1982년작 〈여름방학에 내가 한 일(What I did on my summer vacation)〉. 그러나 바스키아의 작품과는 달리 대부분 그라피티는 예술로 인정받기가 어려웠다. ⓒ quinn.anya

됐고, 인종갈등이 줄어들고, 주거환경이 개선되고, 낙태 합법화로 범죄 가능성이 큰 사생아가 줄어든 것이 진짜 이유라고 주장한다.(권순택 2007)

탁선호(2010)는 "표현의 자유 억압과 복지제도의 해체, 인종차별적 학대행위, 경찰의 총기발사로 인한 흑인 청년의 죽음 등으로 임기 후반 줄리아니의 지지도는 32퍼센트까지 떨어졌다"며 이렇게 말한다. "그러나 9·11이 일어나 뉴욕이 아비규환으로 변한 순간 줄리아니는 잿더미로 변한 곳에 나타나 사태 수습을 진두지휘하며 다시 미디어의 화려한 조명을 받았다. 그는 인기 없는 뉴욕시장에서 일약 위기에 빠진 국가를 구해낸 '미국의 시장'으로 부상하며 전 세계인의 주목을 받았다. 게다가 제로 톨레랑스 치안전략은 훌륭한 '메이드 인 유에스에이' 상품이 되어 수출되었다."

커트 코베인 자살

미국에서는 총이 영광의 상징이라는 것을 몸소 보여주고 싶었던 걸까? 1994년 4월 8일, 최정상의 인기를 누리던 미국 록그룹 '너바나'의 보컬리스트 커트 코베인(Kurt Cobain, 1967~1994)이 자택에서 숨진 채 발견됐다. 머리에 총상을 입은 그의 곁에는 권총 한 자루가 놓여 있었다. 경찰 조사 결과 그는 시신이 발견되기 사흘 전인 4월 5일 권총으로 자살한 것으로 드러났다. 유서에는 "서서히 퇴색해가는 것보다는 활활 타다 사라지는 것이 낫다"라는 말을 남겼다. 27세에 그런 말을 하면 더 나이 먹은 사람들은 어쩌라는 건지!

서영찬(2010a)은 "코베인은 X세대를 표상하는 팝스타다. X세대는 베이비붐 이후 1965~1980년에 태어난 세대를 가리킨다. 냉전 종식과 베를린장벽 붕괴는 이들 세대를 설명하는 역사적 사건이다. X세대는 컴퓨터와 인터넷을 본격적으로 접한 세대이기도 하다. 이들은 이념에 얽매이지 않고 자유분방하게 생각하고 행동했다. 하지만 그들도 짙었다. 1980년대 말부터 미국은 불황으로 일자리 부족에 시달렸다. 가정은 빚이 늘었고 이혼율이 높아졌다. 이런 사회적 환경에서 당시 20대이던 X세대는 미래에 대해 불안해했다. 불안한 미래는 이들 세대를 우울함과 반항에 빠지게 만들었다. 코베인은 이런 X세대의 삶을 노래했다"며 다음과 같이 말한다.

공연 중인 커트 코베인. ⓒ Susan Mcgrane-Burke

　"코베인이 속한 너바나는 X세대의 지지를 업고 상업적으로 큰 성
공을 누렸다. 1991년 발매한 〈네버마인드(Nevermind)〉가 큰 인기를 끌
며 너바나는 팝 음악의 흐름을 주도했다. 너바나를 규정하는 '그런지
록'은 팝 음악의 주류가 됐다. 강렬한 기타 사운드와 염세적인 가사가
특징인 그런지 록은 당시 X세대의 우울과 반항을 대변했다. 그런지
록은 자본주의에 대한 비판과 반감을 주로 표현해 젊은 층의 공감을
샀다. 코베인은 무대에서나 무대 밖에서나 티셔츠 차림을 즐겼다. 이
런 코베인 스타일은 젊은 층에서 크게 유행했다. 어린 시절 코베인은
종종 친구들에게 '27클럽' 멤버가 되고 싶다고 얘기했다고 한다. 27클
럽은 1969~1971년에 요절한 4명의 팝 뮤지션을 일컫는다. 롤링스톤스

멤버 브라이언 존스(Brian Jones, 1942~1969), 지미 헨드릭스(Jimi Hendrix, 1942~1970), 재니스 조플린(Janis Joplin, 1943~1970), 짐 모리슨(Jim Morrison, 1943~1970)이 이에 속한다. 이들은 모두 27살에 생을 마감했다. 가난하고 우울한 성장기를 보낸 코베인은 이들의 음악을 흠모했다고 한다. 코베인도 결국 27살에 자신의 손으로 인생을 마감했다. 그리고 27클럽의 일원이 됐다."

코베인의 죽음은 그의 팬들에겐 엘비스 프레슬리(Elvis Presley, 1935~1977)나 존 레넌(John Lennon, 1940~1980)의 죽음 못잖은 충격을 안겨주었지만, 록을 비난하는 사람들에게는 록의 폭력성을 입증해주는 사건으로 여겨졌다. 록의 폭력성에 대한 대표적 비판자인 시카고대학의 앨런 블룸(Allan Bloom, 1938~1992) 교수는 『미국 정신의 종말(The Closing of the American Mind)』(1987)을 통해 "섹스와 증오, 그리고 형제애라는 역겨운 위선"이 로큰롤 가사의 3대 주제라고 주장했다. 블룸(Bloom 1989)에 따르면, 로큰롤은 상상력을 파괴하는 '시궁창 문화'이며 오직 섹스에만 의존하는 장르이고, 음반사의 '강도 귀족'들이 띄워주는 음악이며, '마약 중개업만큼의 도덕성'을 가진 사업이라는 것이다.

미국 조지메이슨대학의 경제학과 교수 타일러 코웬(Tyler Cowen 2003)은 블룸과 같은 문화비관주의자들이 보이는 이런 반응은 그들이 현대음악에 대해 잘 모른다는 사실을 말해줄 뿐이라고 반박한다. 코웬은 현대음악은 오히려 대개 자유를 찬양하고 순응주의를 거부하여 권위에 도전하는 정신을 담고 있다고 주장한다. 전체주의 국가인 나치 독일과 소련도 바흐와 모차르트, 베토벤을 금지시키지는 않았지만, 재즈와 스윙, 블루스는 듣지 못하게 한 것도 바로 그런 이유 때문이었다는 것이다. 코베인의 자살을 계기로 이런 해묵은 논쟁도 다시 뜨겁게 달아올랐다.

보비트 '음경 절단' 사건

코베인의 자살 직전 미국 사회를 강타한 '보비트 재판'도 폭력에 관한 사건이었다. 1993년 6월 23일 밤, 에콰도르에서 이민 온 로레나 보비트(Lorena Bobbitt, 24)라는 여인은 남편의 음경을 절단함으로써 미국을 넘어 전 세계적인 화제의 인물이 되었다. 이 사건은 술 취한 남편이 강제로 성관계를 가진 데 격분, 아내가 남편의 성기를 식칼로 잘라버린 데서 비롯됐다.

그날 새벽 워싱턴에서 서쪽으로 약 40킬로미터 떨어진 버지니아 주 매나사스에서 술집 경비원인 존 보비트(John Wayne Bobbitt, 26)이 술에 취해 돌아와 미용사인 부인의 거부에도 불구, 강제로 관계를 가졌다. 화가 난 로레나는 남편이 잠든 사이 부엌칼로 성기를 잘라 밖에 던져버렸다. 사건 직후 신고를 받고 달려온 경찰에 의해 잘린 성기는 바로 수거돼 9시간이 걸린 봉합 수술 끝에 존 보비트는 소변을 보는 데는 지장이 없을 만큼 회복됐다.

사건 직후 부부는 성폭행 혐의와 고의적인 중상해죄로 서로를 고소, 법정 싸움이 시작됐다. 이 사건은 부부간에 성폭행죄(강간죄)가 성립될 수 있는지와 부인의 정당방위가 인정될 것인지를 놓고 처음부터 비상한 관심을 끌었다. 1993년 연말에 끝난 제1라운드 재판에서 아내에 대한 남편의 성폭행 부분은 배심원의 무죄평결을 받았다.

1994년 1월 제2라운드 재판이 시작되었다. 로레나는 배심원들에게 "나는 그가 처음 나를 강간했을 때를 기억합니다. 나는 그가 처음으로 나를 강요해서 항문 섹스를 가졌던 것을 기억합니다. 나는 낙태를 기억합니다. 나는 모든 것을 기억합니다"라고 말했다. 이 사건에 대해 여권단체들은 로레나의 정방방위가 인정돼야 한다고 주장한다. 단체들은 이 사건이 아내 측의 일방적인 유죄로 끝날 경우 모든 여성의 인권과 자기방어 권리는 보호받지 못하는 결과가 된다고 강조했다.

이 사건이 갈수록 화제를 모은 이유는 사건 자체의 '흥미성'에 언론의 보도경쟁, 부부간의 성폭행 성립 여부에 대한 공방, 아내의 행위를 정당방위라고 주장하는 여권단체의 지원 등이 복합 작용했기 때문이다. 법정 주변에는 위성중계 차량 20대가 몰려드는 등 연일 북새통이었다. 여기에다 상인들은 약삭빠른 상혼을 발휘, 존의 사인이 든 셔츠를 20달러에 파는가 하면 범행에 쓰인 것과 똑같은 칼과, 남성 성기 모양의 초콜릿도 상품으로 내놓았고 이것들은 날개 돋친 듯 팔려나갔다. 또 이 사건으로 유명해진 부부는 각기 홍보담당자까지 정해 텔레비전이나 잡지 등에 출연, 상당한 돈을 벌어들였다.(정동우 1994)

1994년 1월 21일 로레나는 무죄 평결을 받았다. 이날 여자 7명, 남자 5명으로 구성된 배심원단은 7시간의 토론 끝에 잠자는 남편의 성기를 자른 행위를 '일시적인 정신이상' 상태에서 저지른 행위로 인정해 무죄를 평결했다. 그녀는 이 평결로 버지니아주 법에 따라 정신감정을 위해 최고 45일간의 보호관찰을 받게 되었다.

스웨덴에서 남편에 의한 강간을 문제로 인식하게 된 때가 1965년, 영국에서는 1991년이었는데, 미국에서는 보비트 사건을 통해 비로소 그런 인식이 생긴 셈이다. 여성단체들은 크게 고무되었고 로레나의 출생지인 에콰도르에서는 수백 명의 주민들이 거리로 몰려나와 허공에 공포를 쏴대는 등 축제 분위기를 연출했다. 그러나 미 남성단체들은 "비극이다. 앞으로 남성들은 과거보다 훨씬 더 여성의 폭력 앞에 노출되게 됐다"는 내용의 성명을 냈다.(McLaren 2003, 정동우 1994a)

로레나 보비트는 심각했지만, 남편인 존 웨인 보비트는 그렇지 않았던 것 같다. 로레나에 대해 무죄평결이 내려지고 난 뒤, 기자들이 재판 결과에 대해 어떻게 생각하느냐고 묻자 그가 "내 대리인이 아무 말도 하지 말라고 그랬다"고 답했다. 이 사건으로 워낙 유명해지다 보니, 사건담당 변호사 외에 연예담당 변호사를 두어 대언론 관계의 일을 모두 맡아 처리하게 한 것이다. 그의 대리인인 연예담당 변호사는 이미 보비트를 〈아메리칸 저널(American Journal)〉이라는 폭로성 텔레비전 프로그램에 독점으로 팔아버렸기 때문에, 그는 〈아메리칸 저널〉이외에는 어떤 언론과도 회견을 할 수가 없었다.(정연주 1994)

뉴욕의 게이 레즈비언 퍼레이드

언어폭력은 어떤가? 1978년 『은유로서의 질병(Illness as Metaphor)』라는 책에 이어 1988년 『에이즈와 그 은유(AIDS and Its Metaphors)』를 출간한 수전 손택(Susan Sontag, 1933~2004)은 사람들의 일상적 언어생활에 깊숙이 침투해 있는 에이즈 은유가 매우 위험한 언어폭력일 수 있다고 경고했다. 손택은 앞서 출간한 『은유로서의 병』을 통해 언어생활에서 은유로 가장 많이 사용된 병(病)은 폐결핵과 암이라는 것을 지적하면서, 현대 전체주의 운동은 병과 관련된 이미지를 많이 사용하고 있다고 꼬집었다. 예컨대, 나치는 다른 민족과 피가 섞인 사람을 매독 환자라고 불렀으며, 유럽 유태인들을 제거되어야 할 매독 또는 암에 비유했다는 것이다.

손택은 이제 에이즈는 모든 1960년대적인 것의 청산을 기획하는 신보수주의의 표징이 되고 있다면서, 로널드 레이건이 에이즈의 확산을 정치체제의 위험으로 경고한 것이나 프랑스의 신파시스트 장마리 르펜(Jean-Marie Le Pen)이 파업한 리세의 학생들을 '정신적 에이즈에 걸린 자들'이라고 비난했던 것은 질병의 정치화가 야기하는 정치의 병리화를 잘 보여준다고 말했다. 어떤 현상을 질병으로 묘사하는 건 폭력을 선동하는 것이며, 가혹한 조치를 정당화하는 경향이 있다는 것이다.(Sontag 1978, 김종엽 1994)

그런 '에이즈 폭력'은 동성애자들을 겨냥했다. 빌 클린턴은 대통령 취임 초기에 '게이의 군 입대 허용 법안'을 거론했는데, 이는 뜨거운 논란을 빚었다. 군은 게이가 있을 경우 군 기강이 허물어지고 도덕성이 훼손된다는 이유로 대통령의 제안을 강력 반대하고 나섰다. 결국 양측은 타협을 보았는데, 즉 "군은 입대한 군인에게 동성애 사실을 물을 권리는 없으나, 만일 군인 자신이 호모라는 사실을 밝히거나 혹은 동성애를 하는 사실이 눈에 띄면 군복을 벗게 할 수 있다"는 이른바 "묻지 말라, 말하지 말라, 추궁하지 말라(Don't ask, don't tell, don't pursue)" 정책이었다. 이 정책은 비판을 받기도 했지만, "그것은 평화로운 중간 지대를 찾으려는 '제3의 길' 방식을 아주 잘 표현한 구호였다"는 평가도 있다.(Brooks 2001)

1994년 6월 26일 일요일 뉴욕 맨해튼 중심부에 있는 센트럴파크에

1969년 6월 28일 뉴욕 그리니치빌리지의 스톤월 인이라는 게이바를 경찰이 습격한다. 동성애자들의 폭력시위로 번진 이 사건으로 이곳을 기억하자며 게이 레즈비언 퍼레이드가 매년 열리게 되었다. ⓒ 연합뉴스

서 동성애자들의 대대적인 궐기 모임이 열렸다. 언론은 20만 명으로 보도했지만, 주최 측은 100만 명이라고 주장했다. 오후 1시부터 집결해 5시 반까지 평화시위를 가진 이들은 3시에는 에이즈로 사망한 동료들을 위한 1분간의 묵념을 갖기도 했다. 시위자들은 25년 전인 1969년 6월 27일 뉴욕 경찰이 그리니치빌리지에 있는 '스톤월 인(Stonewall Inn)'이라는 게이바를 습격한 사건을 염두에 두고, "스톤월을 기억하자"는 구호를 외쳤다.

6200명의 뉴욕 경찰이 투입된 가운데 루돌프 줄리아니 뉴욕시장도 경찰과 경호원들에게 둘러싸인 채 시위에 동참해 짧은 거리나마 같이

행진함으로써 화제가 되었다. 그는 '보수주의의 탈을 쓴 급진적 자유주의자' 라는 비난도 받았지만 소수계층의 권익을 옹호하는 정치인이라는 이미지로 인기가 상승했다.

이후 동성애자들은 '동성결혼 허용' 을 위해 투쟁했다. 1996년 9월 21일 통과된 '연방 결혼보호법(Defense of Marriage Act)' 은 "결혼은 남성과 여성의 결합이며, 어느 한 주에서 합법으로 인정한 동성 커플의 혼인관계가 다른 주에서도 법적 효력을 가지는 것은 아니다" 라고 규정했지만, 일부 도시와 주는 '동성결혼 허용' 쪽으로 나아갔다. 이미 1989년 샌프란시스코 시는 세계 최초로 동성 부부 등록을 받아주는 도시가 되었으며, 1994년 버지니아 주에서는 동성애를 하는 사람들도 자녀를 양육할 수 있다는 판례를 남겼고, 1996년 하와이 주에서는 같은 성끼리의 결혼도 허가한다고 발표했다.(박영배 · 신난향 2000, 정인환 2009)

종교단체들의 '순결 캠페인'

이런 흐름에 대응하겠다는 듯, 종교단체들은 '순결 캠페인' 을 벌였다. 가장 대표적인 단체는 1993년 테네시 주 내슈빌에 설립된 '진정한 사랑 기다리기(True Love Waits)' 로, 그곳의 슬로건은 "흥분하지 말고 순결하라(Stop Your Urgin' Be a Virgin)" 였다. 유명 배우와 운동선수들이 젊은 팬들에게 고귀한 순결의 이미지를 전하기 위해 이 단체에 가입했다. 1991년 양성애자임을 발표한 농구스타 매직 존슨(Magic Johnson)은 "가장 안전한 섹스는 섹스를 하지 않는 것이다(The only safe sex is no sex)" 라고 선언하면서 이 운동에 동참했다. 순결 증명서를 발급하는 단체들도 생겨났으며, 어떤 식으로건 순결서약을 지킬 수 있도록 도와주는 단체에 가입한 젊은 독신자들의 수는 10년 후 250만 명에 이르게 된다.(Bologne 2006)

한편 에이즈 행동가들은 "콘돔 없이는 사랑도 없다(No glove, No love)"는 슬로건을 유행시켰다. 콘돔은 점차 여자들을 임신으로부터 보호하기 위해서가 아니라 양쪽 모두를 질병으로부터 보호하기 위해서 필요한 것이 되었다.(McLaren 2003)

이 순결운동은 1998년부터는 미국 정부의 사회정책으로 추진되었다. 포스터와 텔레비전 광고, 교육 프로그램 등에 10년 동안 10억 달러를 투입하기로 한 가운데 보수파 싱크탱크는 순결이 좋다는 이론적 근거를 대느라 분주했다. 2005년 11월 미 헤리티지 재단의 로버트 렉터(Robert Rector) 박사는 「10대의 순결과 학업성취도」라는 제목의 보고서를 통해 순결을 지키는 고등학생이 대학에 진학하는 비율은 그렇지 않은 학생에 비해 2배가량 높고, 고등학교 때 퇴학당할 가능성은 60퍼센트, 자퇴할 가능성은 50퍼센트가 낮은 것으로 조사됐다고 밝혔다. 보고서는 "오늘날 10대 숫처녀나 숫총각은 괴짜나 부적응자로 취급되기 일쑤"라며 "순결을 지킨 10대가 학업에서나 금전적으로 좀 더 성공적인 인생의 승자가 될 것이라는 점을 청소년들에게 가르쳐야 한다"고 주장했다.(국기연 2005c, 이철희 2005c)

2005년 12월 8일자 『뉴욕타임스』는 미국 청소년들 사이에 결혼할 때까지 순결을 지키겠다는 약속의 표시로 '순결 반지'가 크게 유행하고 있다고 보도했다. 순결 반지에 매료된 10대들은 수십만 명에 달하며 대학생, 교회 청년회 회원들, 금욕 단체들, 여인들이 주 고객이라고

했다. 반지 디자인은 예수의 얼굴이나 십자가, 가시면류관 같은 이미지가 대부분을 차지하고, 세속적인 디자인도 점점 늘어나는 추세이며, 20달러 이하짜리도 있으나 300달러가 넘는 것도 나오고 있다는 것이다.(이동훈 · 노희경 2005)

효과가 있었을까? 2007년 16세 청소년 2000명을 상대로 이뤄진 조사에 따르면, 혼전 순결 교육을 받은 학생의 23퍼센트는 이미 성경험을 한 것으로 나타났다. 이는 전통적인 성교육 그룹 학생들과 같은 수치다. 또 양쪽 그룹 모두 평균 14.9세에 첫 경험을 했으며 이들의 4분의 1가량이 서너 명과 관계를 가졌다는 점에서도 다를 바 없었다. 아무래도 "섹스는 미국인에게 남겨진 최후의 프런티어"라는 말이 맞는 것 같다. 아니 어찌 미국인뿐이랴. 전 인류의 영원한 프런티어로 보는 게 옳을지도 모르겠다.

참고문헌 Bloom 1989, Bologne 2006, Brooks 2001, Buchholz 2001, Chomsky 2000, Cowen 2003, Current Biography 2002, Englert 2006, Friedman 2003, Giuliani 2002, Gladwell 2000, McLaren 2003, Sontag 1978, Sorman 2004, Toufexis 1993, Trend 2001, Wacquant 2010, Will 1993, Wood 2004, 경향신문 1993a, 국기연 2005c, 권순택 2007, 권용립 2003, 김수진 1994, 김종엽 1994, 김차웅 1993, 류승완 2001, 박영배 · 신난향 2000, 서영찬 2010a, 유영근 2002, 이동훈 · 노희경 2005, 이보형 2005, 이은주 2007, 이주영 2001, 이철희 2005c, 정동우 1994 · 1994a, 정연주 1994, 정인환 2009, 탁선호 2010, 한겨레 2001

미국인의 '폭력 노이로제'
텔레비전 폭력 논쟁

'브이 칩(V-chip)'의 등장

1990년 12월에 제정된 'TV 폭력 규제법'은 케이블 TV를 포함한 모든 TV 업계가 1993년 내에 스스로 폭력 프로그램을 방송에서 배제하기 위한 가이드라인을 만들 것을 요구했다. 이에 따라 3대 텔레비전 네트워크는 1992년 12월에 다음과 같은 자체 가이드라인을 발표했다.

①수량을 제한하는 것이 아니라 어디까지나 자주적인 것으로 한다. ②폭력 묘사는 내용에 비추어 필요한 경우에 한한다. 당치도 않은 내용, 미화한 내용, 고의로 자극하는 내용, 쇼크를 주는 내용이 아닐 것. ③어린이들이 흉내 낼 우려가 있는 행동 묘사는 신중을 기할 것. ④성적 폭력의 묘사에는 특히 신중을 요함. ⑤작품 주제가 명백하게 반폭력의 입장이라고 한다면 이 기준에서 예외로 인정한다.

그러나 뉴욕 세계무역센터 폭탄 테러와 사교집단 다윗파의 떼죽음 사건은 미국인들의 폭력에 대한 생각을 예민하게 만들었으며, '폭력

노이로제' 라는 말까지 나오게 만들었다. 그런 상황에서 텔레비전 네트워크들이 제시한 자체 가이드라인만으론 텔레비전 폭력 문제에 대한 우려를 잠재우기에는 역부족이었다.

상원과 하원에서 TV 폭력에 관한 논의가 활발해진 가운데 전국 학부모–교사협의회(PTA; Parent-Teacher Association)와 미국의료협회(AMA) 등 19개 단체는 '반(反)TV 폭력'을 위해 활동할 연합 조직을 결성하는 움직임을 보였다. 상황이 그렇게 돌아가자 ABC, CBS, NBC, Fox 등 4개 네트워크는 1993년 가을 개편부터 폭력적인 내용을 담고 있는 프로그램에 경고문(2년간 실험적으로 실시)을 싣겠다고 발표했다.

"프로그램의 일부에 폭력적인 내용이 포함돼 있습니다. 부모님들은 주의해 주십시오"라는 메시지를 해당 프로그램이 시작하기 전과 프로그램 예고방송, 광고음악이 나갈 때에 고지하고 잡지와 신문의 안내란에도 표시하겠다는 것이었다. 그러나 그 대상은 프라임타임의 프로그램에 한정되었고 어린이 대상 만화 프로그램은 제외되었다. 또 내용이 폭력적인가 아닌가 하는 판단에 대해서는 영화와 같은 기준을 작성할 계획은 없고 각 사의 프로그램 심의의 판단에 맡기기로 했다. 케이블 텔레비전 중 15개사가 네트워크의 그런 조치에 준해 따르겠다는 뜻을 표명했다.

그러나 의회에서 그 정도로는 불충분하다고 보고, 8월 2일 로스앤젤레스에서 열린 폭력프로그램대책위원회에서 상원 헌법소위원회 위원장 폴 사이먼(Paul M. Simon, 1928~2003)은 더 강화된 규제를 준비하도록 요구했다. 그리하여 8월 상·하원에 8개에 이르는 텔레비전 프로그램 폭력 장면 규제 법안이 제출됐는데, 이 가운데 영향력과 실현 가능성 등에서 주목받는 건 다음의 3개 법안이었다.

첫 번째는 특정 시간대(어린이가 시청하고 있는 시간대)에 있어서 폭력 프로그램의 방영금지를 요구하는 안이었다. 두 번째는 면허를 갱신할 때, 연방통신위원회(FCC; Federal Communications Commission)가 각 방송사에 폭력 장면이 많은 프로그램을 줄이는 노력을 강화할 것을 요구하는 한편, 폭력 기준을 설정해 위반 방송사에 대해 벌금을 매기자는 안이었다. 그리고 세 번째 안은 이른바 '브이 칩(V-chip)' 안이었다.(MBC 1994a)

'브이 칩' 안은 매사추세츠 주의 민주당 하원의원 에드워드 마키(Edward J. Markey)가 제안한 것으로, 텔레비전 수상기 제조회사들이 '브이 칩'이라고 하는 것을 모든 수상기에 의무적으로 설치케 하는 것이었다. 이는, 폭력적이라고 판단되는 모든 프로그램의 전파에 특수신호를 담아 송출하게 하고, 이 신호를 텔레비전 수상기가 자동적으로 찾아내도록 하는 컴퓨터 칩이다. 브이 칩이 설치되면 부모들은 특수신호를 담고 있는 모든 프로그램을 자동으로 차단할 수 있게 된다. 단, 이 법안에 따르면 폭력적인 V 등급 프로그램은 방송사가 자율적으로 결정하도록 했다.

또 그 밖의 법안들이 내세우고 있는 조치들을 종합, 정리해보면 ① 부모의 불만을 접수할 800번 전화 설치, ②폭력 건수의 수량화, ③폭력물 경고, ④프로그램 홍보시간대 모니터링, ⑤해결책을 모색하기 위한 대통령 직속위원회 구성, ⑥폭력 프로그램의 광고비에 대한 세금 감면 불허 등이었다.(KBS 1993)

텔레비전 폭력을 규제하고자 하는 클린턴 행정부의 의지도 단호했다. 1993년 9월 신임 FCC 위원장 리드 헌트(Reed Hundt)는 텔레비전 폭력 문제를 가장 중요한 건의사항으로 거론하겠다는 점을 분명히 했다. 또 1993년 10월 20일 법무장관 재닛 리노는 텔레비전 폭력물을 주제로 한 상원의 한 청문회에서 방송사들을 향해, 매일같이 전 국민의 안방을 파고드는 총질과 칼싸움 및 기타 폭력의 홍수를 막기 위해 자율 조치를 즉각 취하지 않을 경우, 백악관과 의회가 적절한 법적 조치를 강구하게 될 것이라고 강력히 경고했다.(MBC 1993)

신종사업으로 부상한 폭력물 모니터

상황이 그 지경에 이르자, 1994년 1월 미국의 케이블 방송사들은 방송 프로그램의 폭력성에 분노한 상·하 의원들의 노여움을 가라앉히기 위해 독립적인 외부 모니터들이 프로그램에 등급을 매겨 정기 보고서를 작성토록 하는 프로그램 등급제를 도입키로 하고, 이를 위한 실행 계획을 수립했다. 이 계획안에는 케이블 가입자들이 '폭력적'이라고 등급이 매겨진 프로그램을 자동으로 차단할 수 있는 장치의 도입도 포함되었다.(MBC 1994)

이는 그만큼 케이블 텔레비전이 성장했다는 것을 의미하는 것이기도 했다. 1994년에 가입자를 100만 이상 확보한 케이블 텔레비전 시스템은 14개에 이르렀는데, 상위 5개사는 ①Tele-Communications 1000만 ②타임워너 700만 ③Continental 300만 ④컴캐스트 280만 ⑤Cablevision 200만 등이었다. 매월 일정액으로 자유롭게 복수 채널을 선택 시청할 수 있는 베이식 서비스 가입자 상위 10개사는 ①ESPN(Entertainment and Sports Programming Network) 6190만 ②CNN

(Cable News Network) 6170만 ③A&E(Arts and Entertainment Network) 6100만 ④USA Network 6010만 ⑤TNT(Turner Network Television) 5990만 ⑥C-Span 5960만 ⑦디즈니 채널 5930만 ⑧Nickelodeon 5900만 ⑨TNN(The Nashville Network) 5750만 ⑩MTV 5650만 등이었다. 그리고 유료 서비스 가입자 상위 3개사는 ①Home Box Office 1740만 ②Viewer's Choice 1150만 ③Showtime/Movie Channel 1070만 등이었으며, 수퍼스테이션 상위 3개사는 ①WTBS(애틀랜타) 6020만 ②WGN(시카고) 3810만 ③WWOR(뉴욕) 1200만 등이었다.(Emery & Emery 1996)

그런 막강한 미디어파워를 갖게 된 케이블 텔레비전은 이제 여론에 민감하지 않을 수 없게 되었다. 공중파 네트워크 방송사들은 1993년 7월, 폭력적인 내용을 담고 있는 일부 프로그램의 앞에 경고문을 방송키로 합의한 바 있었지만, 본격적인 등급제도는 단호히 반대한다는 입장을 견지했다. 광고주가 겁을 내 이탈할 수 있으며, 또 실질적인 사전검열 제도가 될 우려가 있다고 보았기 때문이다. 그러나 그들도 이젠 막다른 골목에 이르렀다고 판단한 것인지 서서히 변화의 조짐을 보이기 시작했으며, 그 결과 미국에서는 폭력물 모니터가 신종사업으로 부상했다. 이에 대해 1994년 5월 9일자 『뉴욕타임스』는 다음과 같이 보도했다.

"프로그램의 폭력성 모니터 사업이 각광받고 있는 것은 지난여름부터 강화되기 시작한 의회 압력의 결과다. 폭력 프로그램이 날로 증가하고 있는 청소년 범죄의 원인으로 규정되어 법적 규제의 위협을 받게 되자 비디오·방송·케이블 단체들은 예상했던 조치를 취했다. 즉 이 문제를 희석시키는 방법을 생각해낸 것이다. 폭력물을 줄이겠다는 약속 대신 폭력성과 관련된 정보를 보다 많이 제공하는 데 의견 일치를 본 것이다. 비디오게임 제조업자들은 제품에 등급을 지정하여 부모가 특별히 폭력적인 게임을 식별하도록 하겠다고 약속했다. 방송사와 케이블 업계 또한 별도의 위원회를 구성하여 TV 폭력에 관해 조사·보고하겠다고 밝혔다. …… 지난 몇 개월 동안 케이블과 방송업계는 폭력물을 모니터한 제안서를 접수했다. 두 업계 모두 폭력에 대한 양적 측정뿐만 아니라 질적 측정 방법도 요구했다. 양측 모두 얼마나 많은 제안서를 접수했는지 밝히진 않았지만 주로 학계 또는 비영리 연구단체들로부터 제안이 들어왔다고 전했다."(MBC 1994b)

TV 폭력물 수출 호황

1995년 3월 12일부터 케이블 텔레비전 방송사들은 일주일간 대대적인 반(反)폭력 캠페인을 벌였다. 미국 전역의 51개 케이블 방송사가 자체 결의해 시행한 반폭력 캠페인은 정부 개입 불가피론이 나오자 취한 자구책이었는데, 바로 직전 국방부, 체신청, 철도청 등 3개 정부부처가 과도한 폭력이 담긴 텔레비전 프로그램에 광고를 내지 않겠다고 공식 선언한 바 있었다. 1994년 7000만 달러의 광고비용을 써 연방정부 부처 및 관련 기관 중에서 텔레비전 광고를 가장 많이 하는 3개 부처의 그런 선언은 결코 가볍게 넘길 수 없는 것인데다 의회도 텔레비전 폭력 규제 입법을 강력히 추진할 움직임을 보이고 있었던 것이다. (홍희곤 1995)

전반적으로 미국 텔레비전 폭력물은 해외에서 더 강세를 보이고 있었다. 1995년 2월, 『워싱턴포스트』는 미국 방송계의 폭력물 방영 제한

코믹스로 시작한 엑스맨은 인기를 얻어 드라마와 몇 편의 영화로 제작되었다. 엑스맨의 첫 스핀오프인 〈엑스맨 탄생: 울버린〉의 언론 인터뷰 장면. ⓒ Franz Richter

에 따라 폭력물 제작업체들이 미국 내 방영으로는 턱없이 모자라는 제작비를 해외에서 벌충하고 있다고 보도했다. 이 기사는 미국 내 방영되는 프로그램의 경우 폭력물이 차지하는 비율이 전체의 17퍼센트인 반면 해외로 수출하는 프로그램 가운데는 46퍼센트나 된다는 펜실베이니아대학의 조지 거브너(George Gerbner, 1919~2005) 교수의 흥미로운 조사 결과를 소개했다. 예를 들어 독립 프로덕션인 사반 엔터테인먼트(Saban Entertainment)가 제작하는 폭력물 〈엑스맨(X-Men)〉의 1회 제작단가는 40만 달러에 이르지만 이 프로를 방영하는 Fox 네트워크가 지불하는 금액은 그 반 정도밖에 안 되기 때문에 결국 제작업체가 이 프로를 계속 만들 수 있는 방법은 해외수출밖에 없다는 것이다. "카메라에 불이 들어오기 전에 먼저 이 시리즈가 해외로 팔려나갈 수 있을지 검토해야 한다"고 사반의 관계자는 말했다.

그 때문에 폭력물의 인기는 미국 내가 아니라 해외 시청률에 의해 좌우되는 일이 벌어졌다. 1990년 캘리포니아 해안 구조요원의 이야기를 그린 폭력물 〈베이워치(Bay Watch; SOS 해상 구조대)〉를 방영했던 미국의 NBC가 몇 달 만에 계약을 취소하자 외국 방송사들이 1회당 85만 달러에 이르는 제작비를 댄 프로그램을 지속시킨 결과, 이 프로그램은 이젠 100개국 이상에서 인기리에 방영되고 있다는 것이다. 여전히 폭력이 난무하고 수영복 차림의 늘씬한 여성들이 해안에 등장하는 채로 말이다. 거브너는 '폭력물의 왕국'으로 알려진 미국에서 실제 폭력물의 시청률은 시트콤이나 토크쇼에 비해 훨씬 뒤처지는데도 다른 나라 방송사들이 폭력물 수입을 선호하는 것은 폭력물이 시트콤류처럼 문화의 차이를 별로 드러내지 않는데다 더빙도 일반 드라마보다 훨씬 적기 때문이라고 분석했다. 폭력이 어떤 언어장벽도 넘어설 수 있는 만국 공용어라는 점, 바로 이것이 문제인 걸까?

참고문헌 Emery & Emery 1996, KBS 1993, MBC 1993 · 1994 · 1994a · 1994b, 강준만 1994 · 2001, 김영희 1995a, 홍희곤 1995

'미디어의 서커스'
O. J. 심슨 살인 사건

흑백결혼의 비극인가?

1994년 6월 13일 새벽 미국 캘리포니아 주 로스앤젤레스의 고급주택가 브렌트우드에서 백인 남녀가 흉기에 난자당한 시체로 발견됐다. 세계를 발칵 뒤집어놓은 이른바 'O. J. 심슨(Simpson) 사건'의 시작이었다. 스포츠스타의 복잡한 사생활과 가정폭력이 낳은 이 끔찍한 범죄는 사법당국의 수사와 재판을 거치는 과정에서 돈과 권력, 인종문제, 미국 사법체계의 문제점, 황색언론의 광기가 어우러져 미국 역사상 가장 추악한 범죄 사건이라는 평가를 받았다. 특히 심슨 재판을 둘러싼 언론의 과열 보도 경쟁은 '미디어의 서커스'가 되었는데, 정작 단속 대상으로 삼아야 할 것은 텔레비전 드라마의 폭력이 아니라 '보도'를 빙자한 이런 '미디어의 서커스'가 아니었을까?

시신으로 발견된 피해자는 여배우 니콜 브라운(Nicole Brown, 1959~1994, 35세)과 그녀의 애인인 레스토랑 종업원이자 모델 지망생인 론

아내 니콜 브라운와 그녀의 애인을 살해한 혐의를 받은 O. J. 심슨.

골드먼(Ron Goldman, 1968~1994)이었다. 경찰은 사건현장에서 곧바로 니콜 브라운의 전(前)남편인 O. J. 심슨 (46)을 용의자로 지목했다. 현장에서 심슨의 혈흔이 나왔고 심슨의 집에서 피해자의 혈액이 묻은 장갑이 발견됐다. 심슨은 1960~1970년대 미 프로 미식축구계를 주름잡았던 전설적인 스타로 현역에서 은퇴한 뒤 미식축구 '명예의 전당'에 올랐으며 NBC의 미식축구 해설가로 명성을 날렸고 〈총알탄 사나이(The Naked Gun)〉(1988년, 감독 데이비드 주커) 등 여러 편의 영화에 출연한 배우이기도 했다. 그는 아내를 구타해 원치 않는 이혼을 당한 지 2년이나 흐른 상태였음에도 불구하고, 브라운에게 과도한 집착을 보이고 있었다.

문민석(1999)에 따르면, "심슨은 12세 연하인 니콜이 열여덟 살 때 처음 만났다. 니콜은 당시 '골빈 파티걸'이라는 평을 들을 정도로 이미 남성편력이 심한 편이었던 것으로 전한다. 그래도 이들 커플은 1980년대 중반까지 1남 1녀를 두고 적어도 남들이 보기에는 행복하게 살아가는 듯했다. 그러나 심슨의 여성편력과 니콜의 바람기가 맞물려 둘의 관계는 악화되기 시작했다. 심슨은 질투의 화신이 되어 니콜에게 무자비한 폭력을 휘둘렀고 결국 1992년 이혼에 이르게 됐다. 심슨은 니콜과 이혼한 후에도 니콜의 남성편력에 대해 질투하고 그를 감시해왔던 것으로 알려졌다."

경찰은 이튿날 심슨 체포에 나섰다. 6월 17일 심슨은 차를 몰고 무작정 고속도로를 달렸다. 경찰차와 헬기가 그 뒤를 쫓아 시속 100킬로미터가 넘는 추격전을 벌이는 동안 이 장면은 전 미국에 텔레비전으로 생중계됐고 도로에 늘어선 시민들은 "O. J. 고"를 외쳤다. 마치 현역 선수 시절 심슨의 질주에 열광하던 모습과 흡사했다. 시민들은 그가 범인이라는 것을 믿고 싶지 않았다. 이것은 믿기 어려운 미디어 이벤트였다. NBC의 경우 프로농구 결선 생중계를 중단하면서까지 이 추격전을 생중계했다. 스티브 바킨(Steve M. Barkin 2004)은 이 모든 호들갑을 가리켜 "미국 문화사와 저널리즘 역사에서 미증유의 일이었다"고 논평했다.

이 사건은 발생 후 두 달 가까이 신문과 방송의 톱뉴스를 거의 매일 장식했다. 이 기간에 미국에서 개최된 축구 월드컵의 열기도 이에는 훨씬 못 미쳤다. 이 살인사건의 재판은 거의 광기에 이른 미디어와 그 부추김을 받은 여론 앞에서는 재판부조차 얼마나 무력할 수 있는지 여실히 보여주었다. 미식축구 스타로 엄청난 돈을 번 흑인이 백인 아내와 그녀의 남자 친구를 죽였다는 혐의를 받았으니, 이 어찌 흥미진진한 사건이 아니었으랴.

형사재판 무죄, 민사재판 유죄

'미디어의 서커스'는 어느 정도였던가? CNN은 588시간을 중계했고, '법정 TV'는 656시간, '엔터테인먼트 TV'는 935시간에 걸쳐 사건 관련 프로그램을 방영했다. 신문, 잡지들도 똑같이 미쳐 돌아갔다. 사건

유명 감독 로만 폴란스키의 아내 샤론 테이트를 살해하는 등 수많은 범죄를 저지른 중대범죄자 찰스 맨슨은 재판 과정에서 여론의 이목을 끌었다.

관계자들도 한탕주의 유혹에 빠져 들어갔다. 심슨은 말할 것도 없고, 검사, 재판관, 배심원, 피해자 가족, 친구들 등이 수기를 출간했다. 사건 직후 출판된 관계자들의 책이 50권이 넘었다.

배심원이 선발되어 재판의 종결까지 걸린 시간은 372일, 배심원 선발 후 호텔에 격리당해 재판이 시작되고 나서부터 걸린 시간은 266일이었다. 이는 찰스 맨슨(Charles Manson) 재판에서 격리된 225일이라는 기록을 깬 것이었다. 로스앤젤레스 시가 재판에 사용한 돈은 약 900만 달러였는데, 그중에서 배심원 격리에 든 돈이 300만 달러였다.(박홍규 2000)

심슨의 변호를 맡은 이른바 '드림팀' 변호인단은 372일간의 치열한 법정공방 끝에 불가능해 보이던 심슨의 무죄 평결을 이끌어냈다.(변호사 비용은 600만 달러였다.) 변호인단은 피 묻은 장갑이 심슨의 손에 맞지 않는다는 점, 현장에서 발견된 혈액에 대한 보존상태와 채취 경위, 혈액이 남겨진 시점 등을 문제삼았다. 또한 수사 경찰이 인종차별주의자임을 집중 부각시켰다. 재판이 진행되는 동안 언론에 매수당한 가짜 목격자가 나타났고 범행에 사용된 칼을 팔았다는 입증되지 않은 참고인 주장도 언론에 소개됐다. 재판은 혼란에 빠졌고 결국 배심원단은 심슨이 유죄라는 결론을 내리지 못했다.(유신모 2009a)

형사재판을 통해 심슨이 무죄를 인정받은 것은 살해사건이 발생한

지 1년 6개월이 지난 1995년 10월이었는데, 여기에 한 가지 의미심장한 에피소드가 있다. 10월 2일 낮 1시, 클린턴 대통령은 백악관 비서진과 함께 O. J. 심슨 사건 판결을 텔레비전 생중계로 지켜봤다. 흑인 9명, 백인 2명, 히스패닉 1명으로 구성된 배심원단이 "무죄(not guilty)"라고 발표하자 클린턴의 입에서 "제기랄(shit)"이라는 말이 튀어나왔다. 백악관 직원들은 클린턴과 그 곁에서 함께 텔레비전을 보던 흑인 여비서 벳시 라이트(Betsey Wright)를 번갈아 쳐다봤다. 벳시는 클린턴 부부와 20년 가까이 고락을 함께 해온 가족이나 다름없는 사람이었다. 그러나 그 순간만큼은 백인 대통령과 흑인 비서라는 좁힐 수 없는 간격이 자리잡았다. 클린턴은 직원들이 지켜보는 가운데 벳시에게 사과했다.(박두식 2009)

형사재판은 끝났지만 민사재판이 남아 있었다. 형사재판이 진행되기도 전인 1994년 7월에 이미 론 골드먼의 모친 샤론 루포에 의해 이 살해사건에 관한 민사재판이 진행 중이었다. 1995년 5월에는 로널드 골드먼의 아버지 프레드 골드먼(Fred Goldman)이 민사소송을 제기했다.(루포와 골드먼은 이혼한 상태였기 때문에, 각자 민사소송을 제기했다). 그리고 1996년 6월에는 니콜 브라운의 가족들이 민사소송을 제기하기에 이르렀다. 이렇게 해서 1997년 2월에 이루어진 민사재판의 결과는 유죄였다.

형사재판에서 무죄를 선고받은 심슨이 민사재판에서 유죄를 선고받은 것은 미국의 독특한 법 체계 때문이다. 미국의 민사재판은 형사재판에 비해 증거인정의 기준이 훨씬 포괄적이다. 또한 민사재판은, 12명의 배심원 전원 만장일치제도를 택하고 있는 형사재판과 달리,

12명 중 9명만 찬성하면 유죄를 선고받는 제도를 택하고 있다. 더군다나, 형사재판이 흑인 동네인 로스앤젤레스 카운티에서 열린 것과는 반대로 민사재판이 백인 동네인 산타모니카에서 열리게 된 것 또한 심슨에게는 불리했다.

결국 민사재판에서 유죄평결을 받은 심슨은 3350만 달러(피해 배상금 850만 달러와 함께 징벌적 배상금으로 2500만 달러)라는 어마어마한 배상금을 갚아야 하는 처지에 놓이게 되었다. 결국 그는 파산했다. 심슨은 2008년 12월 라스베이거스의 한 호텔에서 발생한 무장강도 사건과 관련, 납치 · 강도 혐의에 대한 유죄가 인정돼 최고 33년형을 선고받았다.(유신모 2009a)

'미디어의 서커스'

이 사건은 '공정재판'과 미디어 보도의 관계에 대해 해묵은 문제들을 다시 치열한 쟁점으로 만들었다. 유일상(1996)은 "심슨 재판은 시청자들에게 성공적인 흥행이 되기는 했지만 최소한도의 실체적 진실을 밝히려는 이토(Lance Ito) 판사는 재판 진행기간 중에 '법정에서의 카메라 추방안'을 내놓았다가 언론자유의 침해라는 텔레비전 방송사의 총공세에 밀려 재판의 공정성에 심각한 의혹을 남기는 판결을 내리고 말았다"며 다음과 같이 말한다.

"심슨은 재력을 총동원하여 유능한 변호사를 자신의 변호사로 선임하여 '의심스러울 때는 벌하지 않는다'는 재판 원칙을 내세우며 배심원의 마음을 헷갈리게 했다. 즉 심슨의 변호사들은 불리한 증거를 숨기고 증인을 매수하고, 선서를 토대로 거짓말을 번복하지 못하도록 옥죔으로써 실체적 진실보다는 적정 절차의 진행과정을 유효하게 운영하여 자신의 유능함을 보여주었다. 즉 공개재판이라는 이름으로 심슨의 변호사들은 피살된 부인의 가족이나 친구들이 알코올중독자 또는 마약중독자라는 점을 공개하고, 피해자의 포르노 출연경력 등 사건과는 직접적인 인과관계가 없는 사실들을 들춰냈다. 또한 법률전문가들의 사생활도 마구 공개한바, 담당 판사의 신경쇠약 치료경력, 저명 변호사의 부인학대 습관, 미모의 여성 주임검사가 혼자 아이를 키우는 어머니로서 재판 때문에 집에 돌아가지 못해 전 남편으로부터 친권위양 소송을 당한 것 등이 그것이다. 변호사는 배심원의 건전한 판단을 흐리게 함으로써 과다한 자기방어를 도모하려는 심슨을 위해서 최선을 다하고 있지만, 언론마저 덩달아 국민의 알 권리를 담보로 심슨의 살인사건 재판에서 실체적 진실을 밝혀낼 수 없게 만들어버렸다. 언론기관 특히 텔레비전사의 치열한 상업적 경쟁이 만들어낸 거대한 거품이 공중으로 하여금 물줄기를 찾지 못하게 해버린 후, 심슨 재판으로 호황을 누렸던 케이블 텔레비전은 또 다른 먹이를 찾는 야수 떼처럼 또 다른 사건 사냥에 나서고 있는 게 오늘날 세계 초일류국인 미국 미디어의 현주소이다."

심슨 재판 후 캘리포니아 주에서는 재판 취재의 일부를 제한하는 법률이 통과되었다. 첫째, 심슨 사건의 경우처럼 증인이 사건에 관한 정보를 파는 것을 불법화했다. 둘째, 배심원이거나 배심원이었던 자가 재판 종료 90일 이내에 자신의 경험을 써서 돈을 받는 것을 경범죄로 규제했다. 셋째, 법률가가 법정 밖에서 사건에 대해 말하는 것을 규제하는 '개그 오더(Gag Order)' 제가 도입되었다. (박홍규 2000)

그럼에도 재판 전 홍보(prejudicial publicity)가 공정재판에 미치는 악영향은 과대평가된 면이 있다는 것을 지적하는 연구결과도 있다. 배심원들을 언론보도에 쉽게 놀아날 수 있는 어리석은 사람들로 본 것이 아니냐는 비판마저 제기되었다. 1990년대 들어 상업적인 텔레비전과 신문 들이 세인의 관심을 끈 재판 후 배심원들에게 많은 돈을 주고 그들과 인터뷰를 하는 건 아주 흔한 일이 되었는데, 이런 인터뷰는 도덕적으론 문제의 소지가 있을망정 법적으로는 배심원들이 자율적으로 결정하게끔 허용되었다.(Pember 1996)

토냐 하딩 사건

심슨 재판과 관련, 시민운동가 랠프 네이더(Ralph Nader)가 불만을 토로한 것도 의미심장하다. 시민운동을 하면서 무엇이 가장 어려운가? 네이더는 이렇게 답했다. "미디어를 통해 정보를 일반에게 전달하는 일이 가장 어렵습니다. 언론은 토냐 하딩 사건이나 O. J. 심슨 사건 등 센세이셔널리즘에 빠져 소비자 고발 기사를 도외시하고 있어요. 또 기업들의 횡포에 대해 정부나 의회가 제대로 움직여주지 않습니다. 왜냐하면 '돈줄' 인 기업의 영향력이 너무 막강하기 때문이죠." (함영준 1994)

토냐 하딩 사건이란 무엇인가? O. J. 심슨 사건이 일어나기 4개월 전에 일어난 사건으로, 미국 여자 피겨스케이터 낸시 캐리건(Nancy Kerrigan)이 라이벌 선수인 토냐 하딩(Tonya Harding)에 의해 피습당한 사건을 말한다. 워터게이트에 빗대어 '스케이트게이트' 라고 불린 이 사건 역시 또 다른 '미디어의 서커스' 였다. 두 사람을 다룬 책과 영화

라이벌 선수에 대한 파습을 의뢰한 토냐 하딩(동그라미)은 사건 후에 열린 동계 올림픽에서 많은 관심을 얻었다.

들이 제작 러시를 이루었으며, 캐리건은 물론 하딩에게조차 거액의 광고제안이 밀려들었다.

『캐리건의 용기(The Kerrigan Courage: Nancy's Story)』(1994)를 선두로 『금메달의 꿈(Dreams of Gold: The Nancy Kerrigan Story)』(1994) 등 낸시 캐리건을 주인공으로 한 책 두 권이 초판 35만 부씩을 쏟아냈고 토냐 하딩을 주인공으로 한 『박빙(Thin Ice: The Complete, Uncensored Story of Tonya Harding)』(1994)도 초판 35만 부를 찍었다. 하딩이 주목을 받은 이유는 그녀의 어머니가 6번이나 결혼한 데다 가난까지 겹쳐 불량소녀로 자라났지만 '아메리칸 드림'을 포기하지 않았기 때문이라나. 그래서 그녀의 스토리는 '상처받은 아메리칸 드림'으로서 흥행요소가 있다는 것이었다.

1994년 동계 올림픽 중계권을 따낸 CBS는 중계료로 3억 달러(약 2500억 원)를 냈는데 계약 체결 이후 터진 이 사건의 가장 큰 수혜자가 되었다. CBS 측에서는 캐리건과 하딩이 스케이트를 타는 날 미국에서 그 방송을 보지 않을 사람이 과연 얼마나 되겠느냐며 기쁨(?)을 감추지 못했다. NBC, ABC 등 메이저 방송사를 비롯해 6~7개의 영화사들은 캐리건 스토리의 판권확보 경쟁을 벌였다.(문화일보 1994, 이은경 1994)

이렇듯 언론매체들이 '서커스' 경쟁을 벌이는 상황에서 시민운동이 주목을 받을 리 없었다. 네이더는 이렇게 개탄했다. "매일 매일의 시민의식이 없이는 하루라도 민주주의가 존재하지 않는다. 만약 우리가 우리 자신의 권리를 행사하지 않으며 우리에게 부여된 의무를 이행하지 않는다면 누가 할 것이고 우리 사회는 어떻게 될 것인가." 그래도 어이하랴. 미국 사회는 대통령선거에 단골로 출마하는 네이더에게 아무런 공직을 허용하지 않으면서도 그럭저럭 잘 굴러가고 있으니 말이다.

참고문헌 Barkin 2004, Pember 1996, 강준만 2009a, 강준만 외 1999~2003, 김준형 1997, 문민석 1999, 문화일보 1994, 박두식 2009, 박홍규 2000, 유신모 2009a, 유일상 1996, 이기우 1994, 이은경 1994, 함영준 1994

할리우드의 승리
〈쥬라기 공원〉과 〈쉰들러 리스트〉

해외시장이 미치는 영향

1980년대 말 팝, 록, 재즈 등 미국 음악상품의 시장규모는 연간 200억 달러였는데, 이 가운데 70퍼센트, 즉 140억 달러가 해외에서 들어왔다. 1988년 미국 영화의 대(對)유럽 수출액은 9억 9300만 달러인 반면 유럽의 대(對)미국 수출액은 4300만 달러에 지나지 않았다. 미국은 1990년에 대중문화 상품에서 80억 달러 규모의 무역흑자를 기록했는데, 이는 항공기산업 다음으로 많은 흑자를 낸 것이었다. 미국 대중문화 상품의 해외시장은 날이 갈수록 중요해지고 있었다. 이는 미국영화협회 회장 토머스 폴락이 "미국은 자동차를 더 이상 수출할 수 없으나 영화를 통한 문화수출은 할 수 있다"고 호언을 한 데에서도 잘 드러났다.

그런 만큼 할리우드 영화에서도 해외시장의 중요성은 날이 갈수록 커지고 있었는데, 이는 할리우드 영화와 스타의 성격에도 큰 영향을

여러 편으로 개봉한 〈로보캅〉은 후편으로 갈수록 폭력이 심해졌다. 사진은 로보캅 피규어. ⓒ elbregon

미쳤다. 무엇보다도 해외관객이 더욱 중요해짐에 따라 배우들이 쓰는 대사가 크게 중요하지 않은 모험영화와 폭력물이 증가했다.

텔레비전 광고 제작자들의 영화계 진출은 폭력 묘사를 더욱 정교하게 만들었다. 『뉴스위크』 1991년 4월 1일자 기사에 따르면, "그들은 사람의 관심을 끄는 데에는 최고의 전문가들이다. 그들은 마치 혀끝에 사이다가 닿는 듯이 느낄 수 있을 정도로 사이다 광고를 만들어낼 수 있다. 그들에게 30초의 시간만 할애해준다면 화면에서 자동차가 코너를 돌 때 마치 보는 사람 자신의 머리칼이 바람에 날리는 듯한 착각을 불러일으키게 할 수도 있을 정도이다. 이 새로운 부류의 감독들은 광고의 테크닉을 영화 스크린에 도입하고 있다. 광고에서 사이다 방울 소리를 만들어냈던 그들은 이제 영화에서 검은 탄창이 쩔꺽거리는 소리, 혹은 뼈가 부서지는 소리를 만들어내고 있다."

〈로보캅(RoboCap)〉(1987년, 감독 폴 버호벤)에서는 등장인물 32명이 살해되지만 〈로보캅 2〉(1990년, 감독 어빈 케쉬너)에서는 81명을 죽였다. 〈다이하드(Die Hard)〉(1988년, 감독 존 맥티어난)에서는 18명을 죽이지만 〈다이하드 2〉(1990년, 감독 레니 할린)에서는 264명을 죽였다. 숫자만이 중요한 게 아니다. 방법도 중요하다. 어느 영화에서는 정신병자가 여자들을 수없이 살해하고 그 가죽을 벗기는가 하면 악당의 눈에 고드름을 박아넣는 장면이 나온다. 영화에서 실감나게 정신병자 역을 한 배우를 텔레비전 토크쇼 사회자가 소개하자 방청객의 대부분인 여성들이 비명을 지르고 발을 구르며 좋아한다. 미국의 영화감독 마틴 스콜세지(Martin C. Scorsese)는 "우리는 옛날 로마인들이 그랬던 것처럼 피를 뿜는 싸움이나 참수형 등을 지켜보는 것으로 카타르시스를 해야 할 필요를 느낀다"고 말했다.

그러나 단지 그것뿐일까? '폭력'이라는 국제 공용어를 구사해 해외시장에서 더 많은 돈을 벌기 위한 고려도 작용한 게 아닐까? 왜 영화의 속편이 많아지고 속편으로 갈수록 폭력의 강도는 강해지는가? 그게 해외시장의 관객을 염두에 둔 고려와 무관하다고 볼 수 있을까? 또 당시 미국 영화계에서 스타들의 수입 베스트 10에 여배우는 한 명도 없었던 것도 바로 그런 배경과 관련이 있는 것은 아닐까?

어린이 스타의 출현도 할리우드의 경제사정에서 기인했다. 1990년대 전반 할리우드에선 웬만한 스타 하면 개런티가 1000만 달러를 넘어 제작원가 상승의 큰 압박을 받았다. 이는 대스타 1명이 모든 영화 제작비의 3분의 1에서 2분의 1을 잡아먹는다는 것을 의미했다.

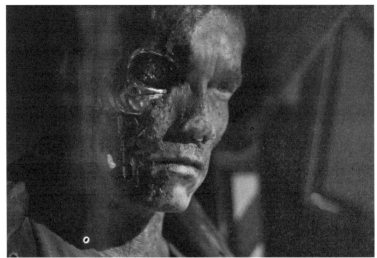

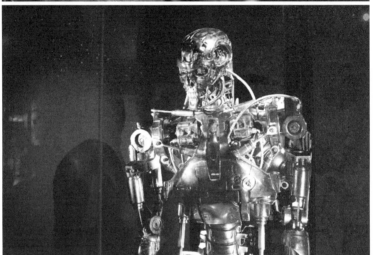

(위)런던 영화 박물관에 소장된 왁스 터미네이터.
(아래)터미네이터 시리즈의 주요 소재였던 기계 T-800의 실물 크기 모형.
이 시리즈에서 주연을 맡은 아놀드 슈워제네거는 2편에서 출연료로 1000만 달러를 받았는데, 이 영화의 총
제작비가 2600만 달러임을 감안하면 제작사에 적잖은 부담이 되었다.

아널드 슈워제네거(Arnold Schwarzenegger)가 〈터미네이터 2〉(1991년, 감독 제임스 캐머런)에 출연하고 받은 돈은 1000만 달러를 넘었는데, 이 영화의 총 제작비는 2600만 달러였다. 아무리 세계를 무대로 장사를 하는 할리우드지만 그런 막대한 출연료가 부담이 되지 않을 리 없었다. 그래서 유니버설 영화사는 스타들의 고액 출연료를 견뎌내지 못해 출연료를 낮추는 대신 극장 티켓 판매수익을 스타와 나누어갖는 이른바 '백엔드(back-end)' 방식을 도입하기에 이르렀다.

'대형영화 제일주의'

그런 상황을 보다 못한 월트디즈니사의 사장 제프리 카첸버그(Jeffrey Katzenberg)는 1991년 할리우드 동료들에게 보낸 28페이지짜리 메모에서 '대형영화 제일주의(blockbuster mentality)'가 영화산업을 망치고 있다고 경고했다. 이 경고는 1990년에 제작비용을 적게 들인 영화들이 성공을 거둔 전례에 비추어 큰 설득력을 얻었다. 〈귀여운 여인(Pretty Woman)〉(1990년, 감독 게리 마샬)은 1300만 달러의 제작비로 4억 1100만 달러의 수입을, 〈나 홀로 집에(Home Alone)〉(1991년, 감독 크리스 콜럼버스)는 1800만 달러의 제작비로 3억 500만 달러의 수입을, 〈사랑과 영혼(Ghost)〉(1990년, 감독 제리 주커)은 2200만 달러의 제작비로 4억 1000만 달러의 수입을 올렸던 것이다.(Behar 1991)

한동안 할리우드에 불었던 어린이 영화 붐은 바로 그러한 제작비 절감정책의 일환으로 나타난 것이다. 어린이 배우들의 출연료가 쌌기 때문이다. 〈나 홀로 집에〉의 열 살 먹은 주연 배우 맥컬리 컬킨(Macaulay Culkin)의 출연료는 2만 달러에 불과했다. 그러나 이 영화가 히트하자

이 아역 배우는 〈나 홀로 집에 2(Home Alone 2)〉(1992년, 감독 크리스 콜럼버스)에서는 500만 달러를 받았으며, 다른 영화의 출연교섭에서는 800만 달러를 요구했다. 결국 스타 빼놓으면 남을 게 없는 할리우드의 속성은 어쩔 수가 없는 것인지도 모른다. 어쨌거나 1990년대 초반의 3년간 크게 히트한 할리우드 영화 '베스트 10' 중 아동용 영화가 8편에 이르렀다.

그러나 그런 현상은 일시적 변화일 뿐 카첸버그가 경고한 '대형영화 제일주의'는 이후에도 계속 할리우드의 제1법칙으로 군림했다. 해외경쟁자들을 처음부터 압도하기 위한 계산과 더불어 미국 미디어 업계 전반을 강타하고 있는 인수합병 붐도 그러한 '대형영화 제일주의'를 부추기고 있는 동인이 되었다. 입수합병 붐 자체가 어차피 덩치로 한몫 보자는 게 아니겠는가.

〈쥬라기 공원〉 신드롬

1993년 6월에 개봉된 〈쥬라기 공원(Jurassic Park)〉은 '흥행의 귀재'라는 스티븐 스필버그(Steven Spielberg)의 별명이 괜한 말이 아님을 다시 입증해주었다. 이 영화는 1989년 〈백 투 더 퓨처 2 (Back to the Future 2)〉(감독 로버트 저메키스) 이래로 미국 내에서 1억 달러 이상을 벌지 못한 유니버설에 효자 노릇을 톡톡히 했다. 제작비를 줄이려고 스타를 쓰지 않으면서 출연자들의 대화 장면을 짧게 줄이는 등의 방법을 썼는데, 그래도 크레딧에 포함된 아티스트와 테크니션만도 483명에 이른다는 사실이 시사하듯이 총 제작비가 6500만 달러에 이르렀다.

마이클 크라이튼(Michael Crichton, 1942~2008)의 베스트셀러 소설을

〈쥬라기 공원〉의 대성공 덕분에 로스앤젤레스에 있는 유니버설 스튜디오 할리우드에는 이 영화를 직접 체험해보려는 관광객이 무척이나 많다. ⓒ bredgur

영화화한 〈쥐라기 공원〉은 전 세계적으로 '공룡 열풍'을 몰고왔으며, 1994년 아카데미 시상식에서 시각효과상, 음향효과상, 음향상 등 세 개 부문에서 수상했다. 〈쥐라기 공원〉이 1993년 전 세계에서 벌어들인 수입은 8억 5000만 달러나 됐는데, 이는 한국에서 자동차 150만 대를 수출해 벌어들이는 수익과 맞먹는 것으로 비교되었다. 이 숫자는 1994년 5월 대통령 자문기구인 국가과학기술자문회의가 대통령에게 보고한 '첨단영상산업 진흥방안'에서 언급된 것인데, 한동안 한국에서는 〈쥐라기 공원〉이 영상산업을 육성해야 할 이유의 주요 증거로 거론되었다. 그러나 영상산업이 다른 산업의 발전 없이 이루어질 수 없다는 점은 이 영화가 컴퓨터 기술의 개가라는 사실이 잘 말해주었다.

1975년 〈스타 워즈 에피소드 4(Star Wars: Episode Ⅳ)〉(감독 조지 루카스) 촬영 때부터 활약해온 조지 루카스(George Lucas)의 특수효과팀이 주축이 된 모험기업 ILM(Industrial Light & Magic)은 〈쥐라기 공원〉을 위해 고성능 그래픽 워크스테이션 75대 등 1200만 달러어치의 장비를 동원, '컴퓨터 특수효과'의 진수를 보여주었다. 이 영화에서 움직이는 공룡은 모두 컴퓨터가 만들어낸 것이었다. 그러니 한국으로서는 아무리 영상산업을 육성한다 해도 컴퓨터산업이 그 뒤를 받쳐주지 못하면 무슨 소용이 있겠는가.

스필버그-루카스 체제의 활약 덕분에 1990년대 중반부터 '실리우드(Siliwood)'라는 말이 사용되기 시작했다. 실리우드는 실리콘밸리와 할리우드를 합친 말로 실리콘밸리의 디지털 기술과 할리우드의 오락 콘텐츠를 결합하는 산업융합 현상을 가리킨다. 두 산업은 컴퓨터그래픽스의 도입, 특수효과, 컴퓨터 애니메이션, 영화를 소재로 한 게임 소프트웨어 개발 등 여러 분야에서 협력했다.

〈쥬라기 공원〉은 미국 대중문화 산업 내부의 시너지 효과를 보여주는 대표적 사례이기도 했다. 훗날 프랑스의 『르 피가로(Le Figaro)』(1999년 4월 14일자)는 마이클 크라이튼, 존 그리샴(John Grisham), 스티븐 킹(Stephen King), 톰 클랜시(Tom Clancy)와 같은 베스트셀러 작가들의 성공 배후에는 할리우드 영화산업이 있다는 점을 강조하는 분석 기사를 실었는데, 그 일부 내용은 다음과 같다.

"영화사는 기획 단계부터 유명 작가 혹은 출판사를 지원한다. 물론 영화화를 염두에 두고서다. 마이클 크라이튼의 『쥬라기 공원』(1990)은 1000만 부가, 존 그리샴의 『더 펌(The Firm)』(1991)은 700만 부가 팔렸다. 이 정도 책이 나가면 걱정 없이 영화화를 할 수 있다. 영화화되면 책이 안 팔릴까. 더 많이 나간다. 베스트셀러와 영화가 서로 상승작용을 일으키기 때문이다. 존 그리샴의 『펠리컨 브리프(The Pelican Brief)』(1992), 『의뢰인(The Client)』(1993), 『타임 투 킬(A Time to Kill)』(1989), 스티븐 킹의 『캐리(Carrie)』(1974), 『쇼생크 탈출(Rita Hayworth and Shawshank Redemption)』(1982), 『미저리(Misery)』(1987), 『돌로레스 클레이본(Dolores Claiborne)』(1992), 톰 클랜시의 『붉은 10월(The Hunt for Red October)』(1984) 등은 영화화된 뒤에 더 인기를 끌었다. 영어의 힘이 발휘되면서 미국 베스트셀러는 지구촌 베스트셀러가 된다. 프랑스에서는 10만 부 이상 나가면 베스트셀러로 치지만 미국에서는 100만 부는 보통이고 이들 유명작가 작품은 300만 부도 어렵지 않다. 출판시장 규모는 미국이 프랑스의 다섯 배인데 베스트셀러 판매부수가 이처럼 열 배 이상 차이가 나는 것은 영어권과 프랑스어권의 차이 때문이다. 또 미국에서는 유력한 신문의 서평보다 영화, 혹은 책과 저자를 소개하는 텔레비전 토크쇼가 베스트셀러를 만들고 있다. 『뉴욕타임스』의 호평보다 1500만 명 이상이 시청하는 미국의 토크쇼 〈오프라 윈프리 쇼〉에 출연하고 싶어 작가들이 안달한다."(김세원 1999a)

「아아, 저 예쁜 공룡들」

오래 전부터 쾌락산업의 주요 사업 아이템이었던 '꿈'은 스필버그-루카스 체제에 이르러 더욱 테크놀로지의 지배를 받게 되었다. 그래서 어느 영화평론가는 스필버그와 루카스가 첨단기술과 세속적 놀라움의 미학을 이용해 문화 전반을 유치한 수준으로 끌어내렸으며, 1960년대의 관객을 모두 어린애로 재편성함으로써 영화를 보러가는 어른들의 습관을 없애버렸다고 주장했다.

아닌 게 아니라 영화의 예술성을 강조하는 사람들은 테크놀로지의 '지배'에 대해 반발했다. '이용'은 좋아도 '독재'는 곤란하다는 말일 게다. 그러나 '꿈'의 영상화는 테크놀로지와 친화성이 강하니 이 노릇을 어찌하랴. '꿈'의 영상화를 높이 평가하는 사람들은 〈쥐라기 공원〉을 높이 평가하면서도, 그 평가를 발설하는 데에는 다소의 용기가 필요했다.

미술평론가 이주헌(1999)은 「아아, 저 예쁜 공룡들」이라는 글에서 '내 인생의 영화'로 〈쥐라기 공원〉을 꼽아 예찬하면서도 글 말미에 "혹자는 나의 이런 스필버그 경도가, 너무 오랜만에 극장에 가서 감각 충격이 좀 심했기 때문이라고도 하고, 난해한 현대미술을 주로 접하다 보니 그만큼 '단순한' 영화에 민감한 반응을 보이게 된 탓이라고도 한다"고 말했다. 이주헌이 무어라고 말했기에 그런 말을 들어야 한 단 말인가?

이주헌은 "스필버그는 진정 위대한 천재였다. 환생한 미켈란젤로였다. 나는 졸지에 스필버그교 전도사가 됐다. 물론 나의 이런 평가는 무엇보다 나의 어린 시절에 대한 감상과 맞물린 주관적인 것이었지만, 한 사람의 관객으로서 나는 어쨌든 스필버그가 그렇게 고마울 수 없었다"며 다음과 같이 말했다.

"그의 기획의도가 어떤 것이었든 간에 어릴 적 꿈을 잃지 않고 그 꿈을 이렇듯 가시적으로 구현해냈다는 것, 그리고 동일한 꿈을 가졌던 수많은 사람들이 어른이 되어 그 꿈을 하나의 현실로 재회할 수 있게끔 해주었다는 것, 그것은 분명 대단한 능력이자 탁월한 성취, 그리고 크나큰 보시였다. 지금도 '내 안의 어린 것'은 '공룡은 살아 있다', '외계인은 존재한다'고 외친다. 스필버그는 그 외침이 사실임을 증명해 보였다. 그는 스스로 승리했고 내 안의 어린 것에게도 승리를 안겨주었다. 그는 이렇듯 영화가 오늘의 나뿐 아니라 어제의 나에게도 다가가 즐겁게 해주는 매체임을 보여주었다. 어린아이로서의 내가 결코 이 지상에서 사라지지 않았음을 입증해보인 것이다. 덕분에 20여 년 전 〈공룡 백만년(One Million Years B.C.)〉(1966년, 감독 돈 채피)을 보고 흥분하던 아이, 그 아이의 흥분이 오랜 세월 뒤에도 내 영혼에 싱싱한 아드레날린을 풍성히 공급하는 모습을 지켜볼 수 있었다. 〈쥬라기 공원〉은 나에게 잊지 못할 영화가 됐다."

그러나 〈쥬라기 공원〉의 성공은 적어도 미국에서는 그 성공 자체에 관한 이야기가 홍수처럼 쏟아져나오게 만들어 다시금 스필버그의

〈공룡 백만년〉의 한 장면. 영화 〈쇼생크 탈출〉에서 탈출 통로를 가리는 용도로 쓰인 사진 속 사람이 이 영화에 로아나 역으로 출연한 라퀠 웰치다. ⓒ X-ray delta one

입지를 좁히는 결과를 낳고 말았다. 사람들이 스필버그의 영화 못지 않게 그의 돈벌이에 주목하게 된 것이다. 스필버그도 그게 영 못마땅했던지 다음과 같이 말했다. "나는 영화 자체보다도 영화가 벌어들인 돈으로 내가 기억될까 봐 걱정스럽다. 사람들은 금메달을 기억하는 것인가? 아니면 무엇 때문에 금메달을 받게 되었는지를 기억하는 것인가?"(McBride 1998)

〈칼라 퍼플〉 논쟁

앞서(11권 4장) 살펴보았지만, 스필버그의 그런 '콤플렉스'는 이미 1970년대부터 형성된 것이었다. 스필버그가 예술적으로, 개인적으로 성장하기를 거부한다는 비평가들의 비판은 스필버그에게 아카데미상 수상의 기회를 박탈하는 주요 이유가 되었다. 그는 〈미지와의 조우 (Close Encounters of the Third Kind)〉(1982년) 이래로 아카데미 최우수감독상에 세 번이나 노미네이트됐지만 한 번도 수상하지 못했다. 스필버그가 파격적인 변신을 시도하여 학대받는 흑인 여성을 다룬 1985년작 〈칼라 퍼플(The Color Purple)〉은 아카데미상 11개 부문에 노미네이트되었지만, 스필버그는 감독이 아닌 영화의 제작자 가운데 한 사람으로 지명되었으며 그 어느 부문에서도 수상하지 못했다.

〈칼라 퍼플〉을 둘러싸고 아카데미상과 스필버그 사이의 해묵은 갈등이 전면에 등장했다. 최우수감독상 후보지명권은 미국 영화계의 엘리트그룹이라 할, 총 231명으로 구성돼 있는 감독분과위원회가 행사했는데, 이들에 대한 비판이 쏟아지자 그 회원들 가운데 하나인 전위 감독 헨리 재그럼(Henry Jaglom)은 다음과 같이 말했다.

"내가 아는 어떤 감독도 그 영화가 훌륭하다고 생각하지 않았다. 영상은 감상적 만화나 마찬가지였다. 마치 디즈니가 〈분노의 포도(The Grapes of Wrath)〉(1940년, 감독 존 포드)를 감독하기로 한 것과 같다. 스필버그의 기술은 훌륭하다. 하지만 여기엔 교훈이 있다. 감독은 자신이 알고 있는 것을 감독해야 한다는 것이다."(McBride 1998)

재그럼은 〈칼라 퍼플〉이 11개 부문의 후보로 선정된 것조차 참으로 어처구니없는 일이라는 독설까지 퍼부어댔다. 그런가 하면 익명을 요구한 또 다른 감독은 이 영화에 대해 다음과 같이 말했다. "앨리스 워커의 소설에 대한 스티븐의 연출방법에 소름이 끼칠 정도이다. 그는 인간관계를 파악할 줄 모르거나, 아니면 알면서도 그것을 취급하려 들지 않았던 것 같다. 어쨌든 그는 〈칼라 퍼플〉을 〈어메이징 스토리〉를 두 시간 반으로 줄여놓은 형태의 에피소드로 만들어버렸다."

아닌 게 아니라 원작 소설에는 강간, 근친상간, 남편의 폭력, 알코올

스타감독으로 유명한 스티븐 스필버그는 미국 아카데미상과 오랫동안 인연이 없었지만, 1994년에 〈쉰들러 리스트〉로, 1999년에 〈라이언 일병 구하기〉로 최우수감독상을 타게 되었다.

중독, 레즈비언의 요소 등이 생생하게 그려져 있는데, 스필버그는 자신의 독특한 촬영기법으로 끔찍하게 표현될 것들을 긍정적으로 묘사해 많은 사람들의 반발을 샀다. 이에 대해 그는 다음과 같이 변명했다.

"강간과 근친상간, 그리고 그 밖의 잔인한 행위는 이 소설의 기본적 요소라기보다 표면적 요소이다. 내 흥미를 끈 것은 밑바닥에 깔려 있는 흐뭇한 낙관주의였다. 예컨대, 나는 사랑스러운 소녀가 자신의 가치를 인정한 상태에서 강인한 여성으로 성장하는 식의 긍정적인 면에 이끌렸던 것이다. …… 나는 레즈비언이 나오는 장면은 거의 무시했다. 그저 계속 키스하는 장면만으로 한정시켰다. 키스 이상은 결코 내키지 않았다. 원작에는 그런 장면이 아름답게 묘사되어 있다. 하지만

석이 셸리의 음부에 거울을 대고 비추는 장면 따위는 내가 감당할 수 없는 것이다. 스크린에서는 적어도 150배의 크기로 비추어지기 때문에 문제될 것은 없으나, 어쨌든 나로서는 그런 장면을 묘사할 수 없었다. 마틴 스콜세지라면 가능했겠지만, 나한테는 무리였다. 아마 여성 감독이었더라도 그런 장면을 멋지게 해냈을 것이다. 그러나 나는 두려웠다. 그런 장면을 찍기 위해 배우들을 어떻게 연출해야 할지 알 수 없었기 때문이다." (Sanello 1997)

스필버그의 '할리우드 정신'

그러나 아무래도 오직 그런 이유들 때문에 소설의 적나라한 면을 없앤 것 같지는 않다. 스필버그는 이런 말도 했는데, 아무래도 이게 더 큰 이유인 것 같다. "만약 당신이 나이트클럽의 연예인이라면 세 명의 술주정꾼들을 위해 쇼를 하고 싶겠는가, 아니면 수많은 관객 앞에서 하고 싶겠는가? 아마 어떤 연예인이라도 후자를 택하고 싶어 할 것이다. 이와 마찬가지이다. 그 어떤 아티스트도 가능한 한 수많은 관객을 불러모으고 싶어 할 것이다." (Sanello 1997)

그러니까 스필버그에게는 가능한 한 수많은 관객을 불러보아야 한다는 당위가 그 어떤 고려보다 앞선 것이었고, 그는 이 점에서 '할리우드 정신'에 투철한 인물이었던 셈이다. 문제는 그가 너무 투철해 할리우드의 일각에서도 반발을 샀고 또 할리우드 변경의 아웃사이더들에게는 저주의 대상이 된 것이다. 재그럼은 스필버그의 그런 주장에 대해 다음과 같이 반격했다.

"진정한 의미에서의 아티스트는 경솔하게 모든 사람들한테 잘 보이려고 애쓰지 않는다. 진정한 아티스트는 관객에게 인간의 조건에 대한 무언가를 이해시키려 하고, 그러는 가운데 자신에게 솔직해지려고 노력한다. 스티븐은 모든 사람들에게 평가받기를 바라고 있다." (Sanello 1997)

스필버그가 이 영화를 감독한다는 발표가 나왔을 때부터 흑인들의 반대가 터져나왔던 것도 바로 그런 이유 때문이었는지도 모르겠다. 전 세계에서 크게 흥행한 〈칼라 퍼플〉은 단 1500만 달러의 제작비용으로 1억 4200만 달러의 이익을 남기는 성공을 거두었다. 바로 이게 문제였을까? 스필버그는 오스카 시상식 이후 이스라엘 신문 기자와의 인터뷰에서 아카데미가 보여준 냉대는 자신의 영화가 흥행에 성공했기 때문이라고 답하면서 다음과 같이 말했다. "내 나이 예순이 되면, 할리우드는 나를 용서해줄 것이다. 무엇을 용서하는 것인지는 모르지만, 어쨌든 그들은 용서할 것이다." (McBride 1998)

조감독과 제작자를 포함해 8000명이나 되는 회원으로 조직된 훨씬 큰 단체인 미국감독조합이 이 영화로 스필버그에게 영화부문 감독상을 수여함으로써 상처받은 자존심을 다소나마 달래주었다지만, 스필버그는 자신이 이룬 상업적 성공의 포로이자 피해자가 된 셈이었다. 영화 기자 프랭크 사넬로(Frank Sanello 1997)가 전하는 다음과 같은 이야기는 스필버그가 자신의 성공으로부터 결코 자유로울 수 없다는 걸 시사해준다.

"이 영화에 가장 실망한 사람들은 스필버그의 열렬한 팬들이었다. 그들은 SF와 판타지가 결합된 흥분과 스릴 만점의 스필버그 작품을 좋아하는 사람들이었다. 그런데 〈칼라 퍼플〉에서는 그런 요소가 철저하게 배제되었다. 이 영화 시사회에서 있었던 일이다. 어느 스필버그의 팬이 스크린의 맨 위를 뚫어지게 바라보고 있었다. 이에 동행한 사람이 불쾌한 나머지 '무엇을 찾고 있느냐?' 라고 물었다. 그러자 그 팬이 실망스러운 표정을 지으며 '우주 모선이 내려오기를 기다리고 있다' 고 대답했다고 한다."

〈쉰들러 리스트〉 신드롬

아카데미상에 대한 스필버그의 콤플렉스는 나치의 유태인 학살을 다룬 〈쉰들러 리스트(Schindler's List)〉(1993년)로 일거에 해소되었다. 1994년 3월 제66회 아카데미 시상식에서 이 영화는 작품, 감독, 촬영, 음악, 미술, 각색, 편집 등 7개 부문을 휩쓸었다.

유태인으로 미국의 작가이자 뉴욕주립대학 영문학과 교수였던 레이먼드 페더만(Raymond Federman, 1928~2009)은 이 영화를 보면서 이른바 '할리우드 정신' 에 적잖이 곤혹스러워했던 것 같다. 그가 영화를 보는 동안 어둠 속에서 느낀 것들을 적은 메모의 내용이 흥미롭다. 몇 가지만 음미해보자.

"흥미롭게도, 이 영화를 보면서 관객들은 다른 영화를 볼 때처럼 팝콘을 많이 먹지 않는다." "스필버그는 엑스트라로 좀 더 마른 사람들을 썼어야만 했다. 피해자로 나오는 여자들은 너무 잘 먹어서 뚱뚱했다." "왜 난 이 영화와 〈쥬라기 공원〉을 자꾸 혼동하는 것일까? 이 영화들이 둘 다 멸종에 관한 것이어서 그런 것일까? 아니면 두 영화가 이미 다 멸종해버린 것을 재조명하려는 헛된 노력이기 때문일까?" "속죄하지 않고도 인간성은 계속 존재할 수 있는가? 아니, 내 말은, 영

1944년 아우슈비츠로 끌려가는 유태인 무리. 〈쉰들러 리스트〉에 있는 비슷한 장면은 인간 양심을 두드렸고 이 영화로 스필버그 감독은 아카데미상을 처음으로 수상하게 되었다. ⓒ Bundesarchiv, Bild 183-N0827-318

화가, 그것도 할리우드 영화가 속죄하지 않고서 진정 무슨 일을 해낼 수 있단 말인가?" "오, 잠깐 잠깐만 …… 화면에 나오는 저건 뭐지? '앰블린 엔터테인먼트, 카피라이트, 1994년' 이라. 이런, 이거 재미있 는데. 〈쉰들러 리스트〉를 엔터테인먼트 회사가 만들었다는 말이지? 이건 멋지군." (김성곤 1996)

'할리우드 정신' 이라는 관점에서 보자면, 할리우드는 '영웅' 들을 양산해내는 공장과도 같다. 트릭과 기만도 불사하면서 감동적인 신화 를 만들어내 대중에 꿈과 재미를 주는 것이 바로 할리우드 정신이다. 물론 그게 전부는 아니지만 중요한 일부임은 틀림없다. 레슬리 피들 러(Leslie A. Fiedler, 1917~2003)는 "슈퍼맨을 창조한 사람은 유태계 미국인이었고, 그래서 유태인들의 메시아적 비전이 슈퍼맨에는 투영되어 있다"고 했는데, 그런 '메시아적 비전'은 창조 주체가 유태인이든 아니든 슈퍼맨뿐만 아니라 모든 할리우드 영웅이 갖고 있는 필수품이라고 해도 과언이 아니다.(김성곤 2003)

로널드 스틸(Ronald Steel 1996)은 "영국의 스파이 드라마에 나오는, 도덕적으로 중립적인 영웅 제임스 본드는 우리의 영웅과 대조적이다"라며 이렇게 말한다. "세련되고, 어떤 이상이나 충성을 경멸하는 제임스 본드는 고용된 냉소주의자이다. 외견상으로는 '여왕폐하의 임무'를 수행하고 있지만 그의 유일한 가치는 권력과 위신이며, 유일한 관심사는 즐기는 것이다. 그는 최고의 개인주의자이며 맹세나 충성심에 구속받지 않는 무법적 킬러이다. 제임스 본드가 즐기길 좋아하는 냉소적인 유럽인이라면, 슈퍼맨은 청교도적이고 이상주의적인 미국인이다."

〈칼라 퍼플〉과 〈쉰들러 리스트〉에서 '흑인'과 '유태인'의 차이를 엿볼 수 있다. 영화를 통해 고뇌와 성찰을 하더라도 먹혀들어갈 수 있는 것을 골라서 해야지 아무거나 갖고 해선 안 된다는 것이다. 이는 영화평론가들이 '피터팬 신드롬'에 빠져 있던 스필버그가 〈쉰들러 리스트〉로 "성인식을 치렀다"고 치켜세우면서 그에게 아낌없는 찬사를 보내며 호들갑을 떤 점을 보더라도 분명하다. 왜 그럴까? 흑인 문제는 현재진행형이고 미국의 문제인 반면, 유태인 학살은 과거완료형이고 미국의 문제가 아니기 때문이다.(송준 1994) 게다가 할리우드는 유태인이 지배하고 있다. 세계적인 어필의 정도나 드라마틱한 상품성을 놓고 따지더라도 유태인 문제가 흑인 문제보다는 한 수 위다. 요컨대,

〈쉰들러 리스트〉에 대한 평가는 할리우드의 편견을 상당 부분 반영하고 있다는 점을 간과할 수 없는 것이다.

어찌됐거나 〈쉰들러 리스트〉가 스필버그의 영화를 보는 시각에 제법 큰 변화를 가져다주었다는 사실은 분명했다. 그는 1980년대 중반에 "영화를 만드는 것은 환상, 그것도 사람들이 빠져드는 기술적인 환상을 만드는 것이다"라고 말한 바 있다. 자신의 일은 영화 기술을 요리하되 그걸 잘 감추어 사람들이 영화관의 좌석에 앉아 있는 동안 자신이 어디에 있는지 생각하지 못하게 하는 데에 있다는 것이다.

그러나 이제 스필버그는 "나는 영화가 인간의 세계관을 바꾸는 힘을 가졌다고 생각지 않았었다. 이제 영화를 만드는 것은 나의 권리가 아니라 의무임을 안다"고 단언했다. 좋은 생각이긴 하다. 그러나 할리우드에 몸담고 있는 한 그에겐 돈을 벌어야 할 또 하나의 의무가 있으며 이 의무는 그 어떤 의무보다 중요하다는 점을 잘 알고 있었을 것이다. 5년 후 그는 2차 세계대전을 그린 〈라이언 일병 구하기(Saving Private Ryan)〉(1998년)로 1999년도 아카데미 최우수감독상을 수상하는 동시에 흥행에도 성공한다.

참고문헌 Behar 1991, Current Biography 2002b, McBride 1998, Paschke 1998, Sanello 1997, Steel 1996, 강준만 2001, 김성곤 1996 · 2003, 김세원 1999a, 다키야마 스스무 2001, 송준 1994, 이주헌 1999

제5장

보수 · 진보를 초월한
승자독식주의

'보수주의자들의 쿠데타'
깅리치 혁명

'비틀거리는 클린턴'

빌 클린턴 대통령은 스캔들의 대가인가? 그는 1994년 주지사 시절의 비리 혐의를 둘러싼 이른바 '화이트워터스캔들(Whitewater scandal)'로 인해 큰 타격을 받았다. 1994년 8월 20일에 실시된 『타임』과 CNN 공동의 여론조사에서는 대통령선거가 당장 실시될 경우 국민의 55퍼센트가 그를 지지하지 않겠다고 답한 것으로 나타났다. 급기야 언론에서 '비틀거리는 클린턴'이라는 말까지 나왔다.(송철복 1994)

클린턴의 민주당 장악 능력도 의문시되었다. 『뉴스위크』칼럼니스트 조너선 앨터(Alter 1994)는 "민주당은 25년 만에 겨우 두 번째로 얻은 대통령직을 내팽개치기로 작정한 것처럼 보인다"고 썼다. 민주당 의원들은 11월 중간선거를 앞두고 아예 그와 거리를 두려고 애를 썼다.

경제를 외쳐 대통령이 된 클린턴에게 선택의 여지는 거의 없었다. 특히 레이건 행정부 때부터 비롯된 국가 재정적자로 인해 그는 자신

40년 만에 공화당은 하원 다수당이 되었다. 이 보수주의자들의 쿠데타를 이끈 뉴트 깅리치. ⓒ Gage Skidmore

이 내세웠던 의료개혁과 복지정책을 추진할 돈이 없어서 쩔쩔맸으며, 그래서 "물러난 레이건이 클린턴의 발목을 잡고 있다"는 말까지 나왔다.(Thomas 1994a)

1994년 11월 중간선거에서 공화당은 민주당을 꺾고 다수당이 되었다. 상원은 공화당 53명, 민주당 47명, 하원은 공화당 230명, 민주당 204명이었다. 하원에서 공화당 다수 체제를 구축한 것은 40년 만의 대사건이었기에, 이는 '보수주의자들의 쿠데타'로 불렸으며, 그 주역인 뉴트 깅리치(Newt Gingrich)를 부각시켜 '깅리치 혁명'으로도 불렸다. 깅리치는 도대체 어떤 인물인가? 워낙 독특하고 흥미로운 인물인지라, 그의 성장사를 잠시 살펴보는 게 좋겠다.

깅리치는 누구인가?

1943년 6월 17일 펜실베이니아 주 해리스버그에서 출생한 깅리치는 3살 때 어머니의 두 번째 남편인 로버트 깅리치(Robert Gingrich)의 성을 따랐다. 로버트 깅리치는 직업군인이었기 때문에 어린 깅리치는 군부대 내에 설립된 학교를 다녔다. 아버지가 프랑스에서 근무할 때에 고교생 깅리치는 아버지의 친구인 어떤 2차 세계대전 참전용사의 무용담을 듣고 고생물학자의 꿈을 버리고 정치가가 되기로 결심했으며, 서구문명을 파멸에서 구해야겠다는 꿈을 품게 되었다.

16세 때 조지아 주 콜럼버스로 돌아온 깅리치는 베이커 고교에 다녔는데, 23세의 수학 선생 재클린 배틀리(Jackie Battley)에 반해 그녀와 결혼하겠다고 친구들에게 공언했다. 누구도 그 말을 믿지 않았지만, 공언은 곧 실현되었다. 그는 1961년에 고교를 졸업하고 애틀랜타에 있는 에모리대학에 진학했다. 바로 그 대학에 배틀리가 강사로 있기 때문이었다. 깅리치는 배틀리에게 데이트를 신청했고 둘은 뜻이 맞아 1962년 6월 19일 결혼식을 올렸다. 19세 대학생이 7년 연상의 여인과 결혼한 것이다.

미리 말하자면, 깅리치의 이 멋진 사랑은 결말이 영 좋지 않았다. 그는 1981년 아내가 암으로 사형선고를 받자 이혼을 요구했으며 암투병 중인 부인을 병원으로 찾아간 일도 오직 이혼 문제를 매듭짓기 위해서였다. 또 아내에게 준 위자료와 두 딸의 양육비도 합의하에 준 게 아니라 법원명령에 따른 것이었다. 그러고서도 이혼한 지 6개월 만에 재혼을 했다.

깅리치는 독실한 침례교 집사로서 "미국은 신(神)에게서 한 발짝도 떠날 수 없다"는 등의 발언과 함께 '가족의 가치'를 강하게 주장했다. 그가 빌 클린턴 대통령의 섹스 스캔들을 가장 강도 높게 비판하고 영부인 힐러리를 "개 같은 X"라고 부르는 등 좌충우돌한 것도 그런 신념과 무관치 않았다.

그러나 깅리치는 1999년 7월 29일 또 한번 사고를 쳤다. 18년간의 결혼생활을 한 부인 메리앤(Marianne Ginther)과 더 이상 못 살겠다며 이

혼소송을 제기해 다시 언론매체에 화려하게(?) 등장한 것이다. 1999년 8월 조지아 주 법원은 이혼을 거부하는 메리앤의 요구로 깅리치가 혼인서약을 어기고 혼외정사를 했는지에 관한 조사를 승인했다. 깅리치가 아내에게 자신이 1995년부터 보좌관 캘리스터 비세크(Callista Bisek, 33)와 관계를 맺어온 사실을 털어놨다는 것이다.

깅리치의 전투적 스타일

깅리치는 1965년에 에모리대학을 졸업하고 1968년에 툴레인대학에서 석사학위를 받았으며 1971년에 현대유럽사 전공으로 박사학위를 받았다. 튜레인대학 시절은 후일 그가 명성을 얻게 된 근거라 할 보수주의와 호전적 외교정책과는 전혀 어울리지 않는 것이었다. 그는 베트남전쟁 징집에 응하지 않고 학생에게 부여된 연기혜택을 누렸으며 마리화나를 피웠고 어느 교수의 누드 사진을 싣는 문제를 둘러싸고 벌어진 학내 갈등에서 학교신문의 권리를 옹호하기 위한 학내시위를 주도했다. 1968년 대선 때에는 민권운동을 지지한 뉴욕 주지사 넬슨 록펠러(Nelson Rockefeller, 1908~1979)의 대선 캠페인에 참여하기도 했다.

깅리치는 1970년 박사학위 논문을 쓸 때 조지아 주 캐롤튼에 있는 웨스턴조지아대학 역사학 교수로 취직했다. 건방지고 거친 매너로 교수들과는 사이가 안 좋았지만 화끈한 스타일 덕분에 학생들에겐 인기가 높았다. 그는 학생들을 집으로까지 데려가 토론을 벌이는 일종의 스터디 그룹을 만들어 운영했다.

깅리치는 곧 따분한 교수생활에 싫증을 내게 되었으며 언젠가 하원의장이 되겠다고 떠들고 다녔다. 1974년 하원의원 선거에 도전했으나

2800표 차이로 패배하고 말았다. 그 간발의 차이에 용기를 얻은 그는 1976년에 다시 도전했으나 또 아슬아슬하게 패배했다. 그리고 1978년에 재도전해 공화당 소속으로 하원의원이 되었다.

하원에서 깅리치는 곧 전투적 스타일로 악명을 얻었다. 민주당에 강경대응하지 않는다는 이유로 공화당 원로들까지 공격했으며, 1980년대에 공화당이 하원 다수당이 될 것이라고 호언했다. 그는 "나는 공화당원이지만, 지난 20년간의 가장 큰 실패작은 민주당이 아니라 공화당이다"라고 말하면서 '공화당의 갱생'이 필요하다고 역설했다.

1983년 2월 깅리치는 자신과 뜻이 맞는 소장파의원 모임을 만들어 민주당을 공격하는 첨병 역할을 맡았다. 언론매체의 속성을 꿰뚫어보고 그것을 잘 이용하는 탁월한 미디어 선동가였던 그는 민주당 원로들을 성나게 만드는 독설을 내뿜었다. 일단 싸움이 벌어지면 흥미를 느낀 언론매체들은 그것을 대서특필해댔고 그 결과 깅리치는 유명해졌고 골수 공화당원들의 지지를 얻게 되었다.(이종수 1995)

공화당 내에서도 그에 대한 평가는 엇갈렸다. 신선하고 대담하다며 긍정적으로 평가하는 사람들도 있었지만, 해도 너무한다는 비판도 만만치 않았다. 온건한 공화당 의원들은 깅리치가 민주당 하원의장 팁 오닐(Tip O'Neill, 1912~1994)을 '흉한(thug)'으로 부르는 따위의 인신공격에 찬성하지 않았다. 의사당 안에서 소리지르고 삿대질 해대는 그의 투쟁적인 모습이 오히려 공화당을 욕되게 한다고 생각하는 사람들도 있었다.

게다가 깅리치는 같은 당 의원이라도 제 마음에 안 들면 거침없이 독설을 퍼부어댔다. 그는 상원 재무위원장인 공화당 상원의원 밥 돌

강리치는 민주당과 공화당을 가리지 않고 많은 정치 원로에게 독설을 퍼부었다. 팁 오닐 하원의원(오른쪽 정면), 밥 돌 상원의원(왼쪽) 등이 그의 공격을 받았다.

을 가리켜 "복지국가를 위한 세금징수원"이라고 비난했다. 1985년 로널드 레이건 대통령이 소련 공산당 서기장 미하일 고르바초프(Mikhail S. Gorbachev)와 정상회담을 갖자 강리치는 "1938년 뮌헨에서 아돌프 히틀러(Adolf Hitler, 1889~1945)와 영국 수상 네빌 체임벌린(Neville Chamberlain, 1869~1940)이 만난 이래로 가장 위험한 정상회담"이라고 공격했다.

강리치는 레이건 행정부보다 훨씬 오른쪽에 있었다. 레이건 행정부의 국방비 증액과 니카라과 반군 지원에는 적극적 지지를 보낸 반면, 세금 문제와 낙태 문제에 대해서는 정부를 비판했다. 그러나 마틴 루서 킹 목사를 기념하는 공휴일 제정에서는 민주당 편을 들었으며, 남아프리카공화국에 대한 경제제재에 찬성해 많은 사람을 놀라게 만들기도 했다. 그는 민주당 프로그램의 일부를 공화당이 가져와야 한다고 주장했다. 예컨대, 직업교육, 유아보호시설, 빈곤층 자녀 문맹 퇴치 프로그램 등을 지지했다.

깅리치는 의회 활동을 생중계로 방송하는 C-SPAN 채널을 적극 활용했다. C-SPAN은 케이블 방송 확산에 맞춰, 유선방송 사업자들이 자금을 대서 1979년 탄생한 공영 성격의 유선방송 채널이다. 매일 하원 회의가 끝날 무렵에는 의원들의 긴급발언 시간이 있다. 대부분의 의원은 이때까지 자리를 지키지 않는다. 그러나 깅리치는 이 긴급발언 중계를 적극 활용함으로써 전국 보수주의자들의 눈길을 잡아끄는 데 성공했다. 그는 훗날 한 신문과의 인터뷰에서 "솔직히 우리는 C-SPAN을 이용했다"고 토로했다.

C-SPAN 채널은 전반적인 보수주의 운동의 조직화에도 크게 기여했다. 보수주의자들은 "C-SPAN의 탄생으로 미국 안방의 시청자들은 진보적 공중파를 통하지 않고 직접 의회가 돌아가는 것을 볼 수 있게 됐다"고 말했다. 시청자 수는 일반 케이블 뉴스 채널보다 훨씬 적었지만, C-SPAN 시청자들은 가장 적극적으로 정치적 의사를 표명하는 층이었다. C-SPAN 시청자의 98퍼센트가 투표에 참여한다는 통계도 있다.(박찬수 2005c)

'미국과의 계약'

1987년 민주당 하원의장 짐 라이트(Jim Wright)에 대한 깅리치의 공격은 그의 강점이 무엇인지 잘 보여주었다. 라이트는 이전에 깅리치를

'전문적인 망나니(professional pest)'라고 부른 적이 있었는데, 깅리치는 라이트의 저서 인세 세금에 관련된 비리의혹을 제기하면서 라이트를 "20세기 역대 하원의장 가운데 가장 비윤리적인 인물"이라고 비난했다.

처음에는 모두들 깅리치가 미쳤다고 생각했지만, 상황은 의외로 깅리치에게 유리하게 돌아갔다. 1989년 3월 라이트에 대한 하원 윤리위원회의 조사가 시작되면서 깅리치의 비판이 상당한 근거가 있다는 것이 밝혀졌기 때문이다. 4월 중순 하원 윤리위원회는 라이트가 하원의 윤리규정을 어겼다고 발표했으며, 그 결과 라이트는 5월 31일 사임을 발표했다.

이 승리로 깅리치의 인기는 더욱 높아졌지만, 사랑과 결혼의 경우처럼 곧 그의 이중성이 문제가 되었다. 그는 라이트 사건의 와중인 1989년 4월 저서 인세의 세금 관련 문제로 하원 윤리위원회의 조사를 받는 신세가 되었으며, 7월에도 1986년, 1988년 선거 캠페인에서의 선거운동원 경비지급 때문에 윤리 문제를 일으켰다. 1996년에도 이와 유사한 스캔들을 일으킨다.

그러나 1989년까진 깅리치는 건재했다. 깅리치는 1989년 3월 22일 국방장관으로 발탁된 딕 체니(Dick Cheney)의 뒤를 이어 공화당 하원 원내총무가 되었는데, 이는 34년간 하원에서 소수당 노릇을 해온 공화당의 깊은 좌절감을 반영한 것으로 여겨졌다. 하다 하다 안 되니까 깅리치와 같은 전투적인 인물을 필요로 하게 된 게 아니겠느냐는 것이었다. 민주당은 깅리치에 대한 깊은 불신을 표현했지만, 민주당 일각에서는 오히려 깅리치 덕분에 민주당의 단결이 잘 될 것이라면서 환

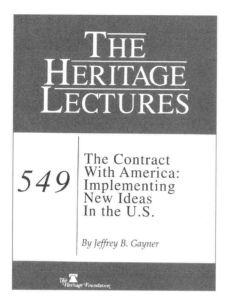

THE HERITAGE LECTURES

549

The Contract
With America:
Implementing
New Ideas
In the U.S.

By Jeffrey B. Gayner

The Heritage Foundation

헤리티지 재단에 소속된 제프리 게이너의 보고서 표지. 보수 싱크탱크들은 깅리치가 제안한 '미국과의 계약'이라는 보수적 공약을 환영했다. ⓒ The Heritage Foundation

영의 목소리도 나왔다. 오히려 부시 행정부가 더 곤혹스러워했는데, 깅리치로 인해 초당적 지지를 이끌어내기가 어려워졌다는 판단 때문이었다.

그러나 깅리치는 인신공격을 일삼는 싸움꾼만은 아니었다. 그에게는 그 나름대로 비전이 있었다. '제3의 물결'로 일컬어지는 기술변혁으로 인해 미국은 우파의 정책을 따를 수밖에 없다고 본 깅리치는 1994년 보수적 정치좌표인 '미국과의 계약(Contract with America)'을 주창했다. 미국과의 계약이라는 10개 공약은 미 정치사상 공화당이 하원선거에서 처음 내놓은 전국 선거공약이었다. 그 핵심은 사회복지 축소와 작은 정부 등의 주장을 담고 있는 것으로, 깅리치는 "진보주의자들이 미국을 망친다"고 주장하면서 이른바 '신 보수혁명'을 주도하는 리더십을 발휘했다. 1994년 선거에서 '미국과의 계약'은 공화당의 정체성 확보와 국가적 의제 설정 주도에 큰 기여를 했다. 그는 또한 '쐐기와 자석(Wedge & Magnet)' 이라는 공세적 전략으로 민주당 지지층을 분열하고 보수 각 세력을 결집, 공화당판 뉴딜연합을 완성했다.

앞서 지적했듯이, 1994년 중간선거에서 공화당은 40년 만에 하원에서 다수의석을 차지했다. 의석을 52석이나 늘리는 대성과를 거둔 것이다. 깅리치는 그 승리의 1등 공신으로 인정받아 1995년에 오랜 꿈이던 하원의장이 되었다. 1995년 『타임』은 공화당 혁명을 주도한 공로로 그를 '올해의 인물' 로 뽑았다. 『타임』은 깅리치를 선정한 이유로 "그의 열정과 노력이 미 워싱턴 정가의 전통을 바꿔놓았다"는 점을 들었다. 또 불과 얼마 전까지도 미래의 과제로만 여겨지던 미 연방 균형예산안 달성을 현실로 바꿔놓았고, 프랭클린 루스벨트 이래 행정부 만능의 사고방식에 젖어 있던 미국인들에게 의회의 힘을 보여줌으로써 전통적 사고를 뒤집은 인물이라고 깅리치를 치켜세웠다.

자신의 꿈을 이뤘기 때문에 긴장이 풀렸던 걸까? 깅리치의 인기는 서서히 하락하기 시작했다. 최저임금 인상 반대, 의료지원비 삭감, 환경규제 완화 등과 같은 주장은 도가 지나쳐 많은 사람으로 하여금 등을 돌리게 만들었다. 1995년에 CIA 비밀공작을 지지한 것도 사람들을 놀라게 만들었다. 이란을 '악의 제국' 으로 보고 이란 정부 전복에 미국이 강력히 개입해야 한다고 주장하면서, 정부 전복을 위한 비밀공작비 1800만 달러를 따로 책정하지 않는 한 정보예산 처리에 합의할 수 없다고 버텼던 것이다.(경향신문 1997)

그러면서도 깅리치는 나름의 대안과 비전을 제시하기도 했다. 1996년 4월 24일 의회 연설에서 '새로운 환경주의(new environmentalism)'

를 제안했다. 지나친 환경규제로 인한 재산소유자들의 손실을 보상해야 하며, 처벌이 아닌 순응을 위한 인센티브와 과학을 기초로 접근한다면 규제로 인한 비용을 절감하고 좀더 높은 수준의 환경보호가 가능할 것이라는 주장이었다. 또 1997년 10월 조지타운대학에서 학생들에게 강연할 때에는 "과거 냉전시대에는 소련의 위협 때문에 미국이 난폭하게 해도 다른 나라들이 참고 넘어갔지만 이제 상황이 많이 달라져 미국이 리더십을 바꾸지 않는다면 미국은 전 세계에서 엄청난 분노를 사게 될 것"이라고 말했다. 사랑에서든 윤리에서든 정치에서든 오락가락하는 게 그의 장기인가? 이후 그의 몰락은 나중에 살펴보기로 하자.

참고문헌 Alter 1994, Donaldson 2007, Halstead & Lind 2002, Thomas 1994a, 강준만 외 1999~2003, 경향신문 1997, 김덕호 2001, 박찬수 2005c, 송철복 1994, 우태희 2008, 유승우 2002a, 이종수 1995, 최현수 1994

'우익 인민주의'와 '민권운동 재현'
'오클라호마 테러'와 '100만 대행진'

오클라호마 연방정부 건물 폭탄테러사건

1995년 4월 19일 오클라호마 주도(州都)인 오클라호마 시의 연방정부 관공서 건물 앞에는 노란색 렌터카 트럭이 주차되어 있었다. 이 트럭에 실려 있던 수제 폭탄이 폭발해 9층짜리 연방건물을 붕괴시키면서 건물 내 유치원에 있던 어린이를 포함, 168명이 사망하고 800여 명이 부상당한 참사가 발생했다. 범인은 걸프전 참전용사이자 미국 태생의 백인인 티머시 맥베이(Timothy McVeigh, 1968~2001)와 테리 니컬스(Terry Nichols)였다.

주범 맥베이(29세)는 걸프전쟁에 참전해 훈장까지 받았지만, 심리검사에서 부적격 판정을 받아 육군 특수부대인 그린베레에 들어가는 게 좌절되자 군대를 떠난 뒤 이곳저곳을 떠돌아다녔다. 1993년 4월 19일은 그에게는 하나의 전환점이 된 날이었다. 텍사스 주 웨이코 시에서 다윗파 사건이 일어났기 때문이다. 이날 이후 "연방정부가 국민

오클라호마 연방정부 건물 폭탄테러 사건 후.

을 무장해제시킨 다음 노예로 만들려고 한다'고 주장한 극우 무장집단에게는 4월 19일은 중요한 '기념일'이 되었고, 맥베이 역시 2년 후 그날을 기려 테러를 저지른 것으로 밝혀졌다.(McFadden 1999)

그는 무고한 어린아이들이 희생된 데 대해 '부수적 피해(collateral damage)'라며 아무런 죄책감을 느끼지 않았다. 그는 신나치주의자인 윌리엄 피어스(William L. Pierce III, 1933~2002)의 소설 『터너 일기(The Turner Diaries)』(1978)의 주인공 윌리엄 터너의 열렬한 숭배자로 밝혀졌다. 폭탄의 모형과 크기도 소설에서 나오는 것과 똑같았다.

『터너 일기』는 유태인 저명인사의 살해와 그것을 실천할 자금 조달

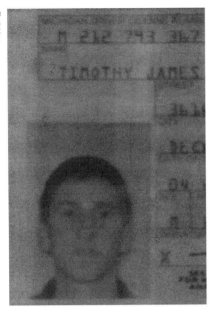

오클라호마 연방정부 건물 폭탄테러의 주범 티머시 맥베이.

방법을 자세히 제시한, 인종주의 혁명을 실현하기 위한 교과서였다. 실제로 피어스는 "사람들이 더 이상 잃을 것이 없다고 믿게 되면, 테러 행위에 호소하게 될 것이다"고 말함으로써 오클라호마 폭탄테러 사건에 대해 동정적인 태도를 보였다.

1995년 1월 맥베이는 미시간의 무장집단 집회에 참석했는데, 당시 이 집회에서 연사들은 오클라호마 시 연방정부 건물에 입주해 있는 정부부처 주류·담배·화기 단속국(ATF)에 본때를 보여줘야 한다고 주장한 것으로 밝혀졌다. 이에 따라 그간 연방정부에 적대감을 표시해온 미시간 민병대가 세간의 주목을 받았다. 침례교 목사이며 총기류 판매상인 노먼 올슨(Norman Olson)에 의해 1994년에 조직된 미시간 민병대는 스스로 '신의 군대'라고 부르면서, 미시간 랜싱 시청에서 열린 유엔의 날 기념 행사장에서 유엔 깃발이 올라갈 때 시장에게 반역자라고 외치는 등 반(反)연방, 반(反)국제주의 활동을 해왔다.(이주영 2001·2003)

권영숙(2001)은 "미국 대통령 조지 부시의 개인목장이 있는 텍사스 주의 웨이코는 사형이 선고된 티머시 맥베이의 오클라호마 연방청사 폭파사건의 동기가 된 곳이기도 하다. 1993년에는 국가의 불간섭을

254 미국사 산책 13

주장하는 극우 기독교 근본주의자 데이비드 코레시와 다윗교파 신도들이 클린턴 전 대통령의 연방정부에 무장저항을 벌이다가 여기서 80여 명의 사상자가 났다. 이런 지리적 우연의 일치는 정치적으로는 우연이 아니다"라며 다음과 같이 말한다.

"텍사스는 1960~1970년대 미국의 신(新)우익이 탄생한 곳이며 오늘날에도 그 중심지로 남아 있다. 지난 대선에서 부시의 승리는 바로 신우익의 주도 아래 서부와 중남부의 종교적, 복고적 우익을 포괄하는 데 성공한 우익 인민주의의 승리이기도 했다. 미국에서 우익 인민주의의 득세는 일시적이거나 예외적인 현상이 아니다. …… 19세기 중반 산업혁명이 진행되고 기존의 소농, 소생산자 생산양식이 붕괴되면서 생활수준이 하락한 대중은 그 원인을 동북부의 대공업과 은행가, 단순 노동자인 흑인 및 이민자에게서 찾았다. 여기서 이른바 '동부 기득권층'에 대한 반발로서 반(反)엘리트주의와 KKK 운동 같은 인종주의가 백인 대중 사이에 자리잡는다. 이들의 세계관은 미국 체제는 정의롭고 민주적인데 일부의 정상배와 모리배(특히 유대인)가 정부와 경제를 장악하고 대중을 고통 속에 몰아넣고 있다는 것이었다. 여기에 노동운동에 대항한 자본가들의 반공주의 이데올로기가 겹쳐지면서 오늘날 미국 우익 인민주의의 기본 원형이 이루어졌다."

'정부는 국민의 적'인가?

이 폭탄테러 사건의 수습 과정에서 빌 클린턴은 '슬픔에 잠긴 지도자 역할'을 잘 수행해냄으로써 '의지할 수 있는 대통령'이라는 이미지를 만들어냈다는 평가를 받았다. 반면 그간 '작은 정부'를 주장하면서 반(反)정부감정을 부채질해왔던 보수파 정치인들이 수세에 몰리는 일이 벌어졌다. 대부분의 미국 언론은 이 사건이 일어난 데에는 권력장악을 위해 정부에 대한 적대적 발언들을 서슴지 않았던 보수파 정치인들에게도 적잖은 책임이 있다며 뉴트 깅리치 하원의장 등 공화당의 지도적 인사들을 직간접적으로 비난하고 나섰다.

『타임』의 칼럼니스트 마이클 크레이머(Michael Kramer)는 "만일 테러범들이 '정부는 국민의 적'이라는 신념을 갖고 있다면 이 같은 환상을 부추긴 책임은 민병대뿐만 아니라 개인적 야심을 위해 정치체제에 대한 신뢰를 무너뜨린 사람들에게도 있다"며 공화당 정치인들을 은근히 비난했다. 『워싱턴포스트』의 칼럼니스트 칼 로언(Carl T. Rowan, 1925~2000)은 "뉴트 깅리치나 밥 돌과 같은 부류의 정치인들이 애용하는 공격적 언사들이 미국 내에 폭력 분위기를 조성했다"면서 대놓고 이들을 비판했다.

1980년대까지 정치담당 기자로 필명을 날렸던 『워싱턴포스트』의 데이비드 브로더(David S. Broder)는 1995년 4월 25일자 칼럼에서 이 오클라호마 시 테러사건이 미국의 정치풍향을 바꾸는 중요한 계기가 될 것이라고 예언했다. 그는 이 사건이 1980년대 이후 공화당의 3기 연속 집권을 가능케 했던 1979년 말의 이란 인질 사태만큼이나 중요한 정치사적 의미를 지닌다면서 앞으로 미국 정치에서는 가족 및 공동체 유대강화와 정부의 역할이 주요 쟁점이 될 것으로 내다봤다. 특히 이 테러 사건의 처리 과정에서 정부의 긍정적 역할이 크게 부각됐다고 평가하면서 공화당 주도의 의회가 연방정부 규모 및 역할의 대폭 축소를 추진하고 있는 상황에서 이 사건은 중대한 전환점이 될 수 있다고 지적했다.

실제로 이 사건으로 가장 큰 정치적 이득을 본 사람은 빌 클린턴 대통령이었다. 4월 23일 발표된 갤럽 여론조사 결과에 따르면 클린턴에 대한 지지도는 52퍼센트로 사건 전에 비해 6퍼센트 포인트나 늘어났다. 또 응답자의 84퍼센트는 클린턴이 이 사건을 "잘 처리하고 있다"고 응답했다.

반면 깅리치는 사건 직후 '부패한 자유복지국가'에 대한 그의 '혁명'이 오클라호마 테러를 촉발시킨 것은 아니냐는 기자들의 질문에 "정부 규모 및 역할에 대한 합법적이고 정당한 문제제기와 테러범들의 무분별한 폭력행위는 엄격히 구분돼야 한다"며 강력히 반발했다. 또 우파를 대변하는 『워싱턴타임스』는 4월 26일자에서 사설과 칼럼, 기사 등을 통해 "대부분의 언론이 이번 사건을 보수파 정치인을 비난하는 마녀사냥에 이용하고 있다"고 주장했다.(박인규 1995)

100만 흑인 대행진

"오는 10월 16일 수도 워싱턴에 모이자. 그래서 워싱턴의 정치인들에게 우리 흑인을 동등하게 대우할 것을 다시 한번 요구하자." 우익 인민주의의 목소리가 높아진데다 O. J. 심슨 사건에 대한 무죄평결로 미국 내 흑백 인종 간의 골이 깊어지는 가운데 과격파 흑인지도자 루이스 패러칸(Louis Farrakhan)은 '100만 흑인 대행진' 운동을 호소하고 나섰다. 1963년 흑인 민권운동가였던 고 마틴 루서 킹 목사가 이끌었던 흑인 대집회를 재현하자는 것이다.

이 같은 호소의 배경에는 민권운동 이후 30여 년이 지나도록 흑인들의 사회·경제적 지위가 전혀 개선되지 않았다는 사정이 깔려 있었다. 더욱이 공화당 주도의 보수혁명이 위세를 떨치면서 소수민족 차별철폐 조치, 사회복지제도 등 그간 민권운동이 쌓아올렸던 성과마저 차례로 무너지고 있는 데 대한 위기의식도 작용했다.

패러칸의 제안에 대다수 흑인의 반응은 그다지 뜨겁지 않았다. 평소 그의 과격한 이미지 때문이었다. 흑인 회교조직 '네이션 오브 이슬람(Nation of Islam)'의 지도자인 그는 반백인·반유태인주의를 감추지 않는 극렬파이자 독재 성향을 지닌 인물이었으며, 한때 자신의 라이벌이자 유명한 흑인 지도자였던 맬컴 엑스(Malcolm X, 1925~1965) 암살의 배후로 의심받기도 했기 때문이다.(박인규 1995a)

이미 1964년에 유태교를 '더러운 종교(gutter religion)'라고 공개 비난한 바 있는 패러칸은 "유태인들은 매우 우수한 인종입니다. 그들에게는 내가 존중하는 천재성이 있어요. 그러나 유해한 요소들도 있어요. 나는 나쁜 유태인들하고만 맞서 싸웁니다"라고 말하면서도, "당신들은 사탄의 예배당이요. 당신들 유태인은 미국 정부를 손아귀에 쥐고 국가를 지옥으로 인도하고 있소"라고 주장하곤 했다.(Sorman 1998, 박재선 2002)

그렇듯 다른 흑인 지도자들이 거리를 둘 만한 이유는 충분했지만, 1996년 대선이 다가오면서 흑인 단결의 필요성을 느낀 제시 잭슨(Jesse L. Jackson, Sr.) 목사와 블랙 코커스(Congressional Black Caucus; 의회 내 흑인 교섭단체) 등 흑인 정치세력이 그의 제안에 동참하면서 100만 행진운동은 점차 추진력을 얻어갔다. 패러칸의 추종자 및 집회 동참 세력은 미 전역의 300개 도시를 대상으로 흑인들의 참여를 호소하면서 집

루이스 패러칸. 패러칸의 호소로 '100만 흑인 대행진'에
참여하러 워싱턴에 모인 군중.

회 소요 비용 300만 달러 모금운동을 벌였다. 특히 흑인 밀집 지역인
디트로이트 시에서는 시의회가 이 집회를 지원한다는 결의안을 통과
시켰으며 세인트루이스 등 몇몇 도시의 시장들도 이 집회를 승인하는
등 운동의 열기는 점점 높아져갔다.(박인규 1995a)

　1995년 10월 16일 새벽부터 밤늦게까지 워싱턴 시 한복판에서 계속
된 100만 흑인 대행진 행사는 경찰당국과 언론의 혼란 및 폭도화 우려

가 무색할 정도로 질서정연하게 끝났다. 의사당 앞에 마련된 연단을 향해 선 채 2킬로미터 정도 떨어진 워싱턴기념탑까지 폭 800미터의 잔디밭을 꽉 메운 인파의 모습을 언론들은 '인간 카펫'이라고 묘사했다. 참가 규모에 대해 주최 측은 150만이라고 주장했으나 경찰과 공원 관리국 측은 40만으로 추정했다.

새벽 5시 기도회를 시작으로 연설과 토론, 그리고 음악과 무용 등 예술행사가 밤 8시까지 계속된 이날 행사의 하이라이트는 주최 측인 '네이션 오브 이슬람' 의장인 루이스 패러칸의 연설이었다. 2시간 30분 동안의 연설에서 그는 흑인이 처해 있는 모든 문제가 백인 우월주의에서 비롯된 것임을 역설하고 그에 맞서기 위한 흑인들의 단합을 호소했다. 워싱턴 행진은 남성들만 참여하는 반(反)여성적 입장을 보였지만, 이 행진의 결과 이후 몇 달 동안 150만 명 이상의 흑인 남성들이 투표 등록을 하는 성과를 얻었다.(Zinn 2008)

이게 과연 패러칸의 공이냐 하는 점에 대해서는 이견도 있다. 나윤도(1995)에 따르면, "극단적인 반유태, 반백인, 반가톨릭, 반여성의 입장에 서 있는 그의 과격한 주장 때문에 이날 행사는 시작 전부터 흑인 지도자들을 참석과 불참으로 분열시켰으며 백인에 대한 흑인의 피해의식을 지나치게 강조함으로써 '단합의 대행진'이 아니라 '분열의 대행진'이라는 비난을 받기도 했다. 이날 대행진에 참석한 흑인들도 패러칸의 연설에 동조하기보다는 흑인의 자조와 자립, 그리고 가정과 사회에 있어서의 책임을 강조하는 모임의 성격 자체에 더 관심을 쏟는 모습이었다. 결국 이날 대행진의 승자는 패러칸이 아니라 단합의 저력과 가능성을 보여준 흑인 전체였다."

반유태주의는 패러칸만의 것은 아니었다. 이미 1984년 마틴 루서 킹의 후계자 제시 잭슨도 "뉴욕은 유태인의 수도"라며 유태인에 대해 불편한 심정을 토로했다. 반유태주의는 많은 흑인들에게 공유되고 있었다. 패러칸이 연설 중간 중간 반유태적인 말을 곁들인 것도 그렇게 믿는 구석이 있었기 때문이다.

기 소르망(Guy Sorman 1998)은 유태인과 흑인 간 갈등에 대해 "이들 두 민족이 이토록 대립하는 이유는 서로 너무 닮았기 때문"이라는 해석을 내놓는다. "자신의 뿌리에 대한 집착, 성경과 최후의 목표에 대한 집착이 그것이다. 또한 이들은 모두 '과잉'의 측면을 가지고 있다. 한쪽은 '지식'의 과잉, 다른 한쪽은 '육체'의 과잉(스포츠, 춤, 마약)이다. 한쪽은 육체적으로 넘치고 한쪽은 정신적으로 넘친다. 양쪽 다 불균형이다. 이들에게 '건강한 정신에 건강한 육체'라는 말은 이해되지 못한다."

글쎄, 이 주장을 믿어야 할까? 참고사항은 될 수 있을망정 그런 이유만으로 유태인과 흑인 간 갈등을 해석하는 건 위험할 수도 있을 것 같다. 앞서 지적했듯이, 민권운동 이후 30여 년이 지나도록 흑인들의 사회·경제적 지위가 전혀 개선되지 않고 있는 사정, 즉 정치경제적 배경에 더 주목하는 게 옳지 않을까?

참고문헌 McFadden 1999, Sorman 1998, Zinn 2008, 권영숙 2001, 나윤도 1995, 박인규 1995·1995a, 박재선 2002, 손세호 2007, 윤성주 1995a, 이주영 2001·2003

'공영방송은 좌익소굴?'
'공영방송 죽이기' 논쟁

6대 네트워크 체제의 출범

클린턴 행정부에 의해서도 계승된 연방통신위원회(FCC)의 탈규제 정책의 효과는 곧 가시화되었다. 1994년 5월, 세계 최초의 디지털 방식 다채널 위성방송 디렉 TV(DIRECTV, Inc.)가 출범했다. 위성체 제조 및 운영 회사인 휴즈사가 대주주였다. 또 1995년 1월에는 신생 네트워크 UPN(United Paramount Network)과 워너브러더스(WB)가 각각 96개, 43개의 방송국을 확보한 가운데 네트워크 방송으로 출범했다. 이로써 6대 네트워크 체제가 시작된 것이다. 이것들은 Fox-TV의 성공에 자극받아 할리우드 메이저들에 의해 설립된 것으로, 젊은층 시청자를 공략하는 Fox의 전략을 그대로 모방했다. Fox는 설립 7년 만인 1994년에 제휴사 184곳(ABC 227, NBC 214, CBS 200)을 확보했는데, 성공의 주된 이유는 10대와 20대를 겨냥한 파격적인 프로그램 방영이었다.

UPN과 WB의 설립은 Fox가 제4네트워크로 자리를 굳혔다는 사실을 의미하는 것이기도 했다. Fox가 제4네트워크로 확실하게 자리매김을 할 수 있었던 것은 풋볼 경기 중계권을 차지한 1993년의 협상 결과가 큰 몫을 했다. 『뉴스위크』 1996년 12월 4일자는 당시를 회상하면서 다음과 같은 평가를 내렸다.

"당시 루퍼트 머독(Rupert Murdoch)은 전미풋볼협의회(NFC)의 일요일 오후 시간 풋볼 중계권에 대한 과감한 기습 공격을 감행했다. Fox사가 4년간 중계료로 연간 3억 9500만 달

Fox-TV의 사주 루퍼트 머독. © World Economic Forum

러라는 예상 밖의 거액을 제시해 CBS를 제친 것이다. 당시 CBS의 스포츠 담당 사장이었던 닐 필슨(Neal Pilson)은 '이로 인해 Fox사가 일순간에 방송계를 석권하게 됐다'고 말했다. 당시 언론·경영·금융계에서는 머독을 천재로, CBS 전 소유주 래리 티시(Larry Tisch, 1923~2003)를 32년 간 유지해온 독점권을 상실한 얼간이로 여겼다. Fox사는 물론 기존 미 3대 방송사마저 생존 여부가 불투명한 현 상황에서 스포츠는 매우 중요하게 됐다. 케이블 텔레비전, 위성 텔레비전, 심지어 컴퓨터 등 매체의 홍수 속에서 네트워크 방송사들은 이른바 '브랜드 동질성'으로 차별화할 필요가 있는 것이다. 연예 프로는 위험 부담이 크다. 뉴스는 경쟁이 치열하며 시청자층이 제한돼 있다. 그러나 스포츠는 독점권이 확보되고 시청자들에게 잘 먹힌다. 디즈니/ABC사의 한

간부는 '풋볼은 방송사의 최대 자산'이라고 말했다."

섹스 쇼, 토크쇼, 게임 쇼

텔레비전 폭력묘사가 된서리를 맞아 잠시 고개를 수그린 가운데 텔레비전 섹스가 본격적으로 고개를 들었다. 1995년 3월 김문덕(1995)은 "미국 TV가 날이 갈수록 점점 더 선정적이 되어가고 있다. 미국의 시대풍조는 보수적으로 회귀하고 있고 극우적인 종교단체들은 끊임없이 TV의 '외설성과 음란함'을 공격해대고 있는데도 미국 TV는 줄기차게 섹시해지고 있는 것이다"라며 다음과 같이 말했다.

"〈멜로즈 플레이스(Melrose Place)〉, 〈베이워치〉 같은 프로들의 시청률이 높은 것은 그 내용이 심오하다거나 배우들의 연기가 좋아서가 아니라 잘생긴 남녀 주인공들의 드러난 맨살 피부 때문이라는 것이다. 그래서 텔레비전들은 끊임없이 선정적인 내용들을 만들어내고 있다. 특히 TV의 선정성을 주도하고 있는 것은 케이블 텔레비전이다. 케이블 TV들은 심야에 기록영화를 비롯해 극장용 외설영화 못지않은 성인용 프로들을 방영, 시청자들의 밤잠을 설치게 만들고 있다. …… 케이블 TV뿐 아니라 네트워크들인 ABC, CBS, NBC 및 Fox-TV 등도 이제는 자기 프로를 가급적이면 선정적으로 만들려고 애를 쓰고 있다. 〈비버리힐즈의 아이들(Beverly Hills 90210)〉와 〈멜로즈 플레이스〉를 방영하는 소위 제4의 네트워크인 Fox-TV는 음란함에 있어서는 단연 네트워크 중 으뜸이어서 비평가들로부터 '쓰레기 하치장'이라는 말을 듣고 있다."

'섹시한 텔레비전'에는 토크쇼까지 가세했다. 1995년 시즌 중 지상파 네트워크와 케이블 텔레비전 채널을 합쳐 30~40개의 토크쇼가 방송되고 있었다. 1995년 『워싱턴포스트』의 텔레비전 비평가인 톰 셰일스(Tom Shales)는 "토크쇼는 미국의 문화적 공해의 일부이며 오늘날 그 공해는 치명적인 것 같다"고 논평했다.(Barkin 2004)

유세경(1995a)은 "수많은 토크쇼들 중 최근 미국에서는 독특한 진행과 자극적 소재로 토크쇼를 이끌어가는 젊은이 대상의 토크쇼가 부각되고 있다. 젊은이 대상의 토크쇼는 10대, 20대를 관객으로 하며 진행자들 역시 10대, 20대의 우상인 젊은 스타들이다"라며 다음과 같이 말했다.

"이 프로그램들은 자극적 소재와 관객들의 격렬한 논쟁으로 화제를 불러일으키고 있다. 예를 들어 한 남자를 두고 싸우는 자매가 출연하여 각각 정당성을 놓고 논쟁을 벌이거나, 아이를 셋이나 가진 미혼모가 자신의 이야기를 거리낌 없이 털어놓는 등 비정상적이거나 자극적인 내용이 주제로 등장한다. 또한 진행도 매우 과격하다. 의견이 대립되는 사람들을 한자리에 앉혀 싸우게 하거나 출연자들과 방청객들 간에 '대화' 수준을 넘어 소리를 지르며 싸우기도 하는데 진행자는 이들의 격렬한 논쟁을 중재하기보다는 오히려 부추기는 경향이 있다."

그런가 하면 초저녁에는 게임 쇼가 브라운관을 휩쓸었다. 1995년 가장 인기가 높은 게임 쇼 프로그램은 지난 10년간 초저녁 시간대 시청점유율 1위를 기록해온 〈행운의 수레바퀴(Wheel of Fortune)〉와 〈위험(Jeopardy)〉이었다. 유명한 연예인이 출연하는 것도 아니고 화려한 무대장치나 볼거리를 제공하는 기묘한 게임이 등장하는 것도 아니었는데, 이 두 프로그램은 장수를 누렸다.

이에 대해 유세경(1995)은 "이 두 개의 프로그램에서는 평범한 시청자들이 단순한 게임법칙에 의해 문제를 풀거나 글자를 맞춰나간다. 〈행운의 수레바퀴〉는 상금이 적힌 수레바퀴를 돌려 상금 액수를 결정한 뒤 알파벳을 맞추거나 쉬운 문장이나 단어를 알아맞히는 '원시적인' 수준의 게임이다"라며 다음과 같이 말했다.

"그다지 똑똑하지 않은 시청자와 출연자들도 즐기면서 문장을 알아맞힐 수 있다. 물론 문제를 맞추어나가는 과정에서 행운과 불운이 작용하기도 한다. 거의 글자를 완성해놓고도 수레바퀴를 잘못 돌려 다른 사람에게 답을 하도록 하는 칸을 바늘이 가리키면 그동안 벌어놓은 상금을 모두 잃어버려 파산하는 경우도 있다. 〈위험〉이란 게임은 〈행운의 수레바퀴〉보다도 더 단순하다. …… 이처럼 단순하고 평범한 게임 프로그램들이 매일 30분씩 방송되면서 10년간 장수하는 비결은 시청자들이 부담 없이 편하게 즐길 수 있기 때문이다. 직장이나 학교에서 지쳐 돌아온 가족들이 초저녁시간대에 편안함을 느낄 수 있고 자신도 아는 문제나 문장을 출연자들이 맞히지 못하는 상황을 보면서 묘한 '우월감'을 느낄 수 있기 때문이다."

보수파의 '공영방송 죽이기'

그런 상황에서도 보수파들은 '공영방송 죽이기'에 열을 올렸다. 1990년대 초 공영방송인 PBS(Public Broadcasting Service)는 프라임타임에서 전체 텔레비전 가구 9210만 중 평균적으로 겨우 270만 가구(3퍼센트)만 시청했을 뿐이지만, 이마저도 그 내용을 용인하기 어렵다는 게 보수파의 생각이었다.

1995년 1월 하원 세출소위 등 13개 소위원회는 청문회를 열어 공영방송체제의 존폐를 거론했는데, 이는 하원의장 깅리치와 상원 통상위원회 위원장 래리 프레슬러(Larry Pressler)가 공영방송의 민영화와 연방지원금 전액 삭감을 골자로 한 법안을 제출했기 때문에 일어난 일이었다. 의사당 앞에서는 공영방송 지지 시위가 벌어졌다. 시위자들은 연방지원금은 2억 8560만 달러로 납세자마다 한 해에 불과 1달러 정도를 공영방송을 위해 내고 있는 셈인데 이를 없애려는 것은 말도 안 된다고 주장했다. 반면 공화당 의원들의 주장은 "1달러도 너무 많다"는 것이었다.

도대체 미국의 공영방송은 어떻게 돼 있기에 그런 싸움이 벌어진 것일까? 미국 공영방송체제는 공영방송공사(CPB; Corporation for Public Broadcasting), 전국공영방송단(PBS), 지역 공영방송국 등 3층 구조로 이루어져 있는데, 공영방송공사는 대통령이 지명하고, 의회의 해당 위원회 의원들이 인준하는 이사회로 구성되며 이사회는 미 의회가 매년 감독하고 결정하는 연방 지원금을 받아 전국공영방송단에 건네주게끔 돼 있었다. 공영방송단은 전국 1000여 개의 지역 공영방송국(텔레비전 방송국 351개, 라디오 방송국 629개)에 이 돈을 분배했다.

그런데 연방지원금은 일종의 '밑돈'으로 상징적인 것에 지나지 않았다. 연간 예산 18억 달러 가운데 16퍼센트만이 연방지원금이었고, 나머지는 기업체, 주정부의 지원금, 기부금 등에 의존했다. 대도시에서는 개방적인 회원제를 실시해 회비를 받기도 했다. 그런데 깅리치는 "공영방송을 누가 산다면 나는 앞으로 5년 동안 매년 최소한 2000달러씩 기부하겠다"고 큰소리를 쳤다. 이는 이 싸움이 일종의 '이데올로기 투쟁'임을 의미하는 것이었다. 1980년대에 앞장서서 공영방송 체제를 공격했던 공화당 의원은 밥 돌과 제시 헬름스였다. 그들의 노력으로 연방정부의 지원금이 공영방송법인의 예산에서 차지하는 비중은 1980년의 26퍼센트에서 1994년에 14퍼센트로 하락했는데, 이젠 깅리치가 나서서 나머지 숨통마저 끊겠다는 것이었다.

깅리치는 '소수 좌익 엘리트들'이 좌지우지하는 공영방송은 납세자들에게 이 공공의 명목으로 어떻게 생각해야 할지를 강요하고 있다고 비난했다. 일리노이 주 출신의 하원 세출소위 위원장 존 포터(John Porter)는 〈미국의 빈곤퇴치 전쟁〉 따위의 공영방송 프로그램이 신경에 거슬린다고 말했다. 보수주의 언론감시단체인 '정확한 보도'의 한 임원은 한 청문회에서 증언을 통해 공영방송단 자체는 만들어질 때부터 "좌경화된 자유주의자들이 장악했다"고 주장했다. 전국총기협회(NRA)의 임원도 공영방송국에는 '건전한' 미국인들을 싫어하는 '염세주의자들'이 우글거린다고 증언했다.

"미국 공영방송은 좌익소굴?"

이와 관련, 윤성주(1995)는 "그 뒤에는 더욱 노골적인 극우주의자들의 공세가 있다. 극우주의자들은 인터넷의 토론광장에 영국의 프로그램 제작자들이 만드는 〈무엇을 도와드릴까요?〉와 같은 프로그램을 자주 도마에 올린다. 그들의 편견으로 보면, 이 작품은 영국의 좌익들이 미국인들을 세뇌시키기 위해서 만든 '선전 선동물'이라는 것이다"라며 다음과 같이 말했다.

"애틀랜타의 한 공화당원은 아예 이 프로그램이 '영국 빨갱이들의

미국의 우파들은 빌 모이어스(왼쪽)가 공영 라디오방송에서 사회보장비 지출을 주장했다며 비판했지만, 1994년 자체 방송 시대를 열었다. 공화당의 폴 웨이리치(오른쪽)가 하는 방송은 사실상 깅리치의 독무대였다.

작품'이며, 그 증거는 극 중 여배우의 이름이 '붉은 처어'인 것을 보면 알 수 있다고 주장한다. 심지어는 클린턴 미 대통령이 이 작품에서 단역으로 출연한 것이 그의 정치적 성향과 무관하지 않다고 몰아세우기도 한다. 일리노이의 한 공화당원은, 전국 공영 라디오방송을 아예 '전국 사회주의자 라디오방송'이라고 불러야 한다고 강변한다. 그 근거로, 이 라디오가 지난 몇 주 동안 빌 모이어스(Bill Moyers)의 시사분석을 통해 사회보장비의 지출을 '선동'했고, 린든 존슨(Lyndon B. Johnson, 1908~1973) 전 미국 대통령의 '위대한 사회(Great Society)' 따위의 '수정주의적 역사물'을 전파를 통해 흘려보냈다는 것이다.”

이어 윤성주는 “기존 공영방송 대신에, 공화당 일부 극우주의자들의 정강정책을 대변하는 텔레비전 매체를 갖는 것은 레이건의 꿈이었다. 하지만 1980년대만 해도 기존 상업방송의 시간대를 사서 위성 수신을 받을 수 있는 한정된 공화당원들에게 프로그램을 제공하는 것이 고작이었다. 내용도 선거자금 모금용의 단선적인 선전물 위주였다. 그러던 것이 1993년 선거를 계기로 양상이 달라졌다. '공화당 위성방송'이 공화당의 본격적인 자체방송 시대를 열었다"며 다음과 같이 말했다.

"이보다 더 주목을 받는 방송은 '전국 수권 텔레비전'이다. 이는 공화당의 폴 웨이리치(Paul M. Weyrich, 1942~2008)가 1994년 초부터 워싱턴에 본부를 두고 24시간 유선방송망을 통해 전국의 공화당원들에게 파고든다. 이 방송은 사실상 깅리치의 독무대라고 할 정도로 그에게 많은 시간을 할애한다. 예컨대 매주 화요일 저녁마다 동부시간으로 밤 10시부터 11시까지는 〈깅리치와 함께 하는 시사보도〉 프로그램을 내보낸다. 토의되는 주제는 대개 '미국은 왜 사회보장비를 줄여야 하나?' '미국은 왜 사회 기강을 강력히 확립해야 하나?' '왜 방송매체들은 과격한 흑인들만 방영하고, 온건한 흑인들은 소개하지 않는가?' 따위이다. 이 케이블 방송은 미국 보수주의의 대표적인 '싱크탱크'인 헤리티지 재단에 고용되어 있는 경제학자, 정치학자들이 나와서 시사분석을 하기도 한다."

폭력 · 섹스 · 코미디

공화당의 극우 · 보수 정치인들이 '공영방송 죽이기'에 열을 올리는 동안 상업 네트워크 방송의 폭력 · 섹스 의존도는 더욱 높아져가고 있었다. 이는 그만큼 네트워크 텔레비전의 경영 위기가 심각하다는 것을 방증하는 것이기도 했다.

1995년 5월 시청률 조사기관인 닐슨미디어리서치가 내놓은 자료에 따르면 전 시즌 기준으로 3대 텔레비전 방송사인 ABC, CBS, NBC의 프라임타임대(밤 8시부터 11시까지)의 평균 시청률은 34.6퍼센트로 1994년 같은 기간의 37.4퍼센트보다 크게 떨어졌다. 대신 케이블 방송의 시청률은 꾸준한 증가세를 보였다. 텔레비전 보급율이 92퍼센트였던 1963년에는 인기 프로 〈비벌리 힐빌리즈(The Beverly Hillbillies)〉의 시청률이 39퍼센트를 기록했으나 보급율 100퍼센트에 육박한 상황에서 최고 인기프로라는 NBC의 시트콤 〈사인필드(Seinfeld)〉가 20.5퍼센트로 집계되었다. 전문가들은 케이블 방송은 물론 개인용 컴퓨터를 이용한 각종 멀티미디어가 등장, 텔레비전의 영역을 급속히 잠식해가고 있다고 지적했다. 텔레비전 3사는 시청률 저하를 막기 위해 수단과 방법을 가리지 않았다. 『크리스천 사이언스 모니터(The Christian Science Monitor)』 5월 22일자는 「미래의 TV」라는 특집기사에서 "TV 방송사들이 오직 경쟁에서 살아남기 위해 섹스 장면은 더 노골적으로, 폭력 장면은 더 잔인하게 만들고 있다"고 지적했다." (이재호 1995)

네트워크 텔레비전의 상업성은 무엇이 좀 장사가 된다 싶으면 그쪽으로 우우 몰려가는 행태에서도 여실히 드러나곤 했는데, 1995년 가을 편성도 예외는 아니었다. 코미디(시트콤)가 좀 강세를 보인다 했더니, 그해 가을 4대 네트워크의 편성표에서는 프라임타임에 방영되는 80개 프로그램 가운데 50개가 코미디였으며 34개 신설 프로그램 가운데 23개가 코미디로 나타났다. 전례를 보면 코미디 프로그램에서 시청률 1위를 하는 네트워크가 전체 시청률에서도 1위를 차지하더라는

© Alan Light

(왼쪽)1960년대의 인기 프로 〈비벌리 힐빌리즈〉.
(오른쪽)1997년 에미상 시상식에 참석한 〈사인필드〉의 주연배우 제리 사인필드와 줄리아 루이스−드레이퍼스.

'경험의 법칙' 까지 가세한 탓이었다. 공영방송을 둘러싼 갈등을 감안
컨대, 미국 텔레비전의 이런 상업성은 아무래도 이데올로기적으로 정
치적으로 부추겨지고 있다고 보는 게 옳을 것 같다.

참고문헌 Barkin 2004, MBC 1995, 강준만 2001, 김문덕 1995, 유세경 1995 · 1995a, 윤성주
1995, 이재호 1995

"큰 것은 아름답다!"
거대 미디어 합병 붐

디즈니의 ABC, 웨스팅하우스의 CBS 인수

1995년에 나온 데이비드 코튼(David C. Korten 1997)의 『기업이 세계를 지배할 때(When corporations rule the world)』는 세계의 500대 기업이 전 세계 경제생산의 25퍼센트를 지배하고 있고, 금융기관을 제외한 세계 300대 기업이 전 세계 생산 관련 자산의 약 25퍼센트를 소유하고 있으며, 세계 50대 상업은행 및 다각화 금융회사가 전 세계 자본의 약 60퍼센트를 통제한다고 밝혔다. 이 같은 기업에 의한 소유 집중화는 특히 미디어 분야에서 두드러지게 나타났다.(Norberg-Hodge 2000)

1995년 7월 미 상무부가 마련한 미디어 산업의 소유 규제를 완화하는 통신법(Telecommunication Act) 개정안이 의회를 통과했다. 이런 탈규제 노선에 따라 1995년 두 개의 중요한 '사건'이 발생했다. 그해 7월 디즈니의 ABC 인수와 8월 웨스팅하우스의 CBS 인수가 바로 그것이다. 이로써 제너럴일렉트릭(GE)사가 이미 소유하고 있는 NBC를 비롯한 미국의 3대 주요 네트워크 텔레비전이 모두 대기업의 손아귀에 완전히 들어가버렸다.

디즈니의 ABC 인수에 대해 『뉴욕타임스』의 8월 1일자 사설은 "만화영화 〈라이온 킹(The Lion King)〉(1994년, 감독 로저 알러스·롭 민코프)과 〈미녀와 야수(Beauty And The Beast)〉(1991년, 감독 게리 트러스데일·커크 와이즈)로 널리 알려진 월트디즈니사는 텔레비전 방송망만 없었는데, 이번에 190억 달러를 들여 미국 3대 방송사 중 하나인 ABC 방송을 합병-인수함으로써 미디어 제국의 꿈을 이뤘다. 디즈니사의 ABC 인수는 최근 세계 경제 및 기술업계에 통합-통일성이 요구되고 있음을 보여주고 있다" 며 다음과 같이 말했다.

"디즈니사와 같은 대량생산업자들은 템포가 빠른 대중음악, 처리속도가 빠른 컴퓨터, 동작이 빠른 영상 이미지 등을 하나의 방송망에 연결시켜 세계 모든 사람들을 최면 상태에 빠지게 한다. 디즈니사는 이 분야에 있어서 선두주자다. 이 회사는 영화, 책, 테마파크 등을 부대사업으로 하면서 '21세기 최대의 흥행전문회사' 를 목표로 하고 있다. 그들은 미국 고유의 것이면서도 세계 공통의 유행을 창조해냄으로써 제품의 이미지를 고양시키고 있다. 음악, 비디오, 영화, 연극, 서적 및 테마파크와 같은 것은 이 시대 문화의 전초기지 역할을 한다. 정보와 오락, 소프트웨어와 하드웨어, 생산과 분배 간의 구별은 점차 사라지고 있다. 마이크로소프트사의 빌 게이츠(Bill Gates) 회장은 자신이 소유한 소프트웨어를 창조성 높은 할리우드 영화산업과 미국 광고업계와 연결시키면 그 가치가 배증한다는 사실을 인식하고 있다. 그것이 그가 제프리 카첸버그, 스티븐 스필버그 및 데이비드 게펜(David

Geffen)과 함께 '드림웍스' 와 같은 사업에 뛰어들었던 이유다. 디즈니사의 오락물들은 단순한 오락 이상의 의미가 있다. 이 오락물들은 그 자체가 하나의 이데올로기다. 따라서 미국인들은 디즈니사의 ABC 방송 합병-인수에 나타난 오락산업의 전유물화(專有物化)를 허용해서는 안 될 것이다."(세계일보 1995a)

『한겨레』 워싱턴 특파원 정연주(1995c)는 "이번 두 개의 거대 합병은 성격 면에서 서로 간에 차이가 있다. 디즈니-ABC 합병은 수직적 합병의 성격이고, 웨스팅하우스-CBS 합병은 수평적 합병의 성격이다. 디즈니사는 영화와 텔레비전 프로 등을 생산하는 생산업체이고, ABC 방송은 이를 '배급' 해주는 보급망이기 때문에 이들의 결합은 서로 다른 기능의 수직적 합병이다. 이에 비해 이미 상당수의 지방 텔레비전망을 가지고 있는 웨스팅하우스사가 CBS를 인수한 것은 기존 텔레비전망의 확대로, 수평적 합병에 해당된다. 그것이 수직적 합병이든 수평적 합병이든, 이들 대자본의 방송 합병으로 새로 탄생한 방송 재벌은 엄청난 규모의 사업과 영향력을 행사하게 되었다"며 다음과 같이 말했다.

"이처럼 거대 기업들이 방송사들을 경쟁적으로 사들이는 데는 여러 이유들이 있다. 웨스팅하우스나 터너 또는 타임워너 등과 같은 영화와 텔레비전 프로그램 제작사들은 수직적 합병을 통해 '규모의 경제' 를 노린다. 자신들이 제작한 프로그램에 대한 시장을 확보해놓자는 것이다. 이러한 가장 기본적인 경제적 동기에다 공화당이 지배하는 의회에서 지금까지 가해져온 텔레비전 소유 제한 등 여러 규제가 크게 완화될 전망이어서 올 여름 미국 전역을 휩쓸고 있는 열파

만큼이나 뜨거운 방송사 합병 열풍이 휘몰아치고 있다. …… 그러나 바로 여기에 근본적인 문제가 제기된다. 과연 거대기업의 소유가 되어버린 방송이 원래의 제 언론 구실을 해낼 수 있는가 하는 점이다."

디즈니사는 천사인가?

"디즈니사는 천사인가, 백설공주처럼 순진무구하고 인어공주처럼 희생적이며 피노키오처럼 교훈적인가?" ABC 방송을 인수함으로써 세계 최대의 오락프로그램 제작 방송업체로 떠오른 디즈니사에 대해 미 언론들이 던진 질문이다. 미키마우스, 도날드 덕, 그리고 포카혼타스에 이르기까지 디즈니사가 창조해낸 모든 것이 전 세계 어린이들의 의식에 엄청난 영향을 미치고 있는 것을 감안할 때 사람들이 과연 이 회사를 제대로 알고 있느냐는 문제 제기였다.

『워싱턴포스트』에 따르면 디즈니사는 철저히 이중적인 존재였다. 겉만 보면 디즈니사는 행복과 꿈을 파는 나라다. 주인공들에게는 행복한 가정이 있다. 개, 오리, 생쥐 그리고 사람들은 함께 자라고 함께 배운다. 그들은 더불어 살아가는 즐거움을 안다. 노래는 넘치고 기회는 끝이 없다. 늘 해피엔딩이다. 악은 벌을 받고 선은 상을 받는다. 디즈니의 나라에는 낙관이 넘친다. 그러나 기업으로서의 디즈니사는 거래를 하고 시장을 개척하고 경쟁사를 거꾸러뜨리는 데에는 둘째가라면 서러워할 정도였다. 이러한 디즈니사의 전통은 그 뿌리가 깊다. 창업주인 월트 디즈니(Walt Disney, 1901~1966)가 플로리다 주로부터 수백만 평의 땅을 헐값에 후려낸 일화는 유명하다. 전문가들은 디즈니사를 가리켜 "손님 주머니 속의 10센트 동전까지도 쥐어짜내는 회사"라고 말했다. 회사 내의 분위기도 디즈니 영화와는 딴판이었다. 권위주의적이고 비민주적이어서 직원들은 이따금씩 자신들의 회사를 마우슈비츠(mauschwitz; 마우스와 아우슈비츠의 합성어)라고 불렀다. 문제는 대부분의 사람들이 디즈니사를 '기업'으로 보지 않는다는 데에 있었다. 준정부기관이나 자선단체쯤으로 생각했다. 미 정부의 '행복과 환상의 부(部)'라도 되는 것처럼 말이다.(이재호 1995a)

디즈니사는 이익을 위해 수단과 방법을 가리지 않는 성향 때문에 심지어 '피에 굶주린 거대한 들쥐'라는 별명까지 갖게 되었다. 특히 저작권과 관련해 악명이 높았다. 창작자들의 권리를 전혀 인정하지 않고 모두 디즈니사로 귀속시켰다. 원작자가 있는 유명한 동화들도 모두 디즈니사의 것이 되었다. 데이비드 쿤즐(David Kunzle)이 지적했듯이, "『피터팬』은 제임스 배리(James M. Barrie, 1860~1937) 경의 작품이 아니라 디즈니 자신의 〈피터팬〉이었고, 『피노키오』 역시 콜로디(Carlo Collodi, 1826~1890)의 작품이 아니라 바로 디즈니의 〈피노키오〉였다."(Dorfman & Mattelart 2003)

행여 저작권 문제로 디즈니사에 도전해봤자 싸움이 되질 않았다. 디즈니사는 막강한 자금력과 함께 '호화 변호사 군단'을 거느리고 있기 때문이다. 이 변호사 군단은 창작자들의 도전을 막을 뿐만 아니라 디즈니 캐릭터의 사용에 대한 소송을 거는 것으로 유명했다. 디즈니사는 1980년대 후반 연평균 500건 이상의 저작권 침해 소송을 제기했다. 이 소송은 디즈니사에 대한 비판·비평·풍자를 원천봉쇄하는 무기로 활용되었다. 심지어 5~6세의 아이들이 유치원 담벼락에 디즈니 캐릭터들을 그리는 것까지 금지시켰다.

『피터팬』의 원작자 제임스 배리 경. 1949년에 그가 연출한 연극 〈피터 팬〉.

　　그래도 문제될 것은 없었다. 디즈니의 판촉 능력과 마인드는 미국의 보수적인 칼럼니스트 조지 윌(George Will 1992)조차 혀를 내두르다 못해 짜증을 낼 정도로 탁월하기 때문이다. 윌은 "디즈니의 천재성은 다름 아닌 판촉 능력, 즉 디즈니 회사가 만들어낼 수 있는 창안물을 가지고 뽑아낼 수 있는 마지막 한 푼까지 돈을 벌어들이는 능력에 있다. 그 열쇠는 상승효과에 있다. 영화, 도서, TV물, 호텔, 상품 판매가 서로를 보완·강화하도록 짜여 있다"고 지적하면서 다음과 같이 말했다.

　　"예컨대 디즈니–MGM 테마유원지에서 흥행되는 〈미녀와 야수〉 쇼는 새로운 디즈니 영화를 판촉하고, 쇼를 본 어린이들로 하여금 미녀

『피노키오』의 원작자 카를로 콜로디와 초판 삽화. 맨 처음 그려진 피노키오는 디즈니의 피노키오와 상당히 달랐다.

인형 따위를 즉석에서 사도록 부추긴다. 우연에 맡겨두는 것은 아무것도 없다. 디즈니월드 호텔 객실에 비치된 텔레비전 수상기는 통상적인 TV 수상기와는 달리 스위치를 틀면 앞서 맞춰놓은 채널의 프로그램이 나오지 않는다. 그 대신 TV를 틀기만 하면 처음엔 구내의 모든 오락시설을 소개하고 다음엔 〈미녀와 야수〉 예고편을 보여주는 구내 특별 판촉장면이 나온다. 심지어 욕실 천장에도 TV의 스피커가 내장돼 있어서 고객들은 디즈니월드가 던져주는 메시지의 영역에서 완전히 포로가 된다. 디즈니의 효율성을 나타내는 다른 특성은 그 서비스정신이다. 모든 벨 보이, 웨이터, 놀이기구 조종자들은 이름이 적힌 명

찰을 단 제복을 입고 미스 아메리카 선발대회에서나 볼 수 있는 친절과 미소를 보여준다. 구석진 방이나 언덕이나 어디를 가도 차분한 배경음악이 흘러나와서 마음을 포근하게 해주고 재미있는 하루를 보내라는 말을 들을 수 있다. 분위기가 너무 즐겁다. 그러나 강요된 즐거움이 너무 지나쳐서 짜증스러워지기도 한다. 둘째 날 나는 순간적으로 옛날 중국 공산주의자들의 사상재교육 수용소에 들어온 것이 아닌가 하는 느낌에 빠지기도 했다."

디즈니사는 '악의 제국'인가?

사회학적 탐구를 하는 비평가들은 디즈니사를 심지어 '악(惡)의 제국'이라고까지 불렀다. 디즈니 문화를 "반동적이면서도 진보적이고 과거 지향적이면서도 도전적이라는" 모순 덩어리로 보는 시각도 있다. 그 어느 쪽이든 분명한 건 디즈니사는 단순한 기업은 아니라는 사실이다. 이와 관련, 디즈니사의 이사였던 마이클 오비츠(Michael Ovitz)는 "디즈니는 기업이라기보다는 생각과 태도를 지닌 하나의 국가이다. 사람들은 이 사실을 받아들여야 한다"고 말했다.

역사학자 마이클 월리스(Michael Wallace)는 1996년에 출간한 『미키마우스 역사(Mickey Mouse History and Other Essays on American Memory)』라는 책에서 기업문화와 교육의 합병 그리고 과거의 상업화를 설명하기 위해 '미키마우스 역사'라는 용어를 만들었다. 디즈니랜드의 역사 모형들은 과거를 미화하고 낭만화하는 반면, 역사의 부정적인 면은 관람객들을 기분 나쁘게 하고 혐오스럽게 만든다는 이유로 완전히 제거해 역사를 왜곡한다는 것이다.

물론 디즈니사는 그것을 '왜곡'으로 생각하지 않았다. 1995년 당시 디즈니사 회장 마이클 아이스너(Michael Eisner)는 "미키마우스가 선의(善意)의 대사 역할을 하는 미국 오락은 개인의 기회와 개인적 선택 그리고 개인적 표현의 다양성을 전 세계의 시청자들에게 제공하고, 미국은 바로 개인이 좀 더 나은 생활을 할 수 있으며, 정치적이고 경제적으로 자유를 누릴 수 있는 곳이라는 사실을 전파한다"고 주장했다.

전(前) 디즈니사 회장 마이클 아이스너.

1995년의 한 통계자료를 보면, "연간 2억 명 이상이 디즈니 영화나 비디오를 보고, 매주 3억 9500만 명이 텔레비전에서 디즈니 쇼를 즐기며, 2억 1500만 명이 디즈니 음악이 담긴 음반 테이프와 콤팩트디스크"를 듣고, "매년 전 세계에서 몰려든 5000만 명 이상의 사람들이 디즈니 테마파크"를 방문했다고 한다.(Giroux 2001)

디즈니에서 생산하는 문화상품은 그 자체로 인간의 삶에 깊이 관여하는 생활문화가 되었다. 디즈니와 함께 태어나고 디즈니와 함께 죽는, 즉 디즈니와 생사고락을 같이 하는 삶이 늘어나기 시작했다. 이제 사람들은 디즈니가 창조한 공간 속에서 자유롭지 못한 것이다.

"그러나 디즈니 상품이라면 사족을 못 쓰는 사람들도 점점 더 좁아져가는 디즈니 공간의 밀실공포증에서 벗어날 수 없게 돼가고 있다.

신생아들은 태어나자마자 미키마우스가 깨알 같이 인쇄된 플라스틱 기저귀에 싸이고, 결혼식도 디즈니월드에서 올리며, 치료가 불가능한 말기병 진단을 받은 후 인생의 마지막 여행지로 가장 유력한 장소 역시 그곳이기 때문이다. 물론 그동안의 한평생도 TV를 보면서 '매직 킹덤' 속에서 보내게 된다."(Newsweek 1995)

디즈니사의 전임 회장 마이클 아이스너는 1997년 주주들을 위한 보고서에서 이렇게 말했다. "우리의 새 라디오 방송망, 라디오 디즈니는 ABC 방송이 소유한 미국 전역의 13개 방송국에서 성공적으로 방송되고 있다. 나는 라디오 디즈니를 사랑한다. 이곳 로스앤젤레스에서는 채널 710 AM에서 방송되며 나는 항상 라디오 디즈니를 듣는다. 우리가 그 프로를 어린이 방송이라고 선전한 점은 약간 실수한 것 같다. 나 같은 어른도 라디오 디즈니의 음악을 좋아한다."

그러나 펜실베이니아대학 교수 헨리 지루(Henry A. Giroux 2001)는 1999년에 출간한 『디즈니 순수함과 거짓말(The Mouse that roared : Desney and the end of innocence)』에서 이렇게 개탄한다. "최근 미디어에서는 모델의 세계에서 일어나는 어린 여성들의 성 상품화 그리고 어린이 미인대회에서 보여주는 6살짜리 어린이들의 관능적인 치장과 관련해, 현대 패션산업이 어린 여성 모델들을 채용함으로써 어린이와 청소년의 노동력을 착취하고 있다는 비판에 대해 여론의 관심이 집중되고 있다. 그러나 디즈니가 어린이들에게 끼치는 유사한 나쁜 영향에 대해 대중의 항의가 거의 없다는 사실에는 경악을 금할 수 없다."

TBS-타임워너 합병

미디어 거물들 간의 인수 · 합병은 유행처럼 번져갔다. 두 건의 합병에 따른 충격이 채 가시기도 전인 1995년 9월, CNN의 모기업인 TBS와 타임워너의 합병이 발표된 것이다. 이 합병에 대해 프랑스의 『르몽드(Le Monde)』 9월 24일자 사설은 "미국의 타임워너와 터너 방송사(TBS)의 합병은 월트디즈니사의 ABC 텔레비전 매입과 2년 전의 파라마운트 영화사 경영권 장악을 위한 주식전쟁의 연장선 위에 있다. 영화 · 유선방송 · 언론 · 음반들을 아우르는 거대회사인 타임워너와 영화제작 · 유선방송의 강자인 터너 방송사의 결합은 미국의 미디어 · 오락산업을 크게 변화시키는 움직임으로 받아들여진다. 이런 연쇄적 기업 합병은 미국인의 미래만이 아니라 우리들 유럽인의 미래도 새롭게 만들어가고 있다"며 다음과 같이 말했다.

"2년 전부터 미국의 컴퓨터 · 장거리통신 · 음향 · 영상 등 서로 다른 산업 분야 사이에 일어나고 있는 기업합병 움직임은 우리의 미래를 불확실하게 만든다. 전화가 됐든 텔레비전이 됐든 정보통신망이 됐든 유선방송이 됐든, 미국의 이런 격렬한 공세는 하나의 즉각적 효과를 가져온다. 즉 유럽인들이 미국의 움직임에 따라갈 수밖에 없다는 사실 말이다. 유럽인들은 수세에 몰려 있는 것이다. 유럽연합 회원국들은 각자 개별적으로 대응한다. 그리고 이들 나라의 문화적 · 규제 관행적 차이는 서로 다른 국적의 기업들이 힘을 합치는 것을 어렵게 만든다. 유럽연합 안의 국경을 넘어선 경영협력은 손을 꼽을 정도다. 국영 프랑스 텔레콤(France Telecom)과 도이치 텔레콤(Deutsche Telekom), 그리고 프랑스의 카날플뤼스(Canal+)와 독일의 베텔스만

(Bertelsmann AG) 정도다."

이어 이 사설은 "분명히 유럽인들이 정보를 확산시킬 수 있는 기술적 수단의 측면에서 사정이 나쁜 것은 아니다. 각각 독립적으로라도, 프랑스나 독일이나 심지어 영국의 전화회사들은 대서양 건너편 나라의 전화회사들과 충분히 경쟁할 수 있다. 자금동원력으로도 그렇고 기술로도 그렇다. 그러나 내용의 측면, 즉 컴퓨터공학과 음향·영상 프로그램 측면에서는 확실히 유럽이 열세에 있다"며 다음과 같이 말했다.

"아직 유럽에는 프로그램 산업이라고 부를 만한 산업이 없다. 독일의 소설은 이탈리아 사람들을 하품하게 하고, 뉴스와 기록물을 제외한 영국 BBC 텔레비전의 몇몇 프로그램 스타일은 프랑스인들에게는 목성에서 발사된 방송만큼이나 낯설다. 유감스런 일이지만, 독일·네덜란드·스페인의 젊은이들을 연결시키는 문화적 고리는 '메이드 인 할리우드' 영화이거나 일본의 비디오게임들이다. 음향·영상 산업이 미국에 집중되는 것은 19세기의 식민주의적 함포(艦砲)와 동일한 것이다. 유럽인들이 유선방송 및 위성방송을 통해 300개의 채널을 만든다고 해도, 유럽의 기술이 유럽의 문화적 열세를 채워주지는 못할 것이다. 유럽의 기술적 수단에 새로운 프로그램을 채우기 위해서는 미국에서 사오는 수밖에 없는 것이다. 거기에 마지막 역설을 덧붙이자. 구대륙이 내부의 문화적 대립을 극복하지 못하는 한 미국의 의도와 상관없이 우리가 먼저 식민화를 요구하게 될 것이라는 사실 말이다."(한겨레 1995)

"작기만 한 것에 진저리가 난다"

미국은 모든 면에서 큰 덩치를 자랑하고 있었지만 그거로도 모자라 계속 '큰 것은 아름답다'라는 그 어떤 주술에 휘말려 '소유 집중'을 집요하게 밀어붙였고 전 세계가 미국의 그런 주도에 휘말려들었다. CNN 창업주인 테드 터너는 자신의 미디어 제국과 타임워너가 합병했을 때 "항상 작기만 한 것에 이제는 진저리가 난다. 잠시 동안이라도 크다는 것이 어떤 것인지를 느껴보고 싶다"고 말했다. 당시 터너의 회사는 직원 7000명에 연간 수입이 28억 달러를 넘었는데도 말이다. 이와 관련, 헬레나 노르베리-호지(Helena Norberg-Hodge 2000)는 다음과 같이 말한다.

"큰 규모를 지향하는 추세는 너무도 분명하다. 하지만 그 근본 원인에 대한 물음은 그것이 얼마나 자연스럽고 불가피한 일인지를 강조하는 거센 목소리에 묻혀버리고 만다. 결국 우리는 자연의 법칙은 본질적으로 작은 것과 지역적인 것을 거부한다는 말만 들을 수 있을 뿐이다. 『뉴욕타임스』를 들춰보면 세계화가 '불가피하다'는 글을 곳곳에서 발견할 수 있으며, 금융 관련지들은 경제의 지방화 같은 대안이 '단적으로 가능하지 않다'고 덧붙이고 있다. 빌 게이츠의 『미래로 가는 길(The Road Ahead)』(1995)같이 엄청나게 홍보된 책들은 '진보는 어쨌거나 올 것이기 때문에 그것을 막으려고 애쓰기보다는 최대한 활용해야 한다'고 주장한다. 이른바 '대안' 매체들조차 생명공학 같은 친기업적인 거대기술을 '뒤집을 수 없는 진화적 추이'이며 그것에 '퇴로는 없다'고 서술하고 있다."

1996년 기준으로 미국의 10대 미디어 기업을 살펴보면, "큰 것이 아름답다"가 당대의 '시대정신'이었음을 알 수 있다. ①타임워너(연간 매출액 209억 달러): CNN, 워너브러더스, 『타임』(1996년 합병) ②월트디즈니(187억): ABC-TV, 브에나 비스타(영화사), ESPN(1995년 7월 ABC 합병) ③뉴스 코퍼레이션(143억): 20세기폭스, 『TV 가이드』, 폭스스포츠(루퍼트 머독 소유) ④비아콤(121억): 파라마운트, MTV(1999년 9월 CBS 인수) ⑤TCI(80억): 리버티 미디어, 디스커버리(미국 1위의 케이블 방송사 보유) ⑥소니(79억): 컬럼비아 영화사, 소니뮤직(일본) ⑦제너럴일렉트릭(52억): NBC-TV ⑧CBS(52억): CBS-TV ⑨가넷(44억): 『USA 투데이(USA Today)』 ⑩제너럴모터스(41억): 디렉 TV(미 · 일 · 남미에서의 위성 방송 사업)

『버라이어티(Variety)』가 매년 선정하는 1997년의 세계 최대 미디어 기업 순위 '글로벌 50'(영화, 텔레비전, 음악 출판 등에 상당 지분을 갖고 있지 않은 기업과 공영방송 제외)은 '큰 것이 아름답다'가 세계적 추세임을 말해주고 있다. 이 순위에 따르면, 1위 타임워너 매출액 246억 2000만 달러, 2위 월트디즈니 224억 7300만 달러, 3위 비아콤 132억 달러, 4위 뉴스 코퍼레이션 128억 달러, 5위 독일의 베텔스만 125억 8000만 달러, 6위 일본의 소니 100억 달러, 7위 TCI 75억 7000만 달러, 8위 영국의 그라나다 67억 1000만 달러, 9위 유니버설스튜디오 64억 달러, 10위 네덜란드의 폴리그램 55억 3000만 달러, 12위 브라질의 글로보-TV 54억 달러, 13위 CBS 53억 6300만 달러, 14위 NBC 51억 5300만 달러, 21위 일본의 후지-TV 31억 2000만 달러, 22위 룩셈부르크의 CLT-UFA 31억 1600만 달러, 26위 일본의 닛폰-TV 24억 7300만 달러, 27위 영국의 B스카이B 23억 5000만 달러, 29위 일본의 TBS 19억 9000만 달러 등인 것으로 나타났다.

"작기만 한 것에 진저리가 난다"는 말이야말로 '제국'의 원동력이자 의식구조이며, 이는 '승자독식주의'와 긴밀히 연결돼 있다. 그로 인한 '규모의 경제'가 국가 차원에선 큰 힘을 발휘할 수 있을지 모르지만, 이는 많은 사람들의 희생을 전제로 하기 때문에 평화롭게 지속 가능하지 않다는 데에 근본 문제가 있었다.

참고문헌 Baudrillard 1992, Benjamin 1983, Capodagli & Jackson 2000, Connellan 2001, Dorfman & Mattelart 2003, Eliot 1993, Giroux 2001, Koenig 1999, Korten 1997, Newsweek 1995, Norberg-Hodge 2000, Schlosser 2001, Storey 2002, Turkle 2003, Will 1992, 강준만 2001, 세계일보 1995a, 아리마 데츠오 2002, 이재호 1995a, 정연주 1995c, 최성일 2004, 한겨레 1995

'홀로 볼링 치는 사람들'
'승자독식사회' 의 공동체

승자독식사회

"무릇 있는 자는 받아 풍족하게 되고 없는 자는 그 있는 것마저 빼앗기리라." 신약성서 마태복음 25장 29절 말씀이다. 사회학자 로버트 머튼(Robert K. Merton)은 이 구절을 원용해 승자독식을 '마태 효과(Matthew effect)' 라고 불렀다. 이 현상이 전형적으로 나타나는 분야가 바로 대중문화 시장이다. 연예인들에게 스타가 되느냐 되지 못하느냐는 생사(生死)의 문제다. 출판시장의 베스트셀러도 마찬가지다. 일단 스타나 베스트셀러의 반열에 오르면 성공이 성공을 낳지만, 거기에 끼이지 못하면 검증받을 기회마저 주어지지 않는다.

'마태 효과' 가 발생하는 데에는 여러 이유가 있지만, 우리 인간의 인지적 한계도 무시할 수 없는 이유다. 사람들은 7개 이상의 항목이 기재된 리스트를 두뇌에서 처리할 때 어려움을 겪는다. 7은 마법의 숫자다. 7 이내여야만 한다. 7에 속한 이들에겐 번영과 영광, 7에서 탈락

된 이들에겐 무관심과 소외만이 있을 뿐이다. 미국의 한 조사에서 응답자들은 프린스턴대학을 전국 10대 법과대학원 중 하나로 지명했다고 한다. 그러나 프린스턴대학에는 법과대학원이 없다! 이게 바로 명성의 속성이자 파워다.

승자독식은 인간의 동물적 본능인지도 모른다. 번식기에 수많은 수컷 중 오직 4퍼센트의 수컷만이 출산된 새끼 중 90퍼센트나 되는 새끼의 아비가 된다. 거의 모든 동물이 그렇다. 인간은 그렇지 않지만, 사회 내의 승자를 선출하고 그 승자들에게 번영과 영광을 독식케 하는 점에서는 비슷하다고 볼 수 있다. 경쟁과 탐욕을 예찬하는 이들은 승자독식이 그것들을 부추기는 동력이 돼 사회발전에 기여한다고 믿는다. 그럴 수도 있겠지만, 그 이면도 보아야 할 게 아닌가. 날로 심각해지는 빈부격차는 어떻게 할 것인가?

1990년대 중반 미국은 그런 승자독식주의가 절정에 이른 사회가 되었다. 미국 경제학자 로버트 프랭크(Robert H. Frank)와 필립 쿡(Philip J. Cook)은 1995년 『승자독식사회(The Winner-Take-All Society)』를 출간해 "처음의 사소한 이점이 결국에는 거의 난공불락의 입지를 조성할 수 있다"는 '나선형 상승효과'를 지적했다. 이들이 내린 결론은 이렇다.

"변화란 결코 쉬운 것이 아니다. 그러나 현재 우리가 처해 있는 상황에서 벌어지고 있는 승자독점 시장의 역할을 분명히 파악한다면, 이에 필요한 조치가 별로 그렇게 어려운 것은 아니다. 전통적인 지혜는 상호 대립적으로 작용하는 상충관계들로 가득찬 세계를 묘사한다. 우리는 이러한 염세적인 세계관을 거부한다. 왜냐하면 경제의 최고 승자들에게 보다 무거운 조세 부담을 주면 경제계에 질서가 잡힐 뿐 아니라, 가장 재능 있는 시민들로 하여금 가장 생산적인 일들로 방향 전환하게 할 수 있음을 보아왔기 때문이다."

리엔지니어링 붐

'승자독식사회'는 늘 이론을 앞세운 혁신으로 포장된 가운데 추진되었는데, 세계화 시대의 대표적 이론은 이른바 '리엔지니어링(Re-engineering; 구조조정) 붐'이었다. 1990년대 전반 미국 기업들의 구조 재편과 대량해고 선풍을 불러일으킨 리엔지니어링은 미국 대기업의 75~80퍼센트가 참여할 정도로 기업경영에 밀어닥친 광풍(狂風)이었다. 리엔지니어링에 의해 감원된 미국의 노동자 수는 1995년 한 해에만 3900만 명에 이르렀다.

바로 이 광풍 덕분에 시작한 지 수년 후인 1994년, 미국은 마침내 약 15년 동안의 패배를 딛고 일어서 일본을 경제적으로 이길 수 있었다고 보는 시각도 나왔지만, 이후 인력감원 과정에서의 문제 때문에 대부분의 리엔지니어링이 실패로 끝나고 있다는 평가가 우세했다.

리엔지니어링은 기업조직을 단위 구성요소로 분해해 이 가운데 주변적인 프로세스는 제거하고 기업의 자원과 에너지를 핵심적인 프로세스 중심으로 재구성하는 것을 의미한다. 이 이론의 유행은 마이클 해머(Michael Hammer)가 1990년 『하버드 비즈니스 리뷰(Harvard Business Review)』에 기고한 「업무의 리엔지니어링」이라는 글로 촉발되었다. 해머는 1993년 제임스 챔피(James A. Champy)와 공동으로 『리엔지니어링 기업혁명(Reengineering the Corporation: A manifesto for Business Revolution)』을 썼는데, 이 책은 17개국 언어로 번역되어 200만 부 이상

팔렸다. 1995년에는 해머가 『리엔지니어링 혁명(The Reengineering Revolution)』, 챔피가 『경영의 리엔지니어링(Reengineering Management)』이라는 책을 각각 출간했다.

해머와 챔피는 리엔지니어링을 "기업 프로세스의 근본적인 재사고(rethinking)와 급진적인 재설계(redesign)를 통해 가격·품질·서비스·속도와 같은 주요 경영 성과지표의 극적인 향상을 성취하는 것이다"라고 정의했다. 이들은 기업 프로세스를 그대로 둔 채 잉여 종업원들을 해고하는 것은 '다운사이징' 수준의 한정된 효과밖에 거둘 수 없으며 또한 근로자들의 저항에 부딪히게 되어 그나마도 실패로 끝나기가 쉽다고 말했다.

다운사이징(downsizing; 조직축소)이란 무엇인가? 다운사이징에는 꼭 외부하청(outsourcing)이 따라붙는데, 이는 조직의 일부 기능을 외부로 돌려 하청을 주는 것을 말한다. 이는 경영혁신 아이디어로서, 리엔지니어링 이전에 나온 것이기는 하지만 리엔지니어링과 뒤섞이면서 많은 사람을 혼란스럽게 만들었다.

'고용 없는 성장'

마이클 해머는 다운사이징은 단기적인 재무적 결과를 개선하기 위해 일자리를 없애고 감원하는 것이지만, 리엔지니어링은 불필요한 일을 없애고 더 나은 성과를 낳는 방법을 찾기 위해서 그 근본에서부터 일을 다시 생각하는 것이라고 주장했다. 즉, 리엔지니어링은 일을 없애는 것이지 일자리나 사람을 없애지는 않는다는 것이다. 일을 혁명적으로 다시 생각할 때 많은 경우 그 일을 수행하기 위해 전보다 적은 사람이 필요한 것은 사실이지만, 감원이 리엔지니어링의 진수나 목적은 아니라는 주장이다.

해머는 리엔지니어링은 일부 사업단위를 팔아버리는 것을 은유적으로 표현하는 리스트럭처링(restructuring)도 아니라고 주장했다. 리엔지니어링은 일이 어떻게 수행되느냐에 초점을 맞추지, 조직구조가 어떠해야 하는지에 초점을 맞추지는 않는다는 것이다. 또 리엔지니어링은 자동화와 혼동되어서도 안 된다고 역설했다. 이 이론에서 기술이 분명 중요한 역할을 하지만, 그 역할은 새로운 프로세스 설계를 가능케 하는 것이지 기존의 프로세스를 위해 새로운 메커니즘을 제공하는 것은 아니라는 것이다.

리엔지니어링을 다운사이징과 어떻게 차별화하든, 리엔지니어링도 심각한 문제를 안고 있는 점은 분명했다. 경영학자들은 리엔지니어링이 단기적으로는 미국 기업들의 경쟁력을 높여주고 있지만 장기적으로는 기업을 일종의 탈진 상태(anorexia)에 빠뜨려 경쟁력을 상실시킬 수도 있다고 경계했다. 권화섭(1998)은 바로 이 점이 한국 기업의 경영자들과 정부 당국자들이 너무나 소홀히 여기고 있는 리엔지니어링과 경제구조 개혁에 숨겨져 있는 잠재적인 독소라고 주장했다.

1996년 5월 뉴욕의 4대 투자은행의 하나인 모건 스탠리의 수석경제학자 스티븐 로치(Stephen S. Roach)는 회사 고객들에게 지금까지의 자신의 주장을 번복하는 내용이 담긴 문건을 발송했다. 내용은 이러했다. "수년간 나는 생산성 향상의 신화를 믿어 왔다. 그러나 지금 나는 이것이 실제로 우리를 축복의 나라로 이끌지에 대해 완전히 다른 견해를 가지게 되었다는 것을 인정하지 않을 수 없다. …… 노동력은 영원히 계속해서 쥐어짜지지 않는다. 끝없는 노동과 임금의 황폐화는 결국 우리 산업의 전멸을 초래하는, 우리 스스로 파놓은 함정이다."

그래서 어쩌자는 건가? 다운사이징과 군살 빼기 생산방식 전략을 도입하자는 것이었다. 주주들과 경영자들은 반겼지만 그로 인한 문제는 심각했다. 마르틴과 슈만(Martin & Schumann 1997)은 월스트리트가 1달러의 추가소득보다 1달러의 경비 절감을 선호했다고 말한다. 식품재벌

모건 스탠리의 회장이자 수석 애널리스트 스티븐 로치.

콘아그라(ConAgra Foods, Inc.)의 경영진이 6500명을 해고하고 29개의 공장 문을 닫을 것이라고 공표하자, 이 소식만으로 콘아그라의 주가가 뛰어 24시간 내에 회사의 상장가는 약 5억 달러 이상 올라갔다는 것이다. 이런 식으로 금융시장과 투자가를 유혹하려는 최고경영자들의 연합은 좀 더 높은 효율과 좀 더 낮은 임금비용을 향한 무차별적인 행진을 계속했다는 것이다. 당연히 일자리와 임금은 하강곡선을 달리기 시작했다. 마이클 해머가 나중에 "인간적인 측면을 충분히 고려하지 못했다"고 실토했지만, 너무 때늦은 성찰이었다.(Fraser 2004)

리엔지니어링의 가장 큰 문제는 그것이 기업 단위의 혁신방안이라는 점이다. 프랑스 미테랑 정부에서 기술 자문과 장관을 지낸 자크 아탈리(Jacques Attali)가 "기계가 새로운 프롤레타리아이다. 노동계급에

게는 해고통지서가 발부되고 있다"고 경고했듯이, '고용 없는 성장'
과 함께 실업의 공포가 사회를 무겁게 짓누르는 '노동의 종말'이 다
가오고 있다는 우려가 높아졌다.

'노동의 종말'

제러미 리프킨(Jeremy Rifkin 1996)은 1994년 『노동의 종말(The End of
Work)』을 출간해 '노동자 없는 세계'를 전망했다. 2차 세계대전 이후에
자동화를 핵심으로 진행된 제3차 산업혁명에 따라, 로봇화한 컴퓨터
시스템이 궁극적으로는 지금의 노동자들을 대치하리라는 것이다.

고종석(2000a)은 "이제 노동자들은 더 이상 착취당하지 않는다. 그
들은 쓸모없는 존재로서 무시당할 뿐이다. 중산층이 와해되고 실업이
폭발적으로 늘어나면서 테러를 비롯한 폭력범죄가 기승을 부릴 것이
고 그에 따라 세상은 점점 더 살기 위험한 곳으로 변할 것이다. 외국인
혐오증이 파시즘의 토양을 만들 수도 있다"며 다음과 같이 말한다.

"이 우울한 세상을 헤쳐나가기 위해서 리프킨이 제시하는 방도는
두 가지다. 첫째는 기술진보의 과실을 공정히 나누기 위해 생산성의
향상을 노동시간의 단축과 임금의 지속적인 인상으로 연결시키는 것
이고, 둘째는 시장 부문에서 축출된 사람들에게 자원봉사나 공동체
서비스를 포함한 제3부문의 일자리를 제공하기 위해서 정부가 노력
하는 것이다. 유럽에서 흔히 '사회적 경제'라고 부르는 이 제3부문은
비영리적 공동체 활동을 뜻한다. 공공 부문도 시장 부문도 아니라는
의미에서 제3부문이라고 불리는 이 영역은 일본에서는 흔히 공익법
인이나 사회복지법인이라고 불리는 자선단체나 사회복지조직들의

제러미 리프킨(왼쪽)과 패트릭 부캐넌(오른쪽). 이들은 각각 좌파와 극우파를 대표하는 논객이지만, 모두 노동의 종말 이후 닥칠 세계의 파국을 염려하고 있다.

활동으로 이뤄지고, 요새 유행어로는 NGO 활동의 일부를 포함한다. 리프킨은 이 제3부문의 활성화가 노동의 종말 이후의 세계를 파국에서 구하는 길이라고 생각한다. 그는 구체적으로 자원봉사에 대해서는 정부가 세금공제의 형태로 그림자 임금을 제공하고, 공동체 서비스(비영리 조직에서의 일)에 대해서는 복지지출의 대안으로서 사회적 임금을 제공하라고 제안하고 있다. 제3부문은 리프킨이 보기에 '포스트-시장 시대'의 실업자들을 흡수할 수 있을 뿐만 아니라, 사회적 책임감과 연대의식을 함양함으로써 공동체의 붕괴를 막을 수 있다. 그러니까 제3부문은 사회를 결속시키는 박애의 산실이 될 수 있다."

리프킨은 운동가다. 그의 책들에는 '이론'을 넘어서 어떻게 해서든지 독자들을 설득하고야 말겠다는 강한 집념이 배어 있다. 그런 노력의 일환으로 그는 『노동의 종말』을 다음과 같이 끝맺었다. "우리는 지금 세계시장과 생산 자동화라는 새로운 시대로 진입하고 있다. 거의 노동자 없는 경제로 향한 길이 시야에 들어오고 있다. 그 길이 안전한 천국으로 인도할 것인지 또는 무서운 지옥으로 인도할 것인지의 여부는 문명화가 제3차 산업혁명의 바퀴를 따라갈 후기 시장 시대를 어떻게 준비하느냐에 달려 있다. 노동의 종말은 문명화에 사형 선고를 내릴 수도 있다. 동시에 노동의 종말은 새로운 사회 변혁과 인간 정신의 재탄생의 신호일 수도 있다. 미래는 우리의 손에 달려 있다."

'노동의 종말'을 우려하는 사람들은 리프킨과 같은 좌파만이 아니었다. 우파 진영 내에서 독특한 위치를 점하고 있는 패트릭 부캐넌도 그 점에선 리프킨과 뜻을 같이 했다. 1995년 1월 2일에 방영된 CNN의 〈크로스파이어(Crossfire)〉라고 하는 토론 프로그램에 나온 네 명의 출연자 가운데 가장 눈에 띄는 사람은 '좌파'로 간주되는 리프킨과 '극우파'로 간주되는 부캐넌이었으며, 많은 사람이 '미래'라는 주제를 놓고 이 둘 사이에 치열한 논전이 벌어질 것이라고 예상했다. 그러나 결과는 뜻밖이었다.

'노동의 종말'론을 비웃는 버지니아 포스트렐(Virginia Postrel 2000)은 "부캐넌과 리프킨은 죽이 척척 맞았던 것이다. 리프킨은 부캐넌의 첫 질문에 일자리를 가차 없이 파괴하는 '이 새로운 전 지구적 하이테크 경제'에 대해 맹공을 퍼부었다. '제 칼럼처럼 말씀하시는군요.' 부캐넌이 화답했다. '저도 동감입니다.' 두 사람 모두 미래를 몹시 어둡게 보았고, 노동세계에서 일어나는 변화에 우려를 금치 못했으며 좋았던 그 시절로 돌아가려면 정부의 대책 마련이 시급하다고 주장했다"며 다음과 같이 말한다.

"〈크로스파이어〉제작진은 정말이지 난감했을 것이다. 프로그램의 기본 전제를 뒤흔드는 사태가 벌어졌기 때문이다. 어떻게 그런 일이 생겼을까? 어쩌다가 〈크로스파이어〉가 제러미 리프킨과 패트릭 부캐넌의 밀회장소로 변질되었을까? 제작진의 준비 부실이 아니라 전통적 범주의 비현실성이 문제의 원인이었다. 지리적 영토처럼 우리의 정치적, 문화적, 지적 풍경도 아주 다양하게 나눌 수가 있다. 기본 지형은 크게 달라지지 않지만 경계선은 변한다. 철도를 국영화할 것인가, 여성에게 투표권을 줄 것인가, 인종 격리를 금지할 것인가, 징병제를 폐지할 것인가와 같은 한 시대를 풍미하던 문제도 일단 해결되면 다음 시대에는 무의미해진다. 그런가 하면, 이렇다 할 정치적 전선은 만들어낼 수가 없고 개인들에게만 중요하게 다가오는 문제들도 있다. 그래서 지금은 여성들의 취업을 지지하는 '보수주의자들'도 있을 수 있고 사형제도를 지지하는 '진보주의자들'도 있을 수 있다. 월터 먼데일(Walter F. Mondale)이 대통령선거에서 참패한 이후로 민주당원들은 세금 인상을 '진보적' 입장으로 받아들이지 않게 되었다. …… 무역장벽을 완화하는 협약은 한때는 보호막을 원하는 소수의 사양산업을 제외하고는 만인이 찬성하는 것처럼 보였지만 이제는 리프킨과 부캐넌이 가담한 좌우 합작 세력으로부터 강한 저항을 받고 있다."

포스트렐은 전통적인 좌우의 구분은 점점 더 무의미해져가고 있으며 이젠 사회적 변화를 수용하느냐 거부하느냐 하는 것이 중요하며 변화를 거부하는 사람들이야말로 미래의 적(敵)이라는 자신의 논지를 전개하기 위해 리프킨과 부캐넌의 '밀회'를 물고 들어간 것이다.

코쿤 현상

그렇게 '노동의 종말'이 외쳐지는 살벌한 분위기가 감도는 세상에서 공동체인들 남아나겠느냐는 의문이 제기되었지만, 과학기술의 발전도 기존 공동체를 점점 더 약화시키는 방향으로 나아갔다. 가장 대표적인 현상이 코쿤(cocoon)이다. 코쿤은 마케팅 전문가 페이스 팝콘(Faith Popcorn)이 1981년에 처음 사용한 용어로, 처음에는 "불확실한 사회에서 단절되어 보호받고 싶은 욕망을 해소하는 공간"이라는 뜻으로 사용됐지만, 점차 집에 틀어박혀 지내는 누에고치 같은 사람을 가리키게 되었다. 코쿤은 누에고치라는 뜻이다.

1980~1990년의 베이비붐 세대에서 코쿤 현상을 찾아낸 팝콘은 21세기에는 직장의 속박에서 벗어나 개성과 자유를 찾아 재택근무를 하는 이른바 코쿠닝 신드롬이 일어날 거라는 보고서를 발표했다. 코쿤족은 복잡한 현실에서 벗어나 편안함과 자신만의 공간을 추구하며, 이들의 대표적인 특징은 쇼핑, 문화생활 등을 인터넷과 첨단 장비를 통해 가정에서 모두 해결하는 것이다. 이들은 디지털 유목민과 대조되는 정착 성향의 그룹으로, 급격한 사회변화에 대응해 가족, 안전, 인간 등의 개념을 중시한다. 코쿤족은 외부와의 접촉 없이 혼자서만 어떤 일을 즐기며 살아가는 인간형 또는 세상과 무관하게 자기만의 공간에 갇혀서 사는 전자시대 개인주의자의 한 전형을 가리키기도 한다.

당신은 코쿤족인가? 팝콘이 제시한 '코쿤족 테스트'에 따르면, "고속도로에서 누군가 당신을 추월할 때 클랙슨을 누르지 않고 그냥 둔다면, 당신은 코쿤족이다. 화를 내는 우체국 직원이나 얼굴을 찌푸리는 판매원 혹은 성마른 웨이터 등에게 따지기보다는 미소로 달래려고 한다면, 당신은 코쿤족이다. 흥분한 군중은 사소한 꼬투리에도 순식간에 난동을 부리는 폭도로 변할 수 있다고 믿기 때문에 록 콘서트나 농구 게임을 보러 가지 않는다면, 당신은 코쿤족이다. 집에 머물면서 소꿉장난하는 것이 당신이 꿈꾸는 이상적인 휴가라면, 당신은 코쿤족이다."

집 가꾸기와 집에서 할 수 있는 일들을 개발해내는 등 코쿤족을 겨냥한 이른바 '코쿤 비즈니스(cocoon business)'가 성장하면서 공동체의 약화는 가속화되었다. 코쿤족에게 사랑받는 HGTV(House and Garden Television)라는 TV 채널도 등장하는데, 이 채널은 사람들이 실제로 해볼 수 있는 정원 가꾸기, 집 고치기, 애완동물, 인테리어, 공예 등에 관한 프로그램을 내보냄으로써 1000만 명에 이르는 시청자를 확보한다.(Popcorn & Marigold 1999)

자동차야말로 대표적인 코쿤 비즈니스가 되었다. 앨런 테인 더닝(Alan Thein Durning 1994)은 "현재 미국 근로자는 일주일에 9시간을 운전에 허비하고 있다. '집 밖의 집'이 되어버린 자동차를 좀 더 안락하게 만들기 위해 자동차 생산회사와 운전자들은 자동차에 각종 선택품을 장치하고 있다"며 다음과 같이 말했다. "이 같은 추세의 필연적인 결말이 어떨지는, 운전자들이 그들의 자동차를 커피제조기, 팩시밀리, 텔레비전 및 기타 요즈음의 가전제품을 모두 갖춘 전자 누에고치처럼 만들어감에 따라 자동차 분석가들이 이를 '카쿠닝(carcooning; car + cocoon)'이라고 이름붙인 것으로 이미 명백히 드러나고 있다."

'홀로 볼링 치는 사람들'

기존 공동체의 몰락 또는 변환에 대응하는 움직임이 일어나지 않은 것은 아니었다. 1994년 상반기 베스트셀러는 레이건 행정부에서 교육 부장관을 지낸 윌리엄 베넷(William J. Bennett)의 『미덕의 책(The Book of Virtues)』(1993)이었다. 800쪽이 넘는 이 책은 자기수양, 책임, 정직, 이타심, 인내 등 인간이 갖춰야 할 덕목 10개를 선정, 이에 관한 고전을 소개하며 어떻게 살아야 하는가를 안내한 '미국판 도덕교본'이었는데, 이런 종류의 책으로서는 드물게 베스트셀러가 되었다. 이 책의 출간을 계기로 부권(夫權)과 도덕성을 되살리자는 운동, 전통적인 미덕을 회복하자는 운동이 미 전역에서 거세게 일어났다. 여기에는 공화당과 민주당의 차이가 없었다.

1994년 여름 테네시 주 내슈빌에서 사회복지가 1000명이 모인 가운데 열린 '아버지의 역할' 집회에는 앨 고어 부통령이 참석해 "과거에는 아버지가 가정을 책임지고 이끌어나가는 것이 보통이었다. 그러나 이제는 아버지의 권위가 땅에 떨어졌다"면서 해체 위기에 놓인 가족을 보호하기 위해 아버지의 역할을 강화해야 한다고 강조했다. 흑인 민권운동가인 제시 잭슨 목사도 여러 강연에서 "어린이들은 부모를 그대로 닮는다. 부모들이 자녀들에게 가족적 가치의 중요성을 깨닫게 해주어야 한다"고 역설했다.(이미숙 1994a, 조승훈 1994)

하버드대학 정치학 교수 로버트 퍼트넘(Robert D. Putnam)은 1995년 『민주주의 저널(Journal of Democracy)』에 기고한 「홀로 볼링하기: 쇠퇴하는 미국의 사회자본」에서 공동체의 몰락을 경고해 사회적으로 큰 주목을 받았다. 그는 이 논문을 근거로 2000년 『홀로 볼링하기: 미국 공동체의 붕괴와 부활(Bowling Alone: The Collapse and Revival of American Community)』을 출간했다.

퍼트넘은 프랑스 정치학자 알렉시스 드 토크빌(Alexis de Tocqueville, 1805~1859)이 19세기 중반 미국 민주주의의 원동력이라고 높이 평가한 시민사회의 역동성이 지난 40년 동안 붕괴했다고 주장했다. 이 주장은 미국인의 심금을 건드려 큰 선풍을 불러일으켰고, 그 덕분에 그는 클린턴 대통령과 만나고 대중잡지 『피플』에 소개되기도 했다.

퍼트넘은 공동체의 붕괴를 이렇게 요약한다. "이제 여성유권자연맹이나 유나이티드 웨이(United Way; 불우이웃돕기단체), 슈라이너스(the Shriners; 국제자선단체), 매달 열리는 브리지게임 클럽, 심지어 친구들과 함께 가는 일요일 피크닉마저 참여자가 점점 줄어들게 됐다. 이러한 사회적 자본의 적자는 교육성취도, 치안, 공정한 세금징수, 민주주의적 민감성, 일상적 정직성은 물론 심지어 건강과 행복까지 위협하게 된다." (이광일 2002)

퍼트넘에 따르면, 미국에서 1980년 이후 1993년까지 혼자 볼링을 하는 사람은 10퍼센트가 증가한 반면 여럿이 함께 하는 볼링 리그는 40퍼센트나 감소했다. 그는 일요일 피크닉을 가는 횟수, 학부모회에 참석하는 비율, 도로에서 다른 운전자에게 길 안내를 해주는 정도 등을 무수한 인터뷰를 통해 수치화했다. 그는 투표율이 떨어지고 교사-학부모회의, 엘크스클럽(Elks Club; 미국의 자선 · 사교 · 애국단체), 여성유권자연합, 적십자 등과 같은 조직의 구성원 수가 감소하는 것을 자신의 주장을 뒷받침해주는 예로 들었다. 또 국가적 수준에서 사회자본의 양이 감소하는 직접적인 원인으로, 1920년과 1930년대의 활동적인 시민세대가 2차 세계대전 이후 베이비붐을 타고 태어나 자란 비활동적인 시민세대로 변화한 데서 찾았다.

반면 노엄 촘스키는 공동체의 쇠퇴를 '문화' 보다는 '경제' 에서 찾는다. 그는 "퍼트넘은 주류에 속한 사람입니다. 하지만 1960년대 이후로 인간 간의 교제가 50퍼센트가량 줄어든 것에 주목하지 않을 수 없을 것입니다. 이웃을 방문하고 사친회 모임에 참석하며 볼링그룹에 참여하는 횟수가 줄어들었습니다"라면서 다음과 같이 말한다.

"아이들이 텔레비전을 보며 많은 시간을 보내는 이유 중 하나로 부모-자식 간의 대화가 1960년대 이후로 현재까지 40퍼센트 정도 줄어든 것이 거론됩니다. 부모-자식 간의 대화가 줄어든 이유가 무엇이겠습니까? 부모 모두가 빵 값을 벌려고 주당 50시간을 노동해야 하는 것도 무시하지 못할 원인일 것입니다. 아이들을 돌보아줄 사람이 없습니다. 그렇다고 지원 시스템이 탄탄한 것도 아닙니다. 그럼 아이들에게 무엇이 남겠습니까? 텔레비전밖에 없습니다. 하지만 텔레비전 자체를 비난할 필요는 없는 듯합니다. 아이들이 텔레비전을 찾는 것이 자연의 법칙은 아니니까요. 바로 마케팅 문화의 산물입니다." (Chomsky & Barsamian 2004)

그 이유가 무엇이었든 공동체의 쇠퇴는 이른바 '사회자본(social capital)' 의 감소로 이어졌다. 사회자본은 사회공동체 구성원 사이의 협조나 협동을 가능케 해주는 사회 네트워크나 규범 그리고 신뢰를 말한다. 사회자본의 가장 중요한 구성 요소인 신뢰는 알베르트 히르쉬만(Albert O. Hirschman)이 '도덕적 자원(moral resources)' 이라고 명명한 속성을 가지고 있다. 도덕적 자원은 사용할수록 그 공급이 많아지고 사용하지 않으면 고갈되는 속성을 지닌 자원이다. 두 사람이 서로에 대해 믿음을 보이면 보일수록 상호 신뢰는 더 두터워진다는 것이다. 즉, 사회적 자본의 생성과 파괴는 선순환 혹은 악순환(virtuous and vicious circles)을 형성하는 것이다. 퍼트넘이 염려한 것은 사회자본의 쇠퇴다. 퍼트넘의 정의에 따르면 사회자본이란 "연결망, 규범, 신뢰와 같이 상호 이익을 위한 행위나 협동을 촉진시키는 사회조직의 특성"을 의미한다. 사회자본의 쇠퇴에 대한 우려에는 많은 이들이 공감했다.

그런 우려는 정치적 이슈로까지 부각되었다. 프린스턴대학의 사회학과 교수 알레잔드로 포르테스(Alejandro Portes)는 "외롭게 볼링을 한다는 이미지는 미국이라는 강력한 체제를 만들어낸 많은 구성원의 심금을 울렸고 급기야는 클린턴 대통령의 1996년 연두교서의 한 구절에 영감을 주었다"고 말한다. 영부인 힐러리도 『마을이 있어야 한다(It Takes a Village)』(1996)를 써서, 안정된 작은 마을에서 나타나는 인간관계의 좋은 점을 예찬했다. 대통령 후보로 거론되곤 했던 콜린 파월(Colin Powell)은 더 많은 사람이 공동체에 참여하도록 유도하는 자원봉사 활동의 필요성을 역설했다.

클린턴은 연두교서에서 캘리포니아 주 롱비치가 미국에서 처음으로 초·중등학교 학생들에게 교복을 의무적으로 입게 함으로써 학교폭력을 반으로 줄이는 데 기여했다고 칭찬하면서 각 커뮤니티가 학교 교복을 채택하도록 주문했다. 학자들은 냉소적인 반응을 보였지만 부모들은 정반대의 반응을 보였다. 정치인과 학자 들이 중요하다고 생각하는 이슈와 보통사람들이 중요하다고 생각하는 이슈 사이의 괴리를 보여준 셈이다. 클린턴의 임기가 끝나갈 무렵, 공립학교 8개 중 1개는 학교 교복을 착용하도록 했는데, 이는 문제 제기 때보다 4배나 되는 수치였다.(Emanuel & Reed 2008)

공동체주의 논쟁

그런 사회적 분위기를 타고 공동체주의(communitarianism) 운동이 탄력을 받기 시작했다. 공동체주의는 '공유된 가치' 나 '공동선' 의 심각성을 받아들이기를 거부하는 '자유주의적' 개인주의의 입장에 반대한다. 공동체주의의 정신에 따르면, 우리의 정체감은 우리 자신이 특정한 가족이나 계급, 공동체, 국가, 민족의 구성원이며, 특수한 역사를 지니고 있으며, 특정 국가의 시민이라는 의식에서 분리될 수 없다.

자유주의자들은 개인의 자율성, 즉 스스로의 선(善) 관념을 선택할 개인의 능력에 절대적인 우선성을 부여하는데, 이는 인간이 사회 이전에 개인으로 존재한다고 보는 것이다. 반면 공동체주의자들은 자유주의가 사람들의 현재 상태 그리고 그들이 지니고 있는 가치가 그들이 살고 있는 사회에 의해 만들어진다는 점을 무시한다고 비판한다.

자유주의 자체를 거부하지는 않으면서 일정 부분 자유주의와의 평화공존을 꾀하는 공동체주의자라고 할 수 있는 캐나다의 철학자 찰스 테일러(Charles M. Taylor)는 우리 인간의 정체성에서 '틀' 의 중요성을 역설했다. 내가 누구인지를 알기 위해서는 필수적으로 내가 어디에 있는지를 알아야 하며, 나의 정체성은 내가 각각의 경우에 무엇이 가치 있고 좋은 행위인지를 결정할 수 있게 해주는 지평을 제공하는 확신과 확인에 의해 규정된다는 것이다.

테일러는 개인주의에 대해 비판적이었다. 그는 개인주의가 근대문

명의 최고 업적이 아니라 오히려 현대 사회에 가득한 불안의 근원 중의 하나라는 진단을 내렸다. 개인주의 문화는 자기실현을 개인적인 일로 이해하도록 만들고 개인이 소속해 있거나 가입하는 여러 단체나 공동체를 도구적 수단으로만 대하도록 부추기고 있으며 정치적 공동체를 중심으로 한 정치적 시민의식을 점점 더 무의미한 것으로 만들고 있기 때문이라는 것이다. 그래서 그는 캐나다 퀘벡 주에서는 부모들이 그 자

공동체주의를 역설하는 철학자 찰스 테일러.

식들을 프랑스어 학교에 보내도록 법으로 강제해야 한다는 주장을 펴기까지 했다. 문화유지에 관한 권리가 자식이 다닐 학교를 선택하는 부모의 권한에 우선한다는 이유 때문이었다.

임현진(1998)은 "미국의 경우 공동체주의는 가족, 종교, 국가가 수행한 전통적 역할의 복원을 강조함으로써 때로 보수적이라는 평가를 받고 있기도 하지만, 개인이 자신의 권리를 내세우기에 앞서 책임소재를 분명히 한다는 점에서 자유주의의 기조 위에 서 있다"는 평가를 내렸다.

그런데 '공동체주의'를 둘러싼 논쟁이 만만치 않았다. '공동체'라는 단어가 매우 다양한 뜻과 맥락에서 사용되고 있어 그로 인한 혼란이 심각했기 때문이다. 한 학자의 조사에 따르면, '공동체'는 대략 15

개의 개념 범주로 인식되고 있어 상호 커뮤니케이션이 매우 어려웠다.

그런 격렬한 논쟁의 한 당사자로 1980년대 말부터 공동체 운동을 역설해온 대표적인 공동체주의자인 사회학자 아미타이 에치오니(Amitai Etzioni)를 빼놓을 순 없을 것이다. 에치오니는 '나와 우리의 패러다임 (I & We paradigm)' 을 역설했다. 그는 1993년에 낸『공동체 정신(The Spirit of Community: The Reinvention of American Society)』에서 개인의 이익 추구가 전체의 효용 극대화와 맞물릴 수 있다는 가정 위에서 너와 내가 함께 가는 우리라는 공동체를 만들어갈 수 있다고 주창했다.

그러나 에치오니는 '나' 에 쏠린 무게를 '우리' 쪽으로 이동시키려는 취지에서 '우리' 를 강조하곤 했다. 그는 공동체가 복구되기 위해서는 상호책임이 복원돼야 한다면서 사회는 '나' 에서 '우리' 로 관심을 옮겨야 한다고 주장했다. 그는 "한 사회의 도덕가치가 정부에 의해 만들어질 때 사회는 망하기 시작한다. 사회가 유지되기 위해서는 공동체에 기반한 풀뿌리 민주주의가 중시되어야 한다"고 역설했다. 또 "공동체주의는 평등주의와 개인주의를 모두 거부하는 새로운 사상이다. 우리는 시장에 적절히 개입하는 정부, 가족, 시민조직, 사회단체가 원활히 활동할 수 있는 건강한 시민사회를 추구한다"고 말했다.

에치오니의 '신공동체주의'

그러나 에치오니의 주장은 적잖은 반발에 직면했다. 그의 공동체론에 대한 비판의 핵심은 "공동체는 불명확한 용어이며 강력한 공동체의 재건은 개인의 자유를 억제한다"는 것이었다. 공동체론자들은 결코 존재하지도 않았던 '질서정연한 과거' 에 향수를 느끼고 가정의 와해를 저지하려는 과정에서 미래에 대한 병적 공포에 사로잡혀 있다는 비난도 나왔다. 영국 『선데이 타임스(The Sunday Times)』는 "에치오니는 새로운 무솔리니를 위한 길을 닦고 있다"고 주장했으며, 자유주의 노선의 『이코노미스트(The Economist)』는 에치오니의 생각을 나치 전단 작성자의 생각에 비유하기까지 했다. 그밖에도 여러 사람이 그의 공동체주의에 파시즘적 요소가 있지 않느냐는 주장을 폈다.

에치오니가 독일에서 탈출한 유태인임에도 그의 주장을 나치와 파시즘에까지 연결시키는 공격이 이루어지는 것은 이 논쟁이 얼마나 뜨거운지를 잘 보여준다. 에치오니(Etzioni 1995)는 1995년에 쓴 「'공동체론'의 옹호」라는 글을 통해 자신에게 쏟아지는 비판에 대한 반론을 폈다. 그는 공동체란 서로 알고 지내면서 하나의 도덕적 견해를 가진 사람들의 '사회적 그물망'이라는 정의를 내렸다. 공동체는 인간적 유대를 배경으로 '창밖으로 쓰레기를 버리지 마라', '운전할 때 아이들을 조심하라'는 등의 공유된 도덕규범을 지키려는 사람들은 칭찬하지만 이를 위반하는 사람들은 부드럽게 꾸짖을 뿐이며, 다른 수단이 실패했을 경우에만 국가에 호소한다고 말했다. 그러므로 공동체가 활력을 가질수록 정부 단속의 필요성은 줄어든다는 것이다.

공동체주의에 대한 기존의 반감과 오해를 피하기 위해 에치오니는 '신(新)공동체주의(neo-communitarianism)'라는 말을 사용했다. 이는 '공동체 결속'의 측면과 '개인 자율성'의 측면, 즉 질서를 조장하는 '구심력(centripetal forces)'과 자율성을 조장하는 '원심력(centrifugal forces)' 간의 공생적 조화를 중시하는 개념이다.

그러나 아무리 공생적 조화를 기한다 해도 다른 문제들이 튀어나왔다. 개인이 자신이 속한 특정 사회의 소속감과 범세계주의 세계질서의 소속감을 맞바꾼다는 것은 상상하기 어렵다며 공동체주의와 범세계주의의 충돌을 지적하는 사람도 있었다. 공동체주의는 여성주의와 충돌할 수 있다는 비판도 제기되었다. 공동체에 대한 지배적 개념이 모든 구성원을 다 대표할 수는 없으며, 따라서 하위 집단을 주변화하고 때로는 억압할 수 있다는 것이다.

공동체주의는 대부분 백인 지식인들에게서 나왔는데, 일부 비(非)백인 지식인들은 공동체주의가 계몽주의적 비전을 공유하고 있을망정 불필요하게 경직된 총체화를 하려는 시도가 아니냐는 의심의 눈초리를 보내기도 했다. 또한 공동체의 쇠퇴가 당연하다고 보는 사람들도 있었다. 위틀리와 로저스(Wheatley & Rogers 2001)는 "공동체는 구체적인 기준과 강령 그리고 전통을 바탕으로 형성되기 때문에 공동체에 대한 소속의 대가로 개인의 자율성이 희생될 수밖에 없다"며 다음과 같이 주장했다.

"소속은 높은 대가를 요구하는데, 그것은 바로 자기표현의 억제이다. 개인의 자율성이 사라지는 것은 단지 다양성의 소멸뿐만 아니라 중요한 경영 문제를 야기한다. 공동체는 끝없이 늘어나는 정책과 표준, 그리고 강령 등을 만드는 식으로 개인을 통제하는 새로운 규제를 만드는 일에 더 많은 에너지를 쏟아붓는다. 이와 같은 통일성을 확보하기 위해 지불해야 하는 대가는 끝이 없고, 정말이지 그 구성원들에게는 문자 그대로 죽을 노릇이다. …… 특히 서구에서는, 소속에 대한 대가가 너무 크기 때문에 사람들은 차라리 개인의 자유를 찾아 고립을 자초하고 있다."

그런 논란이 있었지만, 에치오니의 공동체주의는 백악관에서 찬사를 받았다. 그가 백악관에 자주 초청받았다는 점을 감안한다면 공동체주의에 관한 한 클린턴 부부는 에치오니의 제자였던 셈이다. 1997년 4월 28일 클린턴은 필라델피아에서 열린 사회봉사대회에서 "이제 공동체를 위해 봉사하는 것은 시민으로서의 한 의무"라고 주장했다. 그 대회에 참석한 조지 H. W. 부시 전 대통령도 "미국의 문제는 이제 시민들 스스로의 힘으로 극복하지 않으면 안 된다"면서 "여기에는 공화당도 민주당도, 부자도 빈자도, 흑인도 백인도 아닌 그냥 미국인이 있을 뿐"이라고 역설했다.

스타벅스와 이베이의 성장

공동체 문화의 변화는 새로운 업종을 낳았는데, 그 대표적 사례가 바로 커피전문점 스타벅스(Starbucks)다. 1960년 미국에서 커피의 시장 침투율은 70퍼센트였다. 이는 미국인 1인당 하루에 3.2잔의 커피를 마신다는 것을 의미했다. 그러나 1988년에 침투율은 50퍼센트로 하락했고 1인당 소비량은 1.67잔으로 떨어졌다. 그래서 많은 사람이 이제 커피 시장은 죽었다고 생각했다. 그런데 스타벅스의 등장 이후 커피 소비가 대폭 증가했다. 스타벅스가 다 죽어가던 커피 시장을 되살려낸 것이다. 1999년에 커피의 시장 침투율은 79퍼센트로 상승했으며 1인당 소비량은 하루 3.5잔으로 늘어난다.

스타벅스의 창업연도는 1971년이지만 성장이 1990년대에 이루어졌다는 점을 감안한다면, 사회적 변화도 스타벅스의 성장에 큰 몫을 했다고 봐야 할 것이다. 그 변화는 과연 무엇이었을까? 그건 바로 독

1971년 워싱턴 주 시애틀에서 문을 연 스타벅스 1호점. 이곳을 시작으로 세계적인 커피전문점을 키워낸 하워드 슐츠 회장은 스타벅스의 성장 비결이 미국인이 공동체 생활에 굶주렸기 때문이라고 말한다. ⓒ Postdlf

립 노동자 군단의 등장이다. 직장도 아니고 가정도 아니면서 그냥 사람들이 자주 출입하는 한 공동체 내의 집결지가 절실히 요청되고 있었다는 것이다. 1985년에 스타벅스를 인수해 키운 스타벅스 회장 하워드 슐츠(Howard Schultz)는 이렇게 말했다.

"미국인은 공동체 생활에 너무나 굶주렸고, 그래서 어떤 손님들은 우리 점포를 모임 장소로 활용하기 시작했다. 친구와의 약속 장소, 가벼운 회의 장소, 다른 단골손님과의 대화 장소가 된 것이다. 제3의 장소에 대한 강렬한 수요가 있다는 사실을 이해했기 때문에, 우리는 좀 더 넓은 매장에 좀 더 많은 테이블을 갖추고 준비할 수 있었다."

사무실 공간 개념의 변화도 한몫을 했다. 인터넷 시대에는 사무실을 장기임대할 필요가 없다. 단기간만 사무실 공간을 임대하는 것으로 족하다. 아니 몇 시간 동안만이라도 좋다. 네트워크 시스템에 플러그를 꽂을 수 있는 장소라면 어디든지 사무실이 될 수 있다는 것이다. 이미 호텔, 철도역, 공항 등에서 임시 사무실 공간을 공급하고 있는데, 이를 가리켜 '호텔링(hotelling)'이라 한다. 그것도 번거로우면 커피 한 잔 가격만 내고 스타벅스에서 만나는 것도 가능해진 것이다.

1995년 미 실리콘밸리에서 개인 경매 사이트로 출발한 전자상거래 업체 이베이(ebay)도 공동체 문화의 변화와 관련해 중요한 의미를 갖는다. 이베이와 관련, 초기에 사람들이 가장 놀랍게 생각한 것은 새로운 커뮤니티의 형성이었다. 이용자들 사이에 공통 관심사를 중심으로 모임이 만들어지고, 그 모임에서 친구도 사귀고 애인도 만들고 결혼하는 사람들도 나타났다. 이베이 CEO 멕 휘트먼(Meg Whitman)은 1999년 『뉴욕타임스』와의 인터뷰에서 "사람들이 전에는 정말 할 수 없었던 방식으로 비즈니스를 하고 있어요. 여기서 새로운 커뮤니티가 탄생된 것이지요"라고 말했다.(Current Biography 2000c)

2005년 이베이는 전 세계 190개국에서 1억 명 이상의 회원이 등록하고 연 거래 규모가 350억 달러인 세계 최대의 전자상거래 업체로 성장한다. 이베이에서 상거래를 하는 회원 중 7490만 명(51퍼센트)이 미국이 아닌 다른 나라 국적을 가진 사람이다. "규칙은 적게 만들되, 정한 규칙은 반드시 지키자." 휘트먼이 밝힌, 이베이의 성공 비결이다. 그렇게 신뢰를 얻은 뒤에, 사람들이 자신의 잠재력을 충분히 발휘할 수 있는 환경을 창조함으로써 이베이에서는 물건을 사고파는 것 말고도 무언가 일어나고 있다는 것을 보여줄 수 있었다는 것이다. 그래서 사람들은 "이베이가 인간에 대한 내 믿음을 다시 살렸어"라고 말할 수 있게 되었다나.(Friedman 2005)

한국의 공동체주의

그럼 한국에서의 공동체주의는 어떤가? 송재룡(2001)은 공동체주의에 대한 오해와 편견은 특히 서구의 계몽주의적 사상의 전통을 갖고 있지 못한 나라들, 예컨대 한국을 포함하는 아시아와 중남미의 여러 사회에서 자못 심각하다고 말한다. 이들 사회는 공동체주의를 자신들의 역사를 오랫동안 수놓아온 권위주의적 · 집단주의적 전통과 유사한 어떤 것으로 간주한다는 것이다. 미국의 공동체주의자들은 한국의 자유주의자들보다 더 자유주의적이며, 한국의 자유주의자들은 미국의 공동체주의자들보다 더 공동체주의적이라는 말은 바로 그런 오해를 꼬집은 것이라고 볼 수 있다.

그간 한국에서 공동체주의는 엄격한 개념 규정 없이 바람직한 의미의 '사회적 자본'을 강화하자는 의미로 많이 사용돼왔다. 예컨대, 임희섭(1994)은 "현대의 한국사회가 당면한 중요한 과제의 하나는 지역사회 공동체의 재구조화를 통한 공동체의 회복이다"고 말한다. 김의수(2001)는 우리에게 요구되는 과제는 이중적이라며 "우리는 한편으로 집중화와 권위주의의 전통에서 무시돼온 진정한 의미의 공동선의 지향과 민주질서의 회복을 위해 노력해야 하고 또한 동시에 나타나는 파편화 현상의 극복을 위해 새로운 공동체운동을 전개해야 한다"고 말한다.

한국에 주어진 과제는 이중적인 것이므로 무엇보다도 균형감각이 요구된다. 한국에서 이루어진 그간의 공동체운동은 사실상 관제 운동의 성격이 컸기 때문에 시늉에 그치고 말았다. 시민운동은 낮은 곳에 임하기는 했지만 이슈 중심의 엘리트 운동으로서의 성격이 강했다. 진정한 의미의 공동체운동은 종교와 사적 연고가 흡수해버렸다고 보는 것이 옳을 것이다. 앞으로 이런 현실적인 문제에 대한 논의가 왕성하게 이루어져야 할 것이다.

그렇게 하기 위해서는 무엇보다 기존의 정책의제 설정을 문제 삼아야 할 것이다. 공동체 문화와 같은 사회자본은 아예 정책 범주에 들어가 있지 못한 현실을 문제 삼을 필요가 있다는 뜻이다. 모든 정책이 오직 가시적인 것만으로 입안되고 집행되는 것은 '정치적 논리'에서 비롯된 것이므로, 그런 '정치적 논리'를 극복하거나 완화하기 위해서도 공동체에 관한 논의가 활발하게 이루어져야 할 것이다.

참고문헌 Angell 2001, Baylis & Smith 2003, Brooks 2001, Callahan 2008, Chomsky & Barsamian 2004, Current Biography 2000c, Durning 1994, Eatwell 1995, Emanuel & Reed 2008, Etzioni 1995, Frank & Cook 1997, Fraser 2004, Friedman 2005, Hammer 2002, Hammer & Stanton 1997, Martin & Schumann 1997, Mulhall & Swift 2001, Pongs 2003, Popcorn & Marigold 1999, Postrel 2000, Putnam 2000, Rifkin 1996, Sennett 2002, Shapiro 1991, Stone 2004, Thurow 1997, Trend 2001, Wheatley & Rogers 2001, Zyman 외 2003, 강대기 2001, 강준만 2004, 고종석 2000a, 권화섭 1998, 김만수 2004, 김의수 2001, 송재룡 2001, 안은주 2005, 유석춘 외 2003, 이광일 2002, 이미숙 1994a, 임현진 1998, 임희섭 1994, 조승훈 1994, 홍영두 2003

Jonathan Alter, 「클린턴 '인격' 직선적이지 못한 게 흠」, 『뉴스위크 한국판』, 1992년 4월 1일, 23면.

Jonathan Alter, 「클린턴 권위 실추, 민주당 의원도 말 안 듣는다」, 『뉴스위크 한국판』, 1994년 8월 24일, 30면.

이언 앵겔(Ian Angell), 장은수 옮김, 『지식 노동자 선언』, 롱셀러, 2001.

스티브 M. 바킨(Steve M. Barkin), 김응숙 옮김, 『미국 텔레비전 뉴스』, 커뮤니케이션북스, 2004.

Laurence I. Barrett, 「Making Sense of the Polls」, 『Time』, June 29, 1992, p.24.

Laurence I. Barrett, 「Perot Takes a Walk」, 『Time』, July 27, 1992a, pp.24~25.

Laurence I. Barrett, 「Perot-Noia」, 『Time』, November 9, 1992b, p.14.

장 보드리야르(Jean Baudrillard), 하태환 옮김, 『시뮬라시옹』, 민음사, 1992.

존 베일리스(John Baylis) & 스티브 스미스(Steve Smith) 편저, 하영선 외 옮김, 『세계정치론』, 을유문화사, 2006.

울리히 벡(Ulrich Beck), 조만영 옮김, 『지구화의 길』, 거름, 2000.

Richard Behar, 「Hollywood's Small Wonders」, 『Time』, February 11, 1991, pp.58~59.

Richard Behar, 「Ross Perot's Days at Big Blue」, 『Time』, July 20, 1992, p.36.

에드워드 베르(Edward Behr), 김남주 옮김, 『미국 미국 미국』, 한뜻, 1996.

David A. Bell, 「An American Success Story: The Triumph of Asian-Americans」, 『Current』, November 1985, pp.33~39.

발터 벤야민(Walter Benjamin), 반성완 편역, 『발터 벤야민의 문예이론』, 민음사, 1983.

Hubert M. Blalock, 『Toward a Theory of Minority Group Relations』, New York: John Wiley, 1967.

앨런 블룸(Allan Bloom), 이원희 옮김, 『미국 정신의 종말』, 범양사출판부, 1989.

장 클로드 볼로뉴(Jean Claude Bologne), 권지현 옮김, 『독신의 수난사』, 이마고, 2006.

Edna Bonacich, 「A Theory of Middleman Minorities」, 『American Sociological Review』,

38(1973), pp.583~594.

에드나 보나시치(Edna Bonacich), 「LA사태의 희생양, 코메리칸의 정치경제학」, 『길』, 1992년 6월호.

Edna Bonacich, Ivan H. Light, & Charles Choy Wong, 「Koreans in Business」, 『Society』, September/October 1977, pp.54~59.

삐에르 부르디외(Pierre Bourdieu) 외, 유석춘 외 공편역, 『사회자본: 이론과 쟁점』, 그린, 2003.

데이비드 브룩스(David Brooks), 형선호 옮김, 『보보스: 디지털 시대의 엘리트』, 동방미디어, 2001.

빌 브라이슨(Bill Bryson), 정경옥 옮김, 『빌 브라이슨 발칙한 영어산책: 엉뚱하고 발랄한 미국의 거의 모든 역사』, 살림, 2009.

토드 부크홀츠(Todd G. Buchholz), 이기문 옮김, 『마켓쇼크』, 바다출판사, 2001.

제임스 맥그리거 번스(James MacGregor Burns), 조중빈 옮김, 『역사를 바꾸는 리더십』, 지식의날개, 2006.

데이비드 캘러헌(David Callahan), 강미경 옮김, 『치팅컬처: 거짓과 편법을 부추기는 문화』, 서돌, 2008.

빌 캐포더글리(Bill Capodagli) & 린 잭슨(Lynn Jackson), 이호재 · 이정 옮김, 『디즈니 꿈의 경영』, 21세기북스, 2000.

지미 카터(Jimmy Carter), 이종인 옮김, 『사랑의 실천』, 동방미디어, 1998.

마뉴엘 카스텔(Manuel Castells), 최병두 옮김, 『정보도시: 정보기술의 정치경제학』, 한울아카데미, 2001.

노암 촘스키(Noam Chomsky), 오애리 옮김, 『507년, 정복은 계속된다』, 이후, 2000.

노엄 촘스키(Noam Chomsky) & 데이비드 바사미언(David Barsamian), 강주헌 옮김, 『촘스키, 세상의 권력을 말하다(전2권)』, 시대의창, 2004.

에이미 추아(Amy Chua), 윤미연 옮김, 『불타는 세계』, 부광, 2004.

George J. Church, 「The Other Side of Perot」, 『Time』, June 29, 1992, p.19.

Eleanor Clift, 「'여자' 에… '병역' 에…고비마다 정면 돌파」, 『뉴스위크 한국판』, 1992년 4월 1일, 20면.

Stanley W. Cloud, 「Clinton vs. the Press」, 『Time』, June 7, 1993, p.19.

톰 코넬란(Tom Connellan), 오세영 옮김, 『디즈니월드 성공에 감춰진 7가지 비밀』, 영언문화사, 2001.

타일러 코웬(Tyler Cowen), 이은주 옮김, 『상업문화 예찬』, 나누리, 2003.

데이비드 크로토(David Croteau) & 윌리엄 호인스(William Hoynes), 전석호 옮김, 『미디어 소사이어티: 산업 · 이미지 · 수용자』, 사계절, 2001.

Current Biography, 「Whitman, Meg」, 『Current Biography』, 2000.

Current Biography, 「Wilson, James Q.」, 『Current Biography』, 2002.

Current Biography, 「Lucas, George」, 『Current Biography』, 2002b.

Current Biography, 「Johnson, Elizabeth A.」, 『Current Biography』, 2002c.

Current Biography, 「Clinton, Halliary Rodham」, 『Current Biography』, 2002d.

Current Biography, 「McGrath, Judy」, 『Current Biography』, 2005.

케네스 데이비스(Kenneth C. Davis), 이순호 옮김, 『미국에 대해 알아야 할 모든 것, 미국사』, 책과함께, 2004.

윌슨 디저드 주니어(Wilson Dizard, Jr.), 이민규 옮김, 『메가넷』, 민음사, 1998.

밥 돌(Bob Dole), 김병찬 옮김, 『대통령의 위트: 조지 워싱턴에서 부시까지』, 아테네, 2007.

Gary Donaldson, ed., 『Modern America: A Documentary History of the Nation Since 1945』, Armonk, NY: M. E. Sharpe, 2007.

아리엘 도르프만(Ariel Dorfman) & 아르망 마텔라르(Armand Mattelart), 『도널드 덕 어떻게 읽을 것인가: 디즈니 만화로 가장한 미 제국주의의 야만』, 새물결, 2003.

앨런 테인 더닝(Alan Thein Durning), 구자건 옮김, 『소비사회의 극복: 현대 소비사회와 지구 환경 위기』, 따님, 1994.

Roger Eatwell, 『Fascism: A History』, New York: Penguin Books, 1995.

데이비드 에드워즈(David Edwards)·데이비드 크롬웰(David Cromwell), 복진선 옮김, 『미디어렌즈: 언론에 가려진 진실을 읽는 코드』, 한얼미디어, 2006.

마크 엘리어트(Marc Eliot), 원재길 옮김, 『월트 디즈니: 할리우드의 디즈니 신화』, 우리문학사, 1993.

David Ellis, 「Dallas on the Line」, 『Time』, July 13, 1992, p.32.

람 에마뉴엘(Rahm Emanuel)·브루스 리드(Bruce Reed), 안병진 옮김, 『더 플랜: 미국의 새로운 비전과 민주당의 도전』, 리북, 2008.

Michael Emery & Edwin Emery, 『The Press and America: An Interpretive History of the Mass Media』, 8th ed, Boston, Mass.: Allyn and Bacon, 1996.

질비아 엥글레르트(Sylvia Englert), 장혜경 옮김, 『상식과 교양으로 읽는 미국의 역사』, 웅진지식하우스, 2006.

아미타이 에치오니(Amitai Etzioni), 우동성 옮김, 「'공동체론'의 옹호」, 『세계일보』, 1995년 4월 9일, 16면.

사라 M. 에번스(Sara M. Evans), 조지형 옮김, 『자유를 위한 탄생: 미국 여성의 역사』, 이화여자대학교 출판부, 1998.

매릴린 퍼거슨(Marilyn Ferguson), 김용주 옮김, 『뉴에이지 혁명』, 정신세계사, 1994.

Howard Fineman, 「선거후 민주-공화당 당면 과제 무엇인가」, 『뉴스위크 한국판』, 1992년 11월 18일, 32면.

다니엘 플린(Daniel J. Flynn), 오영진 옮김, 『미국의 변명』, 한국경제신문, 2003.

로버트 프랭크(Robert H. Frank) & 필립 쿡(Philip J. Cook), 권영경·김양미 옮김, 『이긴 자가 전부 가지는 사회』, CM비지니스, 1997.

질 안드레스키 프레이저(Jill Andresky Fraser), 심재관 옮김, 『화이트칼라의 위기: 화이트칼라는 자본주의로부터 어떻게 버림받고 있는가?』, 한스미디어, 2004.

데이비드 프리드먼(David Friedman), 김태우 옮김, 『막대에서 풍선까지: 남성 성기의 역사』, 까치, 2003.

밀튼 프리드만(Milton Friedman), 안재욱·이은영 옮김, 『화려한 약속, 우울한 성과: 노벨상 경제학자의 충고」, 나남출판, 2005.

Murray Friedman, 「Is White Racism the Problem?」, 『Commentary』, January 1969, pp.61~65.

프랜시스 후쿠야마(Francis Fukuyama), 구승회 옮김, 『트러스트: 사회도덕과 번영의 창조』, 한국경제신문사, 1996.

제임스 핀 가너(James Finn Garner), 김석희 옮김, 『좀더 정치적으로 올바른 베드타임 스토리』, 실천문학사, 1996.

한스 디터 겔페르트(Hans-Dieter Gelfert), 이미옥 옮김, 『전형적인 미국인: 미국과 미국인 제대로 알기』, 에코리브르, 2003.

데이비드 거겐(David Gergen), 서율택 옮김, 『CEO 대통령의 7가지 리더십: 리처드 닉슨에서부터 빌 클린턴까지』, 스테디북, 2002.

앤터니 기든스(Anthony Giddens), 김미숙 외 옮김, 『현대사회학(제3판)』, 을유문화사, 1998.

헨리 지루(Henry A. Giroux), 성기완 옮김, 『디즈니 순수함과 거짓말』, 아침이슬, 2001.

루돌프 줄리아니(Rudolph Giuliani), 박미영 옮김, 『Leadership: 줄리아니-위기를 경영한다』, 루비박스, 2002.

말콤 글래드웰(Malcolm Gladwell), 임옥희 옮김, 『티핑 포인트: 베스트셀러는 어떻게 뜨게 되는가?』, 이끌리오, 2000.

배리 글래스너(Barry Glassner), 연진희 옮김, 『공포의 문화』, 부광, 2005.

Dan Goodgame, 「What's Wrong with Bush?」, 『Time』, August 10, 1992, p.17.

조르주-클로드 길베르(Georges-Claude Guilbert), 김승욱 옮김, 『마돈나: 포스트모던 신화』, 들녘, 2004.

테드 할스테드(Ted Halstead) & 마이클 린드(Michael Lind), 최지우 옮김, 『정치의 미래: 디지털 시대의 신 정치 선언서』, 바다출판사, 2002.

마이클 해머(Michael Hammer), 최준명 감역 · 김이숙 옮김, 『아젠다: 기업혁신을 위한 21세기 행동 강령』, 한국경제신문, 2002.

마이클 해머(Michael Hammer) & 스티븐 스탠턴(Steven A. Stanton), 임덕순 · 장승권 옮김, 『리엔지니어링 그 이후』, 경향신문사, 1997.

Marlys Harris, 「How the Koreans Won the Green-Grocer Wars」, 『Money』, March 1983, pp.190~198.

셀리그 해리슨(Selig S. Harrison), 이홍동 외 옮김, 『셀리그 해리슨의 코리안 엔드게임』, 삼인, 2003.

헨드릭 허츠버그(Hendrik Hertzberg), 「지미 카터: 기독교 가치관에 준거한 도덕 우선의 통치력」, 로버트 A. 윌슨(Robert A. Wilson) 외, 형선호 옮김, 『국민을 살리는 대통령 죽이는 대통령』, 중앙M&B, 1997, 243~283쪽.

Godfrey Hodgson, 「Out of Retirement」, 『The New York Times Book Review』, June 7, 1998, p.11.

Walter Isaacson, 「A Time for Courage」, 『Time』, November 16, 1992, p.18.

Molly Ivins, 「The Billionaire Boy Scout」, 『Time』, May 4, 1992, pp.34~36.

KBS, 「미국 대통령선거전 보도성향」, 『해외방송정보』, 503호(1992년 8월 14일), 80면.

KBS, 「'대통령' 상품의 시장판매 테스트」, 『해외방송정보』, 506호(1992a년 9월 30일), 60면

KBS, 「미 의회, TV 폭력 규제법 제정에 박차」, 『해외방송정보』, 제531호(1993년 9월 28일), 43~44면.

더글라스 켈너(Douglas Kellner), 김수정 · 정종희 옮김, 『미디어 문화: 영화, 랩, MTV, 광고, 마돈나, 패션, 사이버 펑크까지』, 새물결, 1997.

로널드 케슬러(Ronald Kessler), 임홍빈 옮김, 『벌거벗은 대통령 각하』, 문학사상사, 1997.

일레인 김(Elaine H. Kim), 「미국 속의 미국: 한 '한국계 미국인'이 본 미국의 내면」, 『당대비평』, 제14호(2001년 봄), 38~61쪽.

L. S. Kim, 홍정은 옮김, 「가족의 모든 것: 레이거니즘, 자본주의, 그리고 텔레비전」, 정희준 · 서현석 외, 『미국 신보수주의와 대중문화 읽기: 람보에서 마이클 조든까지』, 책세상, 2007, 168~199쪽.

Harry H. L. Kitano, 「Asian-Americans: The Chinese, Japanese, Koreans, Pilipinos, and Southeast Asians」, 『The Annals of the American Academy』, 454(March 1981), pp.125~138.

데이비드 코에닉(David Koenig), 서민수 옮김, 『디즈니의 비밀: 애니메이션의 천재』, 현대미디어, 1999.

데이비드 C. 코튼(David C. Korten), 채혜원 옮김, 『기업이 세계를 지배할 때』, 세종서적, 1997.

Michael Kramer, 「Why Clinton Is Catching On」, 『Time』, January 20, 1992, p.16.

Christopher Lasch, 「How TV Deflates Politics」, 『Korea Herald』, March 12, 1992, p.6

베르나르 앙리 레비(Bernard-Henry Levy), 김병욱 옮김, 『아메리칸 버티고』, 황금부엉이, 2007.

마이클 린드(Michael Lind), 문정인 감수, 임종태 옮김, 『부시, 메이드 인 텍사스: 신보수주의자와 남부 세력의 미국 정계 접수』, 동아일보사, 2003.

Theodore Lowi, 우동성 정리, 「해외논단: 미 정치 3당시대 예고」, 『세계일보』, 1992년 9월 26일, 8면.

Rod MacLeish, 「Television and Politics: The Passing of the Intermediary」, 『Television Quarterly』, 21:2(1984), pp.68~73.

데이빗 매라니스(David Maraniss), 권노갑 옮김, 『백악관 가는 길: 빌 클린턴 미국 대통령 전기』, 풀빛, 1996.

한스 피터 마르틴(Hans-Peter Martin) & 하랄드 슈만(Harald Schumann), 강수돌 옮김, 『세계화의 덫: 민주주의와 삶의 질에 대한 공격』, 영림카디널, 1997.

Tom Masthews, 「미 대선전 페로 회오리」, 『뉴스위크 한국판』, 1992년 6월 17일, 12면.

MBC, 「재연되는 미 TV 폭력 규제 논란」, 『세계방송정보』, 제235호(1993년 11월 25일), 46면.

MBC, 「미 케이블 TV, 폭력물 자율규제 결의」, 『세계방송정보』, 제241호(1994년 2월 25일), 44면.

MBC, 「TV 폭력 묘사를 둘러 싼 세계의 동향」 『세계방송정보』, 제243호(1994년 3월 25일), 58면.

MBC, 「폭력물 모니터, 신종 사업으로 부상?」, 『세계방송정보』, 제248호(1994b년 6월 10일), 44~45면

MBC, 「네트워크 시청률을 결정짓는 미국의 싯콤」, 『세계방송정보』, 1995년 8월 30일, 19~22면.

조셉 맥브라이드(Joseph McBride), 박선희 · 임혜련 옮김, 『스티븐 스필버그 1: C 학점의 천재』, 자연사랑, 1997.

조셉 맥브라이드(Joseph McBride), 박선희 · 임혜련 옮김, 『스티븐 스필버그 2: 흥행의 마법사』, 자연사랑, 1998.

Robert D. McFadden, 「오클라호마의 공포: 96년 퓰리처상 현장보도 수상작」, 『기자통신』, 1999년 12월, 92~97쪽.

앵거스 맥래런(Angus McLaren), 임진영 옮김, 『20세기 성의 역사』, 현실문화연구, 2003.

네이슨 밀러(Nathan Miller), 김형곤 옮김, 『이런 대통령 뽑지 맙시다: 미국 최악의 대통령 10인』, 혜안, 2002.

마이클 무어(Michael Moore), 김현후 옮김, 『멍청한 백인들』, 나무와숲, 2002.

데이비드 몰리(David Morley) & 케빈 로빈스(Kevin Robins), 마동훈 · 남궁협 옮김, 『방송의 세계화와 문화정체성』, 한울아카데미, 1999.

스테판 뮬홀(Stephen Mulhall) & 애덤 스위프트(Adam Swift), 김해성 · 조영달 옮김, 『자유주의와 공동체주의』, 한울아카데미, 2001.

토니 마이어스(Tony Myers), 박정수 옮김, 『누가 슬라보예 지젝을 미워하는가』, 앨피, 2005.

Newsweek, 「'괴로움은 감추도록 교육받았다'」, 『뉴스위크 한국판』, 1992년 4월 1일, 21면.

Newsweek, 「첨단기술 동원 페로 선거운동 대선전 양상 바꿔」, 『뉴스위크 한국판』, 1992a년 6월 17일, 20면.

Newsweek, 「페로의 전략, 꿈과 신화를 판다」, 『뉴스위크 한국판』, 1992b년 6월 17일자.

Newsweek, 「페로 재출마는 예정된 작전」, 『뉴스위크 한국판』, 1992c년 10월 14일, 19면.

Newsweek, 「거대 정보제국 과연 바람직한가」, 『뉴스위크 한국판』, 1995년 8월 16일, 14면.

헬레나 노르베리-호지(Helena Norberg-Hodge), 이민아 옮김, 『허울뿐인 세계화』, 따님, 2000.

조지프 나이(Joseph S. Nye), 양준희 옮김, 『국제분쟁의 이해: 이론과 역사』, 한울아카데미, 2000.

돈 오버도퍼(Don Oberdorfer), 뉴스위크한국판뉴스팀 옮김, 『두 개의 코리아: 북한국과 남조선』, 중앙일보, 1998.

돈 오버도퍼(Don Oberdorfer), 이종길 옮김, 『두 개의 한국』, 길산, 2002.

Christopher Ogden, 「The Biggest 'None of the Above' Yet」, 『Time』, June 15, 1992, p.41.

Christopher Ogden, 「Going Where the Voters Are」, 『Time』, June 29, 1992a, p.25.

마리안 파쉬케(Marian Paschke), 이우승 옮김, 『독일 미디어법』, 한울아카데미, 1998.

Don R. Pember, 『Mass Media Law』, 1996 ed., Dubuque, Iowa: Brown & Benchmark, 1996.

케빈 필립스(Kevin P. Phillips), 오삼교 · 정하용 옮김, 『부와 민주주의: 미국의 금권정치와 거대 부호들의 정치사』, 중심, 2004.

존 포데스타(John Podesta), 김현대 옮김, 『진보의 힘』, 한겨레출판, 2010.

아르민 퐁스(Armin Pongs) 엮음, 윤도현 옮김, 『당신은 어떤 세계에 살고 있는가? 2』, 한울, 2003.

페이스 팝콘(Faith Popcorn) & 리스 마리골드(Lys Marigold), 조은정 · 김영신 옮김, 「클릭! 미래 속으로」, 21세기북스, 1999.

버지니아 포스트렐(Virginia Postrel), 「미래와 그 적들: 창조 · 진취 · 진보의 발목을 붙잡는 사람들」, 모색, 2000.

클라이드 프레스토위츠(Clyde Prestowitz), 이문희 옮김, 「부와 권력의 대이동」, 지식의숲, 2006.

로버트 D. 푸트남(Robert D. Putnam), 안청시 외 옮김, 「사회적 자본과 민주주의」, 박영사, 2000.

섬너 레드스톤(Sumner Redstone) & 피터 노블러(Peter Knobler), 안진환 · 고희정 옮김, 「승리의 열정: 최고의 CEO 섬너 레드스톤의 삶과 도전」, 동방미디어, 2002.

로버트 B. 라이시(Robert B. Reich), 남경우 외 옮김, 「국가의 일」, 까치, 1994.

제러미 리프킨(Jeremy Rifkin), 이영호 옮김, 「노동의 종말」, 민음사, 1996.

제러미 리프킨(Jeremy Rifkin), 이희재 옮김, 「소유의 종말」, 민음사, 2001.

제러미 리프킨(Jeremy Rifkin), 이원기 옮김, 「유러피언 드림: 아메리칸 드림의 몰락과 세계의 미래」, 민음사, 2005.

Ian R. H. Rockett, 「American Immigration Policy and Ethnic Selection: An Historical Overview」, 『The Journal of Ethnic Studies』, 10:4(Winter 1983), pp.1~26.

Richard L. Rubin, 『Press, Party, and Presidency』, New York: W. W. Norton, 1981.

더글러스 러시코프(Douglas Rushkoff), 방재희 옮김, 「미디어 바이러스」, 황금가지, 2002.

프랭크 사넬로(Frank Sanello), 정회성 옮김, 「스티븐 스필버그」, 한민사, 1997.

허버트 실러(Herbert I. Schiller), 김동춘 옮김, 「정보 불평등」, 민음사, 2001.

에릭 슐로서(Eric Schlosser), 김은령 옮김, 「패스트푸드의 제국」, 에코리브르, 2001.

Robert Schmuhl, 「Review Article: Realities (And 'Medialities') of Presidential Politics」, 『Review of Politics』, 45(January 1983), pp.116~131.

David Seideman, 「The Astroturf Movement」, 『Time』, October 5, 1992, p.29.

리처드 세넷(Richard Sennett), 조용 옮김, 「신자유주의와 인간성의 파괴」, 문예출판사, 2002.

투팍 아마루 샤커(Tupac Amaru Shakur), 안의정 옮김, 「콘크리트에서 핀 장미」, 인북스, 2000.

Walter Shapiro, 「A Whole Greater That Its Parts?」, 『Time』, February 25, 1991.

Walter Shapiro, 「He's Ready, But Is America Ready for President Perot?」, 『Time』, May 25, 1992, pp.23~24.

로이 셔커(Roy Shuker), 이정엽 · 장호연 옮김, 「대중 음악 사전」, 한나래, 1999.

리언 시걸(Leon V. Sigal), 구갑우 외 옮김, 「미국은 협력하려 하지 않았다: 북한과 미국의 핵외교」, 사회평론, 1999.

Susan Sontag, 『Illness as Metaphor』, New York: Farrar, Straus and Giroux, 1978.

기 소르망(Guy Sorman), 박선 옮김, 「열린 세계와 문명창조」, 한국경제신문사, 1998.

기 소르망(Guy Sorman), 민유기 · 조윤경 옮김, 「Made in USA: 미국 문명에 대한 새로운 시선」, 문학세계사, 2004.

로널드 스틸(Ronald Steel), 장성민 옮김, 『강대국의 유혹: 냉전 이후의 미국외교정책』, 한울, 1996.

조지 스테파노풀러스(George Stephanopoulos), 최규선 옮김, 『너무나 인간적인』, 생각의나무, 1999.

Brad Stone, 「스타벅스의 진짜 성공 비결」, 『뉴스위크 한국판』, 2004년 11월 3일, 100~101면.

John Storey, 박만준 옮김, 『대중문화와 문화연구』, 경문사, 2002.

마거릿 대처(Margaret Thatcher), 김승욱 옮김, 『국가경영』, 작가정신, 2003.

Rich Thomas, 「물러난 레이건 클린턴 발목 잡아」, 『뉴스위크 한국판』, 1994a년 7월 6일, 34~35면.

레스터 서로(Lester C. Thurow), 유재훈 옮김, 『자본주의의 미래』, 고려원, 1997.

Time, 「Plutocratic Populist」, 『Time』, April 6, 1992, p.31.

Time, 「What Will Ross Perot Do Next?」, 『Time』, November 9, 1992a, p.8.

Time, 「Clinton Whispered, But Voters Roared」, 『Time』, November 16, 1992b, p.11.

존 터먼(John Tirman), 이종인 옮김, 『미국이 세계를 망친 100가지 방법』, 재인, 2008.

Anastasia Toufexis, 「Seeking the Roots of Violence」, 『Time』, April 19, 1993, pp.48~49.

데이비드 트렌드(David Trend), 고동현·양지영 옮김, 『문화민주주의: 정치, 미디어, 새로운 테크놀로지』, 한울, 2001.

셰리 터클(Sherry Turkle), 최유식 옮김, 『스크린 위의 삶: 인터넷과 컴퓨터 시대의 인간』, 민음사, 2003.

로익 바캉(Loic Wacquant), 류재화 옮김, 『가난을 엄벌하다』, 시사IN북, 2010.

이매뉴얼 월러스틴(Immanuel Wallerstein), 백승욱 옮김, 『우리가 아는 세계의 종언: 21세기를 위한 사회과학』, 창작과비평사, 2001.

프랭크 웹스터(Frank Webster), 조동기 옮김, 『정보사회이론』, 나남, 1997.

마가렛 위틀리(Margaret J. Wheatley) & 마이론 켈너 로저스(Myron Kellner Rogers), 「공동체의 역설과 약속」, 피터 드러커(Peter F. Drucker) 외, 이재규 옮김, 『미래의 공동체』, 21세기북스, 2001, 29~43쪽.

Theodore H. White, 『America in Search of Itself: The Making of the President 1956-1980』, New York: Harper & Row, 1982.

조지 윌(George Will), 「'디즈니월드'에서 느낀 애증」, 『세계일보』, 1992년 1월 28일자.

조지 윌(George Will), 「미국에서의 '범죄와 전쟁'」, 『세계일보』, 1993년 4월 6일, 12면.

Garry Wills, 「The Power of the Savior」, 『Time』, June 22, 1992, pp.43~44.

Eugene F. Wong, 「Asian American Middleman Minority Theory: The Framework of an American Myth」, 『The Journal of Ethnic Studies』, 13:1(Spring 1985), pp.51~88.

닐 우드(Neal Wood), 홍기빈 옮김, 『미국의 종말에 관한 짧은 에세이: 거세된 민주주의, 괴물이 된 자본주의』, 개마고원, 2004.

Peter Young & Peter Jesser, 권영근·강태원 옮김, 『언론매체와 군대』, 연경문화사, 2005.

하워드 진(Howard Zinn), 문강형준 옮김, 『권력을 이긴 사람들』, 난장, 2008.

서지오 지먼(Sergio Zyman) 외, 이승봉 옮김, 『마케팅 종말: 팔리지 않는 광고가 마케팅을 죽이고 있다』, 청림출판, 2003.

강경희, 「미 유선 MTV 대선 참여 캠페인」, 『조선일보』, 1992년 10월 28일, 19면.

강대기, 『현대사회에서 공동체는 가능한가: 개인의 자유와 공동체적 결속 사이에서』, 아카넷, 2001.

강인선, 「미국 이민 100년(4)이방인 설움에… 안 믿던 사람도 교회로」, 『조선일보』, 2002a년 1월 26일, 22면.

강준만, 『춤추는 언론 비틀대는 선거: 언론과 선거의 사회학』, 아침, 1992.

강준만, 『커뮤니케이션 사상가들』, 한나래, 1994.

강준만, 『세계의 대중매체 1: 미국편』, 인물과사상사, 2001.

강준만, 『한국인을 위한 교양사전』, 인물과사상사, 2004.

강준만, 『세계문화사전』, 인물과사상사, 2005a.

강준만, 『대중매체 법과 윤리(개정판)』, 인물과사상사, 2009a.

강준만, 『현대정치의 겉과 속』, 인물과사상사, 2009b.

강준만 외, 『시사인물사전(전20권)』, 인물과사상사, 1999~2003.

경향신문, 「유럽 '미 클린턴 추문' 조롱/ '여인 속옷 고무줄이 정치생명 좌우'」, 『경향신문』, 1992년 2월 1일, 4면.

경향신문, 「"클린턴은 무능력자" 로스 페로 독설 공세」, 『경향신문』, 1993년 5월 29일, 5면.

경향신문, 「미국 학생 10만여명 총기 휴대한 채 등교」, 『경향신문』, 1993a년 1월 17일, 5면.

경향신문, 「미 언론 불(佛) 문화 '흠집내기'」, 『경향신문』, 1996년 2월 4일, 7면.

경향신문, 「깅리치 '미는 난폭외교 바꿔야'」, 『경향신문』, 1997년 10월 9일, 7면.

경향신문, 「카터 '클린턴과 갈등' 시인」, 『경향신문』, 1999a년 10월 5일, 8면.

고종석, 「고종석의 모색 21: 실리콘칼라가 만든 '노동자 진혼곡'」, 『한국일보』, 2000a년 3월 23일, 20면.

국기연, 「"순결 지킨 미 고교생 대학진학률 2배 높다"」, 『세계일보』, 2005c년 11월 3일, 1면.

국민일보, 「토머스 "청문회장은 생지옥"」, 『국민일보』, 1991a년 10월 14일, 5면.

국민일보, 「미 대선 3후보/TV 물량전 총공세」, 『국민일보』, 1992a년 10월 10일.

권경복, 「촘스키 등 지식인 100명 "佛, 아이티 빚 갚아라"」, 『조선일보』, 2010년 8월 17일자.

권대익, 「카터 '방북은 북측의 간절한 요청'」, 『주간한국』, 1996년 12월 19일, 110면.

권순택, 「깨진 유리창」, 『동아일보』, 2007년 2월 7일, A34면.

권영숙, 「흐름/미국 우익인민주의」, 『한겨레』, 2001년 6월 5일, 22면.

권용립, 『미국의 정치 문명』, 삼인, 2003.

권태호, 「로드니 킹, 18년만에 '링 위의 복수' : 유명인사 복싱대회 출전 경찰출신 선수에 판정 승」, 『한겨레』, 2009a년 9월 15일자.

권홍우, 『99%의 롤모델: 오늘의 부족한 1%를 채우는 역사』, 인물과사상사, 2010.

권화섭, 『IMF의 빛』, 중앙M&B, 1998.

김갑식, 「비보이=브레이크댄스를 추는 소년…1969년 미(美)서 첫 사용」, 『동아일보』, 2006년 8월 25일, Weekend 4면.

김덕호, 「제2부 제6장 환경운동」, 김덕호·김연진 엮음, 『현대 미국의 사회운동』, 비봉출판사,

2001, 392~430쪽.

김동춘, 『미국의 엔진, 전쟁과 시장』, 창비, 2004.

김만수, 『실업사회』, 갈무리, 2004.

김문덕, 「미국 TV 선정성 경쟁: 낮 프로도 '섹시전략' 외설 판친다」, 『TV 저널』, 1995년 3월 3일자.

김민구, 「카리브해 강국서 최빈국으로 아이티 '고난의 역사'」, 『조선일보』, 2010년 1월 19일자.

김민웅, 『패권시대의 논리』, 한겨레신문사, 1996.

김병무, 「미 흑인사회에 뼈아픈 상처/막내린 「토머스 인준 드라마」」, 『세계일보』, 1991년 10월 17일, 5면.

김병무, 「토머스대법관 공청회 – 케네디의원 조카 재판」, 『세계일보』, 1991a년 12월 30일, 5면.

김봉중, 『카우보이들의 외교사: 먼로주의에서 부시 독트린까지 미국의 외교전략』, 푸른역사, 2006.

김사승, 「클린턴 TV토론 생중계 선호」, 『문화일보』, 1993년 2월 25일, 11면.

김성곤, 「'도의적 공정성Political Correctness'과 문화연구Cultural Studies」, 『외국문학』, 제 43호(1995년 여름), 61~78쪽.

김성곤, 「그 빨간색 코트를 입은 소녀는 지금 어디에 있는가?: '쉰들러 리스트' 혹은, 멸종에 관한 혹은, 멸종해 버린 것으로 돈 벌기」, 『지성과 패기』, 1996년 11/12월, 26~29쪽.

김성곤, 『영화로 보는 미국: 할리우드 영화의 문화적 의미』, 살림, 2003.

김세원, 「"미 세계적 베스트셀러 할리우드 영화 덕분"」, 『동아일보』, 1999a년 4월 16일, A17면.

김수진, 「미 청소년 사망 … 정부, 묘안없어 '골머리'」, 『문화일보』, 1994년 5월 17일, 7면.

김승웅, 「페로 재출마는 (주) 베이커 '작품'」, 『시사저널』, 1992년 10월 22일, 47면.

김영진, 「토머스 스캔들 성희롱 구체묘사 TV생중계」, 『국민일보』, 1991년 10월 12일, 5면.

김영진, 「토머스청문회 겉과 속」, 『국민일보』, 1991a년 10월 14일, 3면.

김영진, 「미 대권후보 '여난'에 덜미」, 『국민일보』, 1992a년 1월 28일자.

김영진, 「미 사교집단 '떼죽음사건'/정치논쟁 비화/FBI 강경진압 큰 파장」, 『국민일보』, 1993년 4월 21일, 5면.

김영진, 「백악관의 '홈 얼론'」, 『국민일보』, 1993a년 5월 16일, 5면.

김영희, 「미 TV폭력물 해외가 텃밭」, 『한겨레』, 1995a년 2월 14일, 7면.

김왕근, 「미지, 대통령 만들기 비판/백악관 공보담당 거건 역정조명」, 『조선일보』, 1993년 11월 26일, 6면.

김용관, 『탐욕의 자본주의: 투기와 약탈이 낳은 괴물의 역사』, 인물과사상사, 2009.

김윤호, 「종말론 신봉하다 끝내 "종말"/미 사교집단 방화사건 안팎」, 『국민일보』, 1993년 4월 20일, 5면.

김의수, 「한국 사회와 공동체」, 사회와철학연구회 편, 『세계화와 자아 정체성: 사회와 철학 1』, 이학사, 2001.

김종권, 「페로 신화의 현장을 가다」, 『월간조선』, 1992년 8월호.

김종서, 「세속화와 종교해방운동의 전개」, 미국학연구소 편, 『21세기 미국의 역사적 전망 II: 문화·경제』, 서울대학교출판부, 2002, 3~32쪽.

김종서, 「미국적 종교다원주의의 독특성 연구」, 미국학연구소 편, 『21세기 미국의 역사적 전망

II: 문화 · 경제』, 서울대학교출판부, 2002a, 33~50쪽.

김종서, 「미국 보수교회의 성장과 새로운 영성의 추구」, 미국학연구소 편, 『21세기 미국의 역사적 전망 II: 문화 · 경제』, 서울대학교출판부, 2002b, 51~73쪽.

김종엽, 『웃음의 해석학, 행복의 정치학』, 한나래, 1994.

김준형, 「OJ 심슨 알거지 될 판, 민사재판서 유죄평결」, 『주간한국』, 1997년 2월 27일, 66면.

김지현, 「LA폭동 10주년 4 · 29의 후예들: 코리아타운은 지금 휴화산 언덕에 놓여 있다」, 『월간조선』, 2002년 4월, 354~363쪽.

김차웅, 「'상대 헐뜯기' TV 광고 전쟁」, 『동아일보』, 1992년 10월 7일, 5면.

김차웅, 「10대 '총기 폭력' 급증...교내서도 총성」, 『동아일보』, 1993년 8월 12일, 9면.

김창희, 『김정일의 딜레마』, 인물과사상사, 2004.

김충일, 「시애틀의 '표정 관리'」, 『경향신문』, 1993년 11월 23일, 2면.

김학순, 「'성적 희롱' 적나라한 성 대결/노골적 묘사로 토머스청문회 충격과 분노」, 『경향신문』, 1991a년 10월 13일, 5면.

김학순, 「클린턴 부인 집중공격 부시 전략 실패」, 『경향신문』, 1992년 9월 14일, 6면.

김학순, 「물갈이 의회도 "개혁 격랑"(미국이 변하고 있다: 5)」, 『경향신문』, 1992a년 11월 10일, 2면.

김학순, 「사회적 가치 중심 수정 작업(미국이 변하고 있다: 6)」, 『경향신문』, 1992b년 11월 11일, 5면.

김학순, 「페로 '대선 공약' TV 국민투표」, 『경향신문』, 1993년 3월 30일, 17면.

김형인, 『미국의 정체성: 10가지 코드로 미국을 말한다』, 살림, 2003.

나윤도, 「단합 가능성 보인 '흑인 대행진'」, 『서울신문』, 1995년 10월 18일, 5면.

남찬순, 「TV 토크쇼 미 대선 '바람' 몰고간다」, 『동아일보』, 1992년 6월 17일, 9면.

다키야마 스스무, 곽해선 옮김, 『할리우드 거대 미디어의 세계 전략』, 중심, 2001.

동아일보 특별취재팀, 『잃어버린 5년: 칼국수에서 IMF까지 2』, 동아일보사, 1999.

류승완, 「여론 "총기규제"-부시 "필요없다"」, 『매일신문』, 2001년 5월 17일, 12면.

문민석, 「세상살이도 스포츠처럼 투명했으면 좋겠습니다」, 『월간중앙』, 1999년 10월호.

문창극, 「대통령후보 성추문 보도의 기준」, 『중앙일보』, 1992년 1월 28일자.

문철, 「한미, 햇볕정책 '동상이몽' ?」, 『뉴스플러스』, 1999년 3월 25일, 33면.

문화일보, 「"불운한 어린시절 탓" 마녀재판 주인공 하딩: 미 언론 '동정론' 선회」, 『문화일보』, 1994년 3월 23일, 16면.

박두식, 「백악관 '흑 · 백 화합주(酒)'」, 『조선일보』, 2009년 7월 28일자.

박소영, 「베이비붐 세대 '그림피'/미국문화 지배자로 등장」, 『세계일보』, 1993년 4월 1일, 10면.

박수만, 「클린턴시대 개막(미국이 변하고 있다:1)」, 『경향신문』, 1992년 11월 5일, 1면.

박수만, 「"경제 지상" 공격적 외교로(미국이 변하고 있다:3)」, 『경향신문』, 1992a년 11월 7일, 2면.

박애경, 『가요, 어떻게 읽을 것인가』, 책세상, 2000.

박영배 · 신난향, 『미국 현대 문명 보고서: 게이 레즈비언부터 조지 부시까지』, 이채, 2000.

박인규, 「오클라호마 폭탄테러이후/미 보수파 수세에 몰린다」, 『경향신문』, 1995년 4월 28일, 7면.

박인규, 「미 흑인들 "16일 워싱턴서 모이자" / '100만 민권행진' 열기」, 『경향신문』, 1995a년 10월 8일, 6면.

박재선, 『유태인의 미국: 제2의 가나안』, 해누리, 2002.

박찬수, 「보수로 가는 미국 사회(3) 편지로 뿌린 보수씨앗 '뿌리내린 40년'」, 『한겨레』, 2005c년 1월 12일자.

박태호, 「제10장 미국 대외 경제정책 변천과 전망」, 미국학연구소 편, 『21세기 미국의 역사적 전망 II: 문화·경제』, 서울대학교출판부, 2002, 201~265쪽.

박홍규, 『시민이 재판을!』, 사람생각, 2000.

백승찬, 「[어제의 오늘]1993년 뉴욕 세계무역센터 폭탄 테러」, 『경향신문』, 2010년 2월 26일자.

변상근, 「미 정가 정치광고 파문」, 『동아일보』, 1991년 9월 10일자.

사루야 가나메, 남혜림 옮김, 『검증, 미국사 500년의 이야기』, 행담출판, 2007.

서동구, 「미 '토머스 청문회'의 교훈」, 『경향신문』, 1991년 10월 23일, 5면.

서동구, 「페로 붐과 체제정치의 위기」, 『경향신문』, 1992년 7월 9일, 5면.

서영찬, 「[어제의 오늘]1994년 보컬리스트 커트 코베인 자살」, 『경향신문』, 2010a년 4월 5일자.

서울신문, 「미, '토머스 청문회'로 "시끌"」, 『서울신문』, 1991년 10월 13일, 4면.

세계일보, 「해외 사설: 미국의 오락산업 독점 경계를」, 『세계일보』, 1995a년 8월 4일, 18면.

손세호, 『하룻밤에 읽는 미국사』, 랜덤하우스, 2007.

송기도, 『콜럼버스에서 룰라까지: 중남미의 재발견』, 개마고원, 2003.

송기도·강준만, 『콜롬버스에서 후지모리까지: 중남미의 재발견』, 개마고원, 1996.

송재룡, 『포스트모던 시대와 공동체주의』, 철학과현실사, 2001.

송정숙, 「'토머스와 힐' 이야기」, 『서울신문』, 1991년 10월 18일, 5면.

송정신, 「PC(Politically Correct) 운동에 대해」, 강준만 외, 『미디어와 쾌락』, 인물과사상사, 2003, 191~196쪽.

송준, 「'흑인'과 '유태인' 무게 다르다?」, 『TV 저널』, 1994년 4월 29일, 88~89면.

송철복, 「비틀거리는 클린턴/범죄방지법안 부결로 큰 타격」, 『경향신문』, 1994년 8월 18일, 7면.

시사저널, 「클린턴의 필승 구호: '새로운 맹약'으로 케네디의 '뉴 프런티어' 효과 기대」, 『시사저널』, 1992년 7월 30일, 7면.

신현준 외, 『얼트 문화와 록 음악 2』, 한나래, 1997.

아리마 데츠오, 박영난 옮김, 『경영의 신화 디즈니』, 북스토리, 2002.

안건혁, 「종말론이 통하는 세상」, 『경향신문』, 1992년 9월 2일, 5면.

안은주, 「세계 시장 평정하는 '디지털 보부상'」, 『시사저널』, 2005년 7월 19일, 50~53면.

안재훈, 「미국 대통령 클린턴은 누구인가」, 『신동아』, 1992년 12월호.

양한수, 「뉴 에이지」, 강수택 외, 『21세기 지식 키워드 100』, 한국출판마케팅연구소, 2003, 58~62쪽.

요미우리 신문사 엮음, 이종주 옮김, 『20세기의 드라마(전3권)』, 새로운 사람들, 1996.

우태희, 『오바마 시대의 세계를 움직이는 10대 파워』, 새로운제안, 2008.

원용진, 『광고 문화 비평』, 한나래, 1997.

유민, 「'로드니 킹' 사건 관련자들 "돈방석"」, 『서울신문』, 1993년 4월 28일, 7면.

유세경, 「'게임쇼' 미 초저녁 휩쓴다」, 『동아일보』, 1995년 2월 27일자.

유세경, 「미 젊은층 토크쇼 '난장판'」, 『동아일보』, 1995a년 3월 14일, 35면.

유승우, 「[미국을 다시 본다] 제1부 팍스 아메리카나(2)」, 『한국일보』, 2002a년 3월 26일, 12면.

유신모, 「[어제의 오늘]1994년 'OJ심슨 사건' 발생」, 『경향신문』, 2009a년 6월 13일자.

유영근, "두려움의 문화가 총기를 부른다"」, 『시민의 신문』, 2002년 11월 18일, 11면.

유일상, 「법정공개와 피의자 인권, 알권리」, 『언론중재』, 통권 58호(1996년 봄), 41~42쪽.

윤석민, 「'카터가 94년 한반도 전쟁 막았다'」, 『한국일보』, 1997년 7월 3일, 27면.

윤성주, 「미국 공영방송은 좌익소굴?: 공화당 극우파 '연방지원금 삭감' 대공세」, 『한겨레 21』, 1995년 2월 16일자.

윤성주, 「구멍 뚫린 '흑인 연대'의 깃발」, 『한겨레 21』, 1995a년 11월 2일, 82~84면.

윤인진, 『코리안 디아스포라: 재외한인의 이주, 적응, 정체성』, 고려대학교 출판부, 2004.

이경원 · 김지현, 「팽창하는 라틴계와의 마찰로 제2의 'LA폭동'이 우려된다: '4 · 29 LA폭동'의 진실을 찾아서」, 『월간조선』, 2005년 10월, 488~501쪽.

이경형, 「언론의 '손들어주기'에 웃고운다」, 『서울신문』, 1992년 10월 24일, 5면.

이광일, 「퍼트남 교수는」, 『한국일보』, 2002년 7월 2일, 12면.

이기우, 「이번엔 TV생중계 논란/심슨 '백인 전처살해' 재판」, 『동아일보』, 1994년 8월 16일, 6면.

이동훈 · 노희경, 「미(美) 청소년 '순결반지' 크게 유행」, 『국민일보』, 2005년 12월 10일, 10면.

이미숙, 「미, 전통미덕 회복운동: 더 이상 타락막자」, 『문화일보』, 1994년 9월 8일, 6면.

이보형, 『미국사 개설』, 일조각, 2005.

이석렬, 「'못살겠다 갈아보자' 거세진 '페로 돌풍'」, 『시사저널』, 1992년 6월 25일, 46면.

이석렬, 「페로 사퇴로 부시 유리」, 『시사저널』, 1992a년 7월 30일, 7면.

이석우, 「여론조사 좋아하는 클린턴」, 『중앙일보』, 1994년 4월 6일, 27면.

이용수, 『제럴드 리의 코리아 파일』, 지식공작소, 1996.

이은경, 「'캐리건 사건' 한몫잡기로 변질」, 『국민일보』, 1994년 2월 24일, 13면.

이은주, 「미 '혼전 순결' 캠페인 효과 없었다」, 『중앙일보』, 2007년 4월 17일, 19면.

이재호, 「미 3대TV 시청률 높이기 경쟁/폭력－섹스 등 저질프로 판친다」, 『동아일보』, 1995년 5월 24일자.

이재호, 「'꿈' 파는 기업인가 '악바리 상혼'인가: 월트 디즈니사의 '두 얼굴'」, 『동아일보』, 1995a년 8월 12일, 9면.

이종수, 「미 하원 의사봉 거머쥔 뉴트 깅리치의 미디어 전략」, 『신문과 방송』, 1995년 2월, 126~131쪽.

이주영, 「제1부 제5장 극우파운동: 백인민병대」, 김덕호 · 김연진 엮음, 『현대 미국의 사회운동』, 비봉출판사, 2001, 161~189쪽.

이주영, 『미국의 좌파와 우파』, 살림, 2003.

이주헌, 「아아, 저 예쁜 공룡들」, 『씨네 21』, 1999년 7월 20일, 70면.

이준구, 『대통령을 만드는 사람들: 선거의 귀재, 정치 컨설턴트』, 청아출판사, 2010.

이진, 『미국에 관한 진실 77가지』, 문예당, 1997.

이진, 『나는 미국이 딱 절반만 좋다』, 북&월드, 2001.

이창신, 「제2부 제4장 여성운동」, 김덕호 · 김연진 엮음, 『현대 미국의 사회운동』, 비봉출판사, 2001, 324~359쪽.

이창신, 「미국여성과 또 하나의 역사: '평등'과 '해방'을 위한 투쟁」, 김형인 외, 『미국학』, 살림, 2003, 355~386쪽.

이철민, 「미 역대 대통령들의 스캔들: 베일 뒤에 가려진 사생활 파헤친 『백악관의 내부』」, 『주간 조선』, 1995년 6월 22일, 42~46면.

이철희, 「순결지킨 미국 고교생 대학진학률 2배 높다」, 『동아일보』, 2005c년 11월 4일, A19면.

이태형, 「퇴임후 더 존경받는 카터 전대통령: 사랑의 집짓기 '망치철학' 9년」, 『국민일보』, 1992년 6월 25일, 21면.

이혁재, 「80년대 변화로 본 미 대선의 이슈들」, 『조선일보』, 1992년 10월 22일, 14면.

이현두, 「[책갈피 속의 오늘]1993년 뉴욕 세계무역센터 폭탄테러」, 『동아일보』, 2009a년 2월 26일자.

이홍종, 「매스미디어와 민주주의」, 김형인 외, 『미국학』, 살림, 2003, 179~193쪽.

임춘웅, 「돌아온 페로…돌풍 재현엔 의문」, 『서울신문』, 1992a년 10월 3일, 5면.

임항, 「상처뿐인 '스캔들 인준' /미 상원 토머스청문회가 남긴 것」, 『국민일보』, 1991년 10월 16일, 5면.

임항, 「미 대선/TV광고 물량전 돌입」, 『국민일보』, 1992a년 9월 30일자.

임항, 「미 대선 투표율 높아진다」, 『국민일보』, 1992b년 10월 25일, 5면.

임현진, 『지구시대 세계의 변화와 한국의 발전』, 서울대학교출판부, 1998.

임희섭, 『한국의 사회변동과 가치관』, 나남, 1994.

장필화, 『여성·몸·성』, 또하나의문화, 1999.

정동우, 「'부부간 성폭행죄' 되나 안되나/미 '남편성기 절단' 싸고 떠들썩」, 『동아일보』, 1994년 1월 14일, 7면.

정동우, 「남편 '강간'−부인 성기절단/모두 무죄」, 『동아일보』, 1994a년 1월 23일, 4면.

정동우, 「클린턴, 연설때 속어 즐겨 쓴다」, 『동아일보』, 1994b년 4월 13일, 7면.

정상준, 「문화적 다양성과 다문화주의」, 『외국문학』, 제43호(1995년 여름), 79~95쪽.

정상준, 「소비문화와 미국의 정체성」, 미국학연구소 편, 『21세기 미국의 역사적 전망 II: 문화·경제』, 서울대학교출판부, 2002, 131~145쪽.

정상준, 「다문화주의를 넘어서」, 미국학연구소 편, 『21세기 미국의 역사적 전망 II: 문화·경제』, 서울대학교출판부, 2002a, 147~165쪽.

정상환, 『검은 혁명: 자유와 평등을 향하여, 쿤타 킨테에서 버락 오바마까지』, 지식의숲, 2010.

정연주, 「'TV 선거' 높은 투표율 예상」, 『한겨레신문』, 1992년 11월 3일자.

정연주, 「'북한 핵' 과장하는 미국 언론」, 『언론노보』, 1994년 1월 22일, 3면.

정연주, 「취재원도 돈 주고 독점」, 『한겨레』, 1994a년 2월 1일, 12면.

정연주, 「'북한에 특사파견' 미국에 제안/김대중씨 회견」, 『한겨레』, 1994b년 5월 14일, 2면.

정연주, 「미국 '텔레비전을 삼켜라'」, 『한겨레 21』, 1995c년 8월 17일자.

정의길, 「미국 탐욕이 키운 '비운의 아이티'」, 『한겨레』, 2010년 1월 18일자.

정인환, 「스톤월 40년, 더뎌도 세상은 변한다」, 『한겨레 21』, 제768호(2009년 7월 13일).

정일화, 「'미국의 고민' 드러낸 '토머스 파동' /대법판사 인준까지 1백7일」, 『한국일보』, 1991년 10월 17일, 5면.

정일화, 「부시, 클린턴과 TV 맞대결 회피」, 『한국일보』, 1992년 9월 19일자.

정재연, 「토머스 판사 성희롱 폭로 아니타 힐」, 『조선일보』, 1997년 10월 10일, 9면.

정주아, 「성차별 주민번호 폐지 시동」, 『여성신문』, 2004년 8월 21일, 1면.

정해영, 「부시, 재선 의욕 잃었다」, 『조선일보』, 1992년 10월 20일, 7면.

정해영, 「평균 36세 '젊은 백악관'」, 『조선일보』, 1993년 4월 22일, 7면.

정해영, 「백악관, 언론에 화해 요청」, 『조선일보』, 1993a년 6월 15일, 7면.

조선일보, 「미 무소속후보 대선등록 절차」, 『조선일보』, 1992년 6월 23일, 5면.

조선일보, 「정부 감시운동 편 폐로 클린턴보다 인기 높아」, 『조선일보』, 1993년 5월 11일, 21면.

조선일보, 「클린턴 인기 만회 작전, 백악관 진용개편, 홍보팀 대폭 보강」, 『조선일보』, 1993a년 6월 2일, 7면.

조선일보 문화부 편, 『아듀 20세기(전2권)』, 조선일보사, 1999.

조승훈, 「도덕 독본 미(美)서 "불티"」, 『조선일보』, 1994년 4월 2일, 15면.

주돈식, 『문민정부 1천2백일: 화려한 출발, 소리 없는 실종』, 사람과책, 1997.

주미영, 「다원주의와 다수주의의 딜레마: 미국 민주주의를 보는 관점」, 『황해문화』, 제32호 (2001년 가을), 32~46쪽.

진성호, 「미 정치광고 시장에도 '페로 돈바람'」, 『조선일보』, 1992년 6월 7일, 16면.

최민영, 「'힙합 25년' 대중문화를 장악하다」, 『경향신문』, 2004년 10월 25일, 11면.

최성일, 『책으로 만나는 사상가들 2』, 한국출판마케팅연구소, 2004.

최현수, 「사교집단/미국내 "700개 더 있다"」, 『국민일보』, 1993년 5월 8일, 10면.

최현수, 「죽쓰는 클린턴」, 『국민일보』, 1994년 8월 20일, 5면.

최홍석, 「미 대선 예측 불허 국면」, 『내외경제신문』, 1992년 10월 3일, 10면.

탁선호, 『너 자신의 뉴욕을 소유하라: 시크한 신자유주의 도시 뉴욕에 관한 편파적 보고서』, 인물과사상사, 2010.

태혜숙, 『다인종 다문화 시대의 미국문화 읽기』, 이후, 2009.

한겨레, 「프 '르몽드' 사설 미 언론·오락기업 잇단 합병에 우려 눈빛」, 『한겨레신문』, 1995년 9월 26일, 6면.

한겨레, 「왕따 앙심 학교서 총 난사: 미 샌디에이고 고교생…2명 사망·13명 부상」, 『한겨레』, 2001년 3월 7일, 8면.

한국일보, 「공화·민주 '페로 두들겨 패기'」, 『한국일보』, 1992a년 6월 9일, 7면.

한국일보, 「'페로는 도중하차의 명수'」, 『한국일보』, 1992b년 7월 19일, 16면.

함성득·남유진, 『미국정치와 행정』, 나남출판, 1999.

함영준, 「'풀뿌리운동' 재개로 노익장 과시」, 『주간조선』, 1994년 10월 6일, 75면.

함재봉, 『탈근대와 유교: 한국정치담론의 모색』, 나남출판, 1998.

허문명, 「주기도문서 '아버지' 빼자: KNCC 여성위 제안」, 『동아일보』, 2005년 5월 13일, A10면.

홍영두, 「한국 민주주의와 공동체주의」, 학술단체협의회 엮음, 『민주주의는 종료된 프로젝트인가: 현 단계 한국 민주주의와 이념, 현황, 전망』, 이후, 2003.

홍정기, 「클린턴 갈피 못 잡는 인사정책」, 『문화일보』, 1993년 6월 11일, 7면.

홍희곤, 「미 '폭력상자 TV' 규제여론 빗발」, 『한국일보』, 1995년 3월 22일, 9면.